Winowska · Das Geheimnis der Maria Theresia Ledochowska

D1729468

Maria Winowska

Das Geheimnis der
Maria Theresia Ledochowska

**Leben und Werk
der seligen „Mutter der Schwarzen"**

PAUL PATTLOCH VERLAG   ASCHAFFENBURG 1977

Titel der französischen Originalausgabe: Maria Winowska: Allez dans le monde entier — L'appel de Marie-Thérèse Ledochowska. Editions Saint-Paul, Paris-Fribourg 1975.

Ins Deutsche übertragen von Dr. Herbert Peter Maria Schaad.

1977
© Editions Saint Paul, Paris-Fribourg 1975
Alle deutschen Rechte bei Paul Pattloch Verlag, Aschaffenburg 1977
Umschlagentwurf Klaus Imhof
Gesamtherstellung: Druckerei Stock & Körber, Aschaffenburg
ISBN 3 5579 1146 2

Inhalt

Zum Geleit

Mit der Erneuerung des Glaubens muß das Heilige Jahr 1975 auch „großherzige Bemühungen um Verstärkung der Evangelisation auslösen" (*Bulle Apostolorum limina*). Es will den missionarischen Eifer aller Christen anspornen. So trifft die Kirche anläßlich des Welttages der Missionen Anstalt, verschiedene Gründer von Missionsinstituten „seligzusprechen", darunter Maria Theresia Ledochowska, die Gründerin der Missionsschwestern vom heiligen Petrus Claver.

Alle diese Männer und Frauen verkörperten in dem richtungsweisenden Zeugnis ihres Lebens das Wissen um die Bedeutung der Mission und das missionarische Wirken Christi und der Kirche. Daher will uns die Kirche diese Gestalten in dieser an Gnade, Einkehr und Hinkehr reichen Zeit lebensvoll vor Augen führen, in der zur Lebensgemeinschaft mit dem Herrn aufgerufen wird, damit alle Christenherzen, die im Gleichklang mit dem Herzen Gottes schlagen sollen, der Mensch geworden ist, sich erniedrigt und geopfert hat, um alle Menschen zu erlösen und zu retten, ihrerseits die drängende Liebe Christi spüren.

Dank verdienstvoller Arbeit und eingehenden Studien ist es uns nun vergönnt, in dieser charismatischen Zeit des Heiligen Jahres das lichtvolle Leben der Maria Theresia Ledochowska, das uns Ansporn sein kann und soll, nachzuerleben, den geistigen und apostolischen Weg einer Missionarin von besonderem Gepräge mitzuwandeln.

Aus zwei konvergierenden Gründen ist es mir als Präfekt der Sancta Congregatio de Propaganda Fide eine sehr große Freude diese Lebensgeschichte der Öffentlichkeit vorzustellen. Ein Onkel Maria Theresias, der große Kardinal Miecyslaw Halka Graf von

Ledochowski, leitete einst selbst dieses Dikasterium für die Missionen und war sein Präfekt von 1892 bis 1902. Die von Maria Theresia gegründete Kongregation ist im missionarischen Einsatz den Richtlinien dieses Dikasteriums treu geblieben.

Mit glücklicher Hand werden in der vorliegenden Biographie Leben und missionarisches Wirken im Lichte der Grundsätze des Zweiten Vatikanischen Konzils untersucht und abgewogen. Es ist erhebend, feststellen zu können, wie das innere Leben einer Gott geweihten Seele, die in der Treue zu Christus und in der Kommunion mit ihm immer weitere Fortschritte macht, als Vorläufer erfaßt und assimiliert, die Charakteristika des echten missionarischen Geistes erkennt, die von dem vom Nachfolger Petri geführten Bischofskollegium so nachdrücklich unterstrichen worden sind und die wir auf den *sensus ecclesiae* zurückführen können. Dasselbe gilt für den Einsatz der modernen Kommunikationsmittel im Dienste der Mission.

Verleiht einerseits die Lehre des Konzils über die Missionstätigkeit der Kirche der großherzigen Antwort Maria Theresias auf ihre Berufung neuen Wert, so bedeutet andererseits ihre Erhöhung durch die Kirche in diesem Jahr, in dem das Missionsdikasterium den zehnten Geburtstag des Dekrets *Ad Gentes* begeht, gewissermaßen eine feierliche Verkündung des Zeugnisses, das sie mit ihrer Haltung und ihrem missionarischen Wirken abgelegt hat, und darüber hinaus eine Lektion missionarischen Eifers für die aufgeschlossene und engagierte Jugend von heute; vor allem für die weibliche Jugend, damit sie in diesem Jahr der Frau bei dieser vorbildlichen Frau den Schlüssel und das Geheimnis der wahren und totalen Erhebung findet: die aktive Anerkennung der Rechte der Liebe Gottes in ihr selbst und in allen ihren Brüdern, Grundlage der Bestätigung der eigenen Würde.

Möge die Begegnung mit dem Geist von Maria Theresia Ledochowska in diesen Seiten, die ihr Leben und Wirken beleuchten, beim Leser die missionarische Dimension des Glaubens wecken und wieder stärken! Möge das Jahr dieser Seligsprechung ein Jahr missionarischer Inspiration in der ganzen Kirche werden!

Agnelo Kardinal Rossi

Präfekt der Sacra Congregatio de Propaganda Fide

Rom, am 25. Juni 1975

Vorwort

Die Kirchengeschichte beginnt mit Abram. Er war ein gerechter Mann, fest seßhaft in Haran. Mit seiner ganzen Familie, mit seinem ganzen Stamm. Plötzlich wirft ein *Ruf* sein ganzes ruhiges Leben über den Haufen. Jahwe befiehlt ihm:
„So gehe denn
aus deiner Heimat,
aus deiner Verwandtschaft und aus deinem Vaterhause
in ein Land, das ich dir zeigen werde...!"
Der Befehl schien völlig absurd zu sein. Dennoch gehorchte Abram. Er zog mit seinem Weib und seiner Habe los in das Unbekannte Gottes. Dieser lange Marsch durch die Wüste mit Jahwes Wort als Kompaß ist gewissermaßen auch eine Vorausdarstellung des Weges der Kirche, die ganz und gar auf den Tag des Herrn ausgerichtet ist, gestützt auf seine Verheißung, jedoch getaucht in das Dunkel des Glaubens. Sie kennt die einzelnen Stationen ihrer Geschichte nicht. Häufig zappelt sie in einem Wirbel von Heimsuchungen, die sie zu verschlingen drohen. Sie weiß nur eines: wehe, wenn sie unterwegs stehen bleibt, sich häuslich niederläßt! Durch die Ereignisse, seine Boten, setzt Gott sie wieder in Marsch. Sie ist ganz auf die Zukunft ausgerichtet und überläßt die Vergangenheit der unendlichen Barmherzigkeit. Sie bezeugt ihre übernatürliche Lebenskraft dadurch, daß sie an allen Punkten des Horizonts den von Geschlecht zu Geschlecht weitergegebenen, von Jesus feierlich bestätigten Ur-Anruf widerhallen läßt:
„So gehe denn!..." „Gehet!".
Das Abenteuer der Heiligkeit beginnt stets just in dem Augenblick, in dem man einwilligt, alles zu verlassen, weil Gott es so will. Die

Modalitäten dieses entscheidenden Sichlösens können verschieden sein. Aber nicht der Urgrund dieses Entschlusses. Denn stets wird beim Aufbruch *der Glaube auf die Probe gestellt.* Man weiß, was man aufgibt. Man weiß jedoch nicht, was einem dafür gegeben wird. Man sieht vor sich den weiten Weg durch die Wüste. Man kann jedoch nicht einmal erahnen, was einen am Ziel erwartet. Nur der Aufbruch zählt. Das Sich-auf- den Weg-machen. Im nackten Glauben, im reinen Glauben, in der bedingungslosen Verfügbarkeit für alles, was geschehen mag. „Gott will es." Wäre es da nicht vermessen, ihn zu fragen, wohin er uns führt, die Zukunft ergründen zu wollen? Es genügt, zu gehorchen. „So gehe denn!"

Diese unauslotbare Weisung, die die Kirche in Bewegung setzt, und mit ihr die Welt, in der sie Wurzel schlägt, wendet sich in erster Linie an ihre Vorhut: *die Heiligen.* Sie sind in wunderbarer Weise alle einmalige Persönlichkeiten, denn Gott wiederholt sich nie. Gemeinsam haben sie aber das eine: eines Tages, in der Stunde X, haben sie sich auf *den Weg ins Unbekannte* gemacht, *voll und ganz dem Worte Gottes vertrauend.*

Das macht sie verhaßt. „Die Welt", die Jesus verurteilt, weil sie ihn ablehnt, billigt keinen *Sprung ins Leere.* Sie hängt an der Voraussicht, an den Bankkonten, an irdischen Versicherungen. Die skandalöse Ungezwungenheit dieser Männer, dieser Frauen, die *alles verlassen* und sich auf den Weg ins Unbekannte machen, ist für sie ein Ärgernis. So erklärt sich die Konstante, die das Leben der Heiligen aller Zeiten immer wieder bestätigt: da sie nicht „wie alle anderen" sind, werden sie *verfolgt.*

Gewiß, sie haben schließlich doch noch Erfolg. Am Ende der Wüste spendet man ihnen Beifall. Anfangs aber, in der Stunde des großen Sichlosreißens, zerrt man sie in den Kot. Dies entspricht „der Geisteshaltung der Menschen dieser Welt", die auf Beständigkeit versessen sind. Bis zu dem Tage, an dem irgendein Krieg, der mehr oder weniger zum Weltkrieg wird, sie aus ihren komfortablen Behausungen jagt und sie zwingt, *ihr Vaterland zu verlassen.*

Unsere unsichere Zeit bietet den Suchern nach abschüssigen Wegen wahrlich nicht alltägliche Chancen. Alles wankt unter unseren Füßen, und jeden Morgen berichten uns die Massenmedien über neue Gefahren. Es besteht jedoch ein abgrundtiefer Unterschied zwischen diesen Zwangsflüchtlingen und den *Pilgern des Absoluten.* Mit dieser Formel meinte Léon Bloy alle, die nicht mit einem armseligen, ruhigen Leben fürliebnehmen, sondern sich ein für allemal auf den Weg gemacht haben, dem Rufe des Herrn folgend, der ihnen befahl: „So gehet denn. . .!"

Und das, was für alle Heiligen gilt, gilt ganz besonders für die Missionare. Seit dem heiligen Paulus und allen Aposteln ruft Gott sie auf, *alles* zu verlassen, sogar ihre Heimat, Fleisch von ihrem Fleisch und kostbares Erbgut ihrer Vorfahren. Von nun an gehören sie ganz den Männern und den Frauen, zu denen sie die Kirche entsendet. Und nicht ihr geringster Kummer ist, daß sie mitunter als Verräter ihres Vaterlandes gelten. Wie der Apostel Paulus, der „Grieche unter den Griechen" wurde und mit wundem Herzen wünschte, verflucht, von Christus getrennt zu sein zum Besten seiner Brüder, seiner Volksgenossen (Römer 9, 3). Dies war der Preis, den er bezahlen mußte, um bis ans Ende der Zeiten zum „Apostel der Heiden" zu werden!

Und die gleiche Prüfung muß auch jeder Missionar durchstehen. Als Maria Theresia Ledochowska einem Ruf der Kirche folgte und dem damals von der Ausrottung bedrohten Afrika zu Hilfe kam, verließ sie um der „Torheit des Kreuzes" willen alles, auch ihre Doppelzugehörigkeit zu den Vaterländern ihrer Vorfahren, auch ihre berechtigten Präferenzen für das Geschlecht ihres Vaters. Und wie hat man dann von allen Seiten versucht, sie ganz und gar für sich in Beschlag zu nehmen! Aber nein, klipp und klar muß gesagt werden: Maria Theresia Ledochowska, die Gott seliggesprochen hat, gehört *als Gründerin einer Missionsfamilie ausschließlich der Kirche.* Zu ihren Lebzeiten litt sie schwer unter den Chauvinismen, die der Erste Weltkrieg noch verschärfte. Ihre Töchter werden auch weiterhin von allen, die sie für sich in Anspruch nehmen, um Erklärungen gebeten. Inmitten dieses Gezänkes erinnert sie uns von jenseits des Grabes an das Abenteuer Abrams, das auch ihr Abenteuer wurde: Verlasse alles und gehe denn! So heißt auch die Losung, die sie ihren Töchtern hinterläßt: „Laßt euch nicht häuslich nieder! Räumt eure Reisetasche nicht weg! Seid stets verfügbar! So gehet denn!"

Erstaunlicherweise lockt dieser Ruf heute die jungen Menschen. Sie sind der „Konsumgesellschaft" überdrüssig. Ein gewisser Komfort ekelt sie an. Deshalb fliehen sie. *Zu wem? Zu was?* Die künstlichen Paradiese können ihren Hunger nicht stillen, zerrütten nur ihre

Leiber. „Die Begierden, die Unreinheit, die schimpflichsten Leidenschaften", die der heilige Paulus in seinem Brief an die Römer (1, 24—28) brandmarkt, sind nichts als grausige Karikaturen der *Liebe,* die ein Abglanz Gottes ist, der ganze LIEBE ist. So sind auf der ganzen Welt Tausende von jungen Menschen *unterwegs,* haben jedoch *kein Ziel.*

Aber sie sind unterwegs. Und das allein zählt. Das heißt ja, daß sie *suchen.* Und an irgendeinem Kreuzweg, am Ende der Nacht, erwartet sie dann Gott. Nicht, um sie seßhaft zu machen, sondern um sie ihrerseits in das Abenteuer zu schicken, wobei er sich der Männer und Frauben bedient, die ihn *gefunden* haben. Dann erkennen sie in bewunderndem Staunen, das sich nicht in Worte fassen läßt, DEN wieder, den sie in der Nacht der Sünde, in der Nacht der Unwissenheit, gesucht hatten. „Du würdest mich ja nicht suchen, wenn du mich nicht schon gefunden hättest", sagt Pascal.

Das Zweite Vatikanische Konzil hat uns wieder daran erinnert, daß „die Kirche missionarisch" ist und daß jeder Getaufte vor Gott für seine Brüder verantwortlich ist. Es gibt jedoch dringendere, drängendere und unerbittlichere Rufe, die den Männern und den Frauen gelten, die in alle Forderungen Gottes *einwilligen.* Die es wagen, *alles* zu verlassen. Die sich endgültig auf den Weg machen. Zunächst erkennen sie — wie die Pilger von Emaus — DEN nicht, der sich unterwegs zu ihnen gesellt, der ihnen die Schriften auslegt, der sich schließlich beim Brechen des Brotes zu erkennen gibt.

Das Leben der Maria-Theresia Ledochowska offenbart uns filigranartig „die Bräuche Gottes", wie die Kirchenväter sagen: die UrPrüfung der Ungewißheit; den Marsch ins Unbekannte; ein immer klareres Bewußtwerden des Willens Gottes; das endgültige und bedingungslose Engagement; die Berufungen, die er auslöst, die geistliche Familie, die sich unter Geburtswehen bildet. Und das Erkennungsmal sind Gebet und Arbeit, eng mit einander verbunden. Nun, wo sie die Altäre erobert hat, sieht der ganze zurückgelegte Weg hell und eben aus. Pflicht des Biographen ist es jedoch, die einzelnen Wegstrecken, die Fallen und die Fortschritte aufzuzeigen. Maria-Theresia Ledochowska ist nicht als Heilige auf die Welt gekommen. Sie ist dadurch heilig geworden, daß sie aus reiner Liebe das erlösende Kreuz ergriff, für immer unwiderruflich dem — von der Kirche interpretierten — *Willen Gottes* gehorchte. So hallt ihr Ruf wider bis ans Ende der Welt. In der gemäß den Richtlinien des Zweiten Vatikanischen Konzils erfolgten endgültigen Fassung der Konstitutionen ihrer Ordensfamilie lesen wir die nachfolgende Stelle in einem ihrer Briefe vom 15. Dezember 1917:

„Aus Liebe zu uns ist ER in diese Welt gekommen, um sich zu erniedrigen und zu entäußern.

Er sagte zu seinem Vater, als er in diese Welt kam: ‚Hier bin ich, um dienen Willen zu vollbringen!'

Möge jede von uns dem Kind in der Krippe ebenfalls sagen können: ‚HIER BIN ICH!'

Arm, rein, gehorsam, um Dir Seelen zuzuführen.

Hier bin ich, und hier bleibe ich, was immer auch kommen mag!'"

So also lautet das Testament der Gründerin der Claverianerinnen.

Ist es dann erstaunlich, daß sie am Ende einer bitteren Agonie vor Freude lachen konnte?

Dem, der alles gegeben hat, wird dafür das *Alles Gottes* gegeben.

So sagt die große Charta der Berufung zum Missionar. Möge dieses Büchlein viele neue Missionare erwecken, „um den Armen die Frohbotschaft zu bringen, den Gefangenen Befreiung und den Gefesselten Erlösung anzukündigen, auszurufen ein Jahr der Gnade von Jahwe" (Matthäus 4, 17; Zitat aus Jesaia 61, 1—2 und 58,6): *Das Heilige Jahr!*

Hat man Angst vor dem Sprung in die — scheinbare — Leere des Glaubens? Maria-Theresia erinnert uns an DEN, der uns an der Hand hält.

ER läßt uns nicht los — selbst wenn wir IHN loslassen.

Das kostbarste Geschenk des Zweiten Vatikanischen Konzils, das man mit Fug und Recht *Konzil der göttlichen Barmherzigkeit* nennen könnte, besteht darin, daß es eine alternde und verkümmerte Welt wieder in das Pfingstabenteuer stößt: *Gehet denn!*

Ist es erstaunlich, daß die jungen Menschen „Hier!" antworten und sich engagieren?

1. KAPITEL

Das Mysterium der Begegnungen

Nur selten wird schon hienieden hinter der Kulisse eines Menschenlebens die Bedeutung oft unverständlicher Ereignisse sichtbar, die in den Augen der Weisen dieser Welt absurd sind, die stets die Verkettung von Ursache und Wirkung, die glatte Zeichnung eines Antlitzes suchen, dessen Geheimnis sie ergründen wollen.

Aber Gott ist nicht logisch. Seit Anbeginn der Geschichte überrascht er uns immer wieder. Seine Wege sind nicht unsere Wege. Er hat uns die Freiheit geschenkt und sich damit selbst zu den Schlappen verurteilt, die dazu führten, daß er schließlich ans Kreuz geschlagen wurde — zum Riesenärgernis der Wohlmeinenden. Das königliche Geschenk gegenseitiger Liebe setzt das Recht auf Ablehnung voraus. Um „ja" sagen zu können, muß man im Innersten auch wissen, daß man auch „nein" sagen kann. Und hier liegt die erschreckende Verantwortung des Biographen, der aus Sorge um ein einwandfreies Bild stets versucht ist, den Daumen mit auf die Waagschale zu drücken und so alles auszumerzen, was seinem vorgefaßten Plan, der Vorstellung, die er sich nach rein menschlicher Logik von seinem Helden bildet, im Wege steht.

Gott wirft unsere Pläne über den Haufen. Er wiederholt sich nie. Deshalb gibt es keine Klischees im Reiche „der Heiligen", das heißt der Menschen, die seine schöpferischen Gedanken voll verwirklicht haben. Zur Erfassung dieses Wunders bedarf es eines kindlichen Blicks. Und vielleicht ist es sogar mit das größte Unglück unserer Zeit, daß wir der Willkür der *Alten* (es handelt sich hierbei natürlich nicht um das Lebensalter!) preisgegeben sind, die darauf versessen sind, die unerforschliche *Wirklichkeit* in den Kerker ihrer tristen Ideologien zu sperren. Müssen wir schon, um in das Himmelreich einzugehen, wie die Kinder werden oder wieder werden — übrigens wird gerade diese Stelle des Evangeliums oft stillschweigend übergangen! —, was soll man dann von denen sagen, die mit ihren engherzigen vorgefaßten Meinungen als Technokraten der Schöpfung und nicht als Meister unerforschlicher Werke an die Pforten Gottes pochen? Die wirklich Weisen sind sozusagen der Jugend Gottes teilhaftig. Dagegen ist „der Teufel alt", wie Bernanos sagt.

Diese Einleitung umreißt unsere Methode der Erarbeitung des „wahren Gesichts" von Maria Theresia Ledochowska, der Gründerin der Petrus-Claver-Sodalität zur Unterstützung der afrikanischen Mission, 1947 umbenannt in Missionsschwestern vom hl. Petrus Claver. Zunächst wollen wir der Falle einer vorgeplanten Biographie entgehen. Dies setzt viel Demut voraus, die eine Gabe des Heiligen Geistes ist. Eigentlich müßte man ein Heiligenleben auf den Knien schreiben. Dies zu wissen, bedeutet freilich noch nicht, daß einem sein Vorhaben mühelos und ohne Verzicht auf die beschränkten Vorstellungen, die uns in Versuchung führen, gelingt! Wir haben es mit der *Kehrseite* eines Teppichs zu tun, dessen *richtige* Seite erst am Jüngsten Tag offenbar wird. Diese Kehrseite verundeutlicht aber das Muster und ist voller Knoten wie alle Knüpferinnen wissen! Man findet manchmal kaum mehr durch oder — besser formuliert — manche Züge kommen erst am Ende der Arbeit, in der Todesstunde, zum Vorschein. Dann, wenn Gott endlich ruht und sich, wie am Anbeginn der Schöpfung, sagt, daß „alles, was er gemacht hatte, sehr gut war". Allein die Heiligen — heiliggesprochen oder nicht — erweisen ihm die Ehre mit ihrem unendlichen Geleit *vollendeter Werke*. Und ich frage mich mitunter, ob das Fegefeuer nicht in erster Linie *ontologischer Ordnung* ist durch das Bewußtwerden der *durch unsere Schuld verpfuschten Werke* des allergrößten Künstlers, Gottes?

So müssen wir versuchen, ihn bei seiner der Zeit unterworfenen Arbeit zu überraschen; zu sehen, wie er unsere Schwächen wieder gutmacht, die Löcher verstopft, seinen Plan noch schöner macht als er ursprünglich schon war: die heilige Liturgie sagt es uns. Bedingung ist jedoch die absolute Zustimmung derer, die er

„ruft", ihre Unterwerfung unter seinen unergründlichen Willen, ihre Fähigkeit zur Entsagung, wenn es gilt, den eingeschlagenen Weg zu verlassen, selbst wenn es heißt, in die Wüste zu gehen. Alles in allem ist ein Heiliger, eine Heilige, in der biblischen Bedeutung des Wortes jemand, der *auf Gott hört,* der geht, wenn er sagt: „So gehe denn!", der kommt, wenn er sagt: „Komm!". Es geht also gar nicht allein um in einem Informationsprozeß von völlig unanfechtbaren Zeugen einsichtsvoll aufgezählte Tugenden (auch die Heiligen sind nicht ohne Fehl), sondern um den totalen Gehorsam gegenüber dem *Plane* Gottes, wie er sich nach und nach unter dem Impuls seiner Boten, der Ereignisse, enthüllt. Wie Abram weiß der Heilige nie, wohin er geht: entscheidend ist, daß er sich auf den Weg macht. In dieser Hinsicht ist das Leben von Maria-Theresia Ledochowska vorbildlich. Erst nach dreißig Jahren des Tastens im Dunkeln und der Ungewißheit entdeckt sie unter dem Anstoß einer wunderbaren Begegnung, *wohin Gott sie führt.* In unser aller Leben leuchtet in begnadeten Stunden das *Mysterium der Begegnungen* auf. Gott enthüllt uns durch seine *Boten* den Weg, den wir einzuschlagen haben. Deshalb ist eine schlichte Tugend wie die *Aufmerksamkeit* so außerordentlich wichtig. Wir müssen den Ruf *hören,* der uns auf einen neuen Weg schickt, ihm unverzüglich Folge leisten. Die Petrus-Claver-Sodalität wäre vielleicht nie entstanden, wäre ihre Gründerin nicht gegen den Strom geschwommen und Kardinal Lavigerie entgegengestürmt, der ihr ihre Berufung offenbarte. Wir werden noch sehen, in welchem Maße ihr dabei ihre Halsstarrigkeit (die gute Seite eines Fehlers) half. Mysterium einer Begegnung, von der eine ganze Zukunft abhing! Es hätte nicht viel gefehlt, und dieser Kardinal und Missionar hätte die Fackel nicht in die Hände dieser zarten Frau weitergeben können, die nun endlich ihren Daseinsgrund, ihre Bestimmung, fand!

Es war eine Begegnung hienieden. Vergessen wir darüber nicht all die Begegnungen in der Gemeinschaft der Heiligen, die ein doppeltes Mysterium beinhalten. Ein Jahr vor dem langen und ungestümen Marsch, der sie zu Füßen von Kardinal Lavigerie geführt hatte, genau am 15. Januar 1888, wurde im Glanze Berninis einer der größten heiligen Missionare, ebenbürtiger Nacheiferer des heiligen Franz Xaver, des „Slaven der Sklaven", zur Ehre der

Altäre erhoben: *Petrus Claver*. Hatte Theresia von Lisieux versprochen, daß nach ihrem Tod ein Rosenregen herniedergehen werde, und Wort gehalten, ist es kaum vermessen, anzunehmen, der heilige Jesuit habe an der Wiege eines kirchlichen Instituts gestanden, das seinen Namen wählte ...

Ohne Umschweife wollen wir aber unsere Verlegenheit eingestehen: in der umfangreichen Dokumentation, die uns zur Verfügung gestellt worden ist, bleibt diese offiziell verkündete geistige Vaterschaft sozusagen tief vergraben. Nirgends die geringste Spur des Tages oder des Jahres, das die Gründerin inspiriert haben könnte, den Patron ihres Werkes zu wählen. Man möchte fast sagen, daß seine Heiligsprechung in ihrer engsten Umgebung unbemerkt geblieben ist ...

Uns liegt eine in gotischer Schrift gedruckte deutsche Petrus-Claver-Biographie aus dem Jahre 1773 vor, die von Gabriel Fleuran, S. J., verfaßt und von Dominicus Schelke, einem Augsburger Priester, aus dem Französischen übersetzt worden ist. Dieses Buch gehört zur Bibliothek von Maria Sorg, der Wiege des Instituts. Es ist mehr als wahrscheinlich, daß Maria Theresia es gelesen hat. Andererseits hat die Presse des sehr katholichen Österreich die Heiligsprechung dieses katalanischen Jesuiten, dessen Taten heroischer Nächstenliebe uns, die wir nur so dahinkriechen, buchstäblich erschauern lassen, zweifellos gebührend gefeiert. Und es besteht nicht der geringste Zweifel daran, daß Maria-Theresia davon gehört hat. War dies aber ein Grund, ihn deshalb zum Patron ihres Werkes zu wählen, ja sich sogar in seinen Namen zu hüllen ...? Geschah dies, damit sie selbst besser in den Hintergrund treten konnte? Dies ist durchaus möglich. Vielleicht gäbe es aber auch eine andere einleuchtende Erklärung. Die Gründerin der Petrus-Claver-Sodalität war von absolut unabhängigem Naturell. Sie hatte keinen „ständigen" Seelenführer. Im Zuge ihrer Reisen und Versetzungen wechselte sie ihre Beichtväter mit einer erstaunlichen Ungezwungenheit und dem einzigen Anliegen: Treue zur Kirche und zu ihrer Berufung. Offenbar kam niemand auf den Gedanken oder wagte es, sie um eine Biographie zu bitten. Wie hätte sie auch die Zeit finden sollen, eine solche zu schreiben, nachdem sie von ihren Vortragsreisen, ihrem ständigen Ortswechsel, buchstäblich aufgerieben wurde Als Kind, als junges Mädchen, führte sie auf die ausdrückliche Bitte ihrer Mutter ihr „Tagebuch" wie so viele junge Mädchen ihres Alters. Wir kommen darauf noch zurück. Von dem Augenblick an, wo sie sich ihrem Werk widmete, d. h. gegen das dreißigste Lebensjahr, hüllte sie sich aber in Schweigen.

Dennoch erinnert uns ihr Werk mit ständig wachsendem Gewicht an einen gar zu sehr in Vergessenheit geratenen sehr großen Heiligen. Es war der Ruhmestitel der Söhne des heiligen Ignatius, daß sie von ihrem großen Mitleid mit den Seelen buchstäblich verzehrt wurden. Sie waren die Pioniere des Evangeliums in allen von den Forschern erschlossenen und dann von den Kolonisatoren ausgebeuteten Ländern. Ihre Zahl ist so groß, daß man sie vernünftigerweise in die namenlose *turba magna* eingliedert, von der die Offenbarung spricht — einschließlich unseres Petrus Claver, dem würdigen Nacheiferer von Franz Xaver.

Die Heiligen rächen sich jedoch auf ihre Weise. Maria-Theresia Ledochowska hat ihn zum Patron gewählt und damit die Welt, die nur allzusehr mit dem Gedanken an die Verkündigung des Evangeliums entzweit ist, an ihn erinnert. Unter dem Vorwand der Freiheit und der Achtung vor den in den „Natur"-Religionen beschlossenen Werten entwürdigt man schließlich sogar den Sinn und die Bedeutung der Berufung zum Missionar und des Rufes des Herrn, der durch alle Zeiten erschallt: „Gehet hin und lehret alle Völker!". Vielleicht einschließlich derer, die man „entchristlicht" nennt und die wohl schwieriger zu „bekehren" sind, da ihre Gleichgültigkeit im Verrat des heiligen, anvertrauten Gutes wurzelt.

Wir haben beiläufig an das Mysterium der „Gemeinschaft der Heiligen" erinnert. Allzuhäufig erliegen wir der Versuchung, anzunehmen, die Heiligen „ruhten im Himmel aus". In Wirklichkeit und im Lichte unseres Glaubens trifft das Gegenteil zu. Die Heiligen sind für ewig dem Mystischen Leib in seiner Herrlichkeit angegliedert und nehmen in organischer Weise, wie ich formulieren möchte, am Kampfe des Oberhauptes für das Heil der Welt im gesamten Geschichtsverlauf teil. Sie sind uns, anders ausgedrückt, viel mehr „gegenwärtig" als unsere schwachen Sinne wahrnehmen und wahrnehmen können. Sie hören unsere *Rufe*. Unter Achtung unserer Freiheit. Wie Gott, so rühren sich auch die Heiligen nur dann, wenn man sie ruft.. Sie dringen nie als Einbrecher in unser Leben ein! So könnten wir unsere Anspielungen auf das Fegefeuer dadurch ergänzen, daß wir auf die Heiligen verweisen, die durch unsere Schuld „arbeitslos" sind. Welcher Gnaden wären wir doch teilhaftig geworden, wenn wir sie zu Hilfe gerufen hätten! Welche Fehler hätten wir vermieden, wenn wir sie uns als *gegenwärtig* vor Augen gehalten hätten! Es handelt sich ja durchaus nicht um sinnenfällige Wahrnehmungen, sondern um unseren Glauben. Péguys Gleichnis von dem armen Sünder, der auf Grund der Fürsprache des jeweiligen Tagesheiligen an jedem Kalendertag vor dem Sündigen bewahrt wird, bleibt gültig. Man irrt gewaltig, wenn man meint, die vom Zweiten Vatikanischen Konzil veranlaßte Reform der Liturgie schalte die Heiligen auf Standlicht, wenn man so sagen darf (und dies im Namen eines wertlosen Ökumenismus, der unseren getrennten Brüdern der Ostkirchen zum Ärgernis gereicht). Das Gegenteil ist der Fall. Dadurch, daß man die den von der Kirche verklärten Freunden Gottes geschuldete Verehrung in die Anbetung eingeschmolzen hat, die DEM gebührt, der Quell und Ursache *aller Heiligkeit* ist („Tu solus sanctus"), hat man sozusagen das Gotteshaus wieder in Ordnung gebracht und zu abergläubische Gläubige vor „autonomen", nicht voll gottbezogenen Devotionen gewarnt (beispielsweise der heilige Antonius ohne Bezug auf DEN, der ihm die Wundergabe verleiht). Nach dieser Feststellung müssen wir uns aber auch vor dem entgegengesetzten Extrem hüten, auf das Unsere Liebe Frau, als sie Cathérine Labouré erschien, mit den schwarzen Strahlen hingewiesen hat, die in die Lichtstrahlen eingesickert waren, die ihre weit geöffneten Hände auf den Erdball warfen: „die Gnaden, die vergeblich darauf warten, *erbeten zu werden."* Unsere Freunde, die Heiligen, haben die Aufgabe, uns daran zu erinnern, und ihre Fürsprache einzusetzen, um das für uns zu erlangen, was unserer Niedrigkeit möglicherweise verweigert werden könnte.

So kann Petrus Claver voll und ganz das Recht der geistigen Vaterschaft für ein Institut übernehmen, das sich offiziell auf seinen Namen beruft. Welches Motiv auch immer die Gründerin zu ihrer Wahl bestimmt haben mag, sie ist eine feststehende Tatsache und von der Kirche bestätigt worden. So müssen wir aus der Vogelperspektive an Petrus Clavers Berufung zum „Diener der Sklaven" in bedingungsloser Hingabe und einem Heroismus ohnegleichen erinnern. Denn die Akten seines Seligsprechungsprozesses und dann seiner Heiligsprechung erschüttern uns in unserer Lauheit zutiefst. Wäre die Annahme vermessen, daß die Torheit des Kreuzes, die ihn wie eine lodernde Flamme verzehrt hat, auch den Eifer dieser Maria Theresia Ledochowska, einer Frau ohne Kräfte und ohne Gesundheit, angespornt hat? Auch sie war „Dienerin der Sklaven in einer Welt, die sich auf sich selbst zurückgezogen hat.

2. KAPITEL

Das Erwachen einer Berufung

Jedes Heiligenleben ist ein Abenteuer, das auch der Feder des besten Romanschriftstellers Schwierigkeiten bereiten würde. Bemerkenswert im Abenteuer Maria Theresias ist, daß die Heimat ihrer beiden Patrone gar nicht weit auseinander liegt. Petrus Claver (1581—1654) ist Katalane und stammt aus Verdú bei Barcelona. Kardinal Lavigerie ist halb Baske, halb Gaskogner. Mehrere Jahrhunderte hatten enge Beziehungen zwischen diesen Regionen geschaffen, die von den Pyrenäen zwar durchschnitten, jedoch keineswegs getrennt wurden! Auch heute noch versteht ein Katalone einen Gaskogner leichter als einen Kastilier. Der Jesuitenmissionar und der Missionskardinal wurzelten sozusagen im gleichen Boden, und ihre Charaktere weisen mehr als eine Ähnlichkeit auf. Aus beiden Männern hätten glänzende „Konquistadoren" werden können, hätte sie nicht Christus für andere, viel schwierigere Eroberungen mit Beschlag belegt. Die Gnade unterdrückt die Natur ja nicht, und die Neigung zu Heldentaten „in fernen Landen" kann das Sprungbrett der „Abenteurer Gottes" werden. In dieser Hinsicht hatte auch Maria Theresia ihre Veranlagung nicht von ungefähr, und das Roden im Dschungel der in ihrem armseligen Komfort erstarrten „Gutgesinnten" hat ihr stets gefallen.

Doch kehren wir zu ihrem datumsmäßigen ersten Patron zurück. Die Begegnung mit Petrus Claver war für mich eine regelrechte Entdeckung. Angesichts des Instituts, das seinen Namen trägt, kannte ich ihn vage vom Hörensagen. Die beiden mir zur Verfügung gestellten Biographien, die solide auf den eidesstattlichen Aussagen der Zeugen seines heroischen Lebens und seines Todes basieren, ließen mich jedoch „den Humor Gottes", wie Chesterton sagt, besser verstehen. Hier war nun ein sehr großer Heiliger, der von den Seinen auf Standlicht geschaltet und praktisch zwei Jahrhunderte lang totgeschwiegen wurde [1]. Er war 1654 in Cartagena in Kolumbien gestorben und taucht dann plötzlich wieder aus der Vergessenheit auf: 1851 wird er seliggesprochen, 1888 heiliggesprochen, 1896 zum Schutzpatron der Mission in Afrika proklamiert und zwingt

---

[1] Ich gestehe, daß ich beim Schreiben dieser Zeilen der Gesellschaft Jesu etwas gram war, weil sie eines ihrer schönsten Lichter unter den Scheffel stellte. Verlegenheit angesichts zu vieler Schätze? Es war dies die Zeit, in der es von Jesuitenheiligen nur so wimmelte (nicht ohne bei den Gutgesinnten der damaligen Zeit die schwere Anklage der Neuerungen auszulösen, was leicht die Heilige Inquisition hätte auf den Plan rufen können). Ich würde es nicht wagen, diesen Punkt hervorzuheben, wenn dies nicht ein Mitbruder des hl. Petrus Claver, Egidio Marcolini, S. J., in einer dem „Engel der Sklaven" gewidmeten Broschüre von 1953 selbst feststellen würde. Unter Anführung seiner Quellen sagt er (in italienischer Sprache): „Der hl. Petrus Claver hatte bei seinen Biographen und den Künstlern kein Glück. Vielleicht fehlte ihm deshalb nach seinem Tode die Beliebtheit beim Volk. Dieser *Volksheilige* hatte sie indessen wirklich verdient . . ." Doch kaum ein Jahr später, also 1954, erschien eine 908 Seiten starke Biographie des heiligen Petrus Claver, die wir seinem Mitbruder, Pater Angel Vatierra, S. J., verdanken (Bogota, Imprenta nacional). Ihr Titel: *El santo que liberto una raza, San Pedro Claver, el esclavo de los esclavos*. Dieses Buch ist ein wahres Meisterwerk an Klarheit, Quellentreue, Dokumentation auf allen Ebenen. Der Verfasser ist ein ganz hervorragender Schriftsteller mit einem sehr feinen Sinn für Stil und Nuancen, sodaß sich sein Werk „wie ein Roman" liest. Bis heute ist lediglich 1960 eine englische Übersetzung bei Burns & Oats erschienen. Die spanischen Neuauflagen folgen einander kurzfristig. Dieses Werk würde es wirklich verdienen, in alle Sprachen übersetzt zu werden, nicht nur im Interesse der Sankt-Petrus-Claver-Sodalität, sondern zum Gebrauch für das „Gottesvolk" als Prüfstein für die Berufungen von Missionaren. Wir können nur wehmütig an den Widerhall denken, den die Lektüre dieser Biographie im Herzen und im Geiste Maria Theresias ausgelöst hätte, welchen Nutzen sie daraus in ihren eigenen Schriften oder Theaterstücken gezogen hätte. Wieder einmal bestätigt uns dieser Fall eine heute selbstverständliche und durch die Massenmedien bestätigte Wahrheit: die *Bedeutung der Propaganda*, für die damals, als Mutter Ledochowska ihr „Echo aus Afrika" herausgab, nur einige Leute vom Fach zuständig waren.
Dieses Kapitel wäre zweifellos reichhaltiger geworden, hätte ich vor seiner Niederschrift die herrliche Biographie von Angel Valtierra lesen können.

sich seit dem Ende des letzten Jahrhunderts buchstäblich unserer Aufmerksamkeit auf. Nach der Synode, die der Evangelisation der Völker im Geiste des Zweiten Vatikanischen Konzils gewidmet war, wirkt dieser katalanische Missionar erstaunlich aktuell. Sein aus heroischer Nächstenliebe gewirktes Leben macht ihn zeitlos und erhebt ihn über die Zufälligkeiten der Geschichte.

Zwei Jahrhunderte mußten erst ins Land gehen, bevor sich eine vom gleichen Eifer verzehrte Frau ein für allemal der Sache der unterentwickelten oder auf allen Ebenen in der Entwicklung begriffenen schwarzen oder „farbigen" Völker widmete.

Petrus Claver hätte seine verzehrende Nächstenliebe am liebsten auf Afrika ausgedehnt, aber die Gehorsamspflicht verbot es ihm. Der Missionsappell, der eines schönen Tages Maria Theresia Ledochowska für immer in Bann schlug, hätte vielleicht eine andere Richtung genommen, wäre sie nicht ihr Leben lang von schwächlicher Gesundheit gewesen. Denen, die Gott lieben, alle Dinge zum Besten dienen, sagt der hl. Paulus. In seinem Ausbreitungsdrang gehemmt, ging Petrus Claver in die Tiefe, und sein mit Wundern durchwobenes Leben bekam eine Ausstrahlungskraft, die weit über sein eigentliches Apostolatsgebiet hinausging. Gott überläßt nichts dem Zufall und verbindet seine Freunde, die am gleichen Werk arbeiten — notfalls auch noch nach 300 Jahren — in einer geistigen Verwandtschaft, die ihre Wonne im Himmel ausmacht. Fest steht, daß Petrus Claver, der im Verlauf seines langen Lebens keine Gründung vollzogen hat, sich das Schicksal seines Instituts so angelegen sein läßt, wie dies allein die Heiligen vermögen. Möge die Seligsprechung von Maria Theresia Ledochowska ihn nicht nur seiner geistlichen Familie näherbringen, sondern allen, die sich um die Evangelisation der Welt bemühen!

Die erste Begegnung erfolgte auf der Ebene der Gemeinschaft der Heiligen.

Die zweite Begegnung war flüchtig, kurz von Angesicht zu Angesicht — nach blitzartiger Aufforderung.

Wir schreiben das Jahr 1889. Maria Theresia ist sechsundzwanzig Jahre alt. Gott hat ihr im Lauf ihres Lebens wiederholt den Weg versperrt. Der ganz und gar berechtigte Traum, eine Familie zu gründen, wie es ihre Mutter wünschte, scheitert. Das Beispiel ihrer zärtlich gebliebten, zwei Jahre jüngeren Schwester Julia, die 1886 zu den Ursulinerinnen ging, reizt sie nicht. Im Laufe eben dieses Jahres schrieb sie an die Oberin der Englischen Fräulein von St. Pölten, bei denen sie erzogen worden ist: „Ich weiß nur eins: Wir haben sie verloren, unwiderruflich und für immer." Es fiele schwer, aus diesen Worten einen Hinweis auf eine klösterliche Berufung herauszulesen!

Wie es sich für eine junge Gräfin schickt, die auf die Ehe verzichtet hat, wird Maria Theresia Hofdame an dem mit den Habsburgern verwandten Hof von Toskana, und ihr Titel: Stiftsdame von Brünn in Mähren gibt ihr das Recht auf die Anrede „Madame" (was ihr in ihrem Apostolatsleben dienlich sein wird).

Taktvoll, aber nicht ohne ein gewisses Drängen, hatten Franziskanerinnen-Missionarinnen Mariens (darunter eine Gräfin de Gelins, ehemalige Hofdame am Hof von Toskana) versucht, sie zu sich hinüberzuziehen. Maria Theresia stellte sich taub. Sie beunruhigte ihre Umgebung. Ihr streng geregeltes Leben, ihr offensichtlicher Verzicht „auf die Welt" schienen nur eine einzige Wahlmöglichkeit offen zu lassen: das klösterliche Leben in einem bestimmten Institut. Es läßt sich denken, mit welcher Freude die Englischen Fräulein diese junge Dame aufgenommen hätten, eine der schönsten Blüten in ihrem Kranz. Denn in der Schule Mary Wards, ihrer Gründerin, hatte Maria Theresia wohlverdiente Lorbeeren geerntet und bewahrte ihren einzigartigen Erzieherinnen bis an ihr Lebensende tiefe Dankbarkeit [2].

Gott ist geduldig und harrt seiner Stunde. Als Führernatur bedurfte Maria Theresia einer langen Vorbereitungszeit in Demut und in der Nacht des Glaubens, bevor sie große Verantwortung ohne Gefahr für ihren zum Hochmut neigenden Charakter übernehmen konnte. Eine lange Kette von Prüfungen hatte sie in der direkten Erfahrung unseres Nichts verankert, die Grundlage des Wissens der Heiligen ist. Ihre Biographen heben bestimmte Züge ihres eigenwilligen Charakters hervor, und stellen ihren Analysen das: „ich will!"

---

[2] Vor uns liegt das wunderschöne Zeugnis der Ansprache, die sie am 27. Mai 1906, also bei voller Reife ihres Werkes, anläßlich des 200. Geburtstages des St. Pöltener Instituts hielt. In ihr verriet sie sich unfreiwillig dadurch, daß sie die revolutionäre Neuerung des Instituts Mary Wards (ohne Klausur, und das zu Beginn des 17. Jahrhunderts) mit der Petrus Claver-Sodalität verglich, die ebenfalls „Niedagewesenes" im Werk der Urbarmacher und Pioniere brachte.

voran, das ihr schon als junges Mädchen geläufig war. Als sie erfuhr, daß ihr Bruder Wladimir zu den Jesuiten gegangen und ihre Schwester Julia Ursuline geworden war, erklärte sie: „Auch *ich will* etwas Großes für Gott vollbringen!" Nach und nach weicht unter dem Antrieb der Gnade und der Ereignisse ihr „ich will" dem „Gott will", Maria Theresias menschlicher Wille wandelt sich in die Flamme der Liebe im heldischen Gehorsam gegenüber dem Willen Gottes. Wie der heilige Ignatius, dieser große „Eigenwillige" Gottes mit seinem *suscipe...*, weiß auch Maria Theresia nicht, wohin Gott sie führt. Er erwartet sie, an diesem Wendepunkt.

Und damals bildeten die Vorträge des Kardinals Lavigerie, der durch ganz Europa zog und den Skandal des Sklavenhandels in Afrika und anderwärts brandmarkte und Berufungen im Dienste der Missionare „dort drüben" zu erwecken suchte, den Gesprächsstoff aller christlichen Kreise in Europa. Wie gewohnt, nahm der Gründer der „Weißen Väter" kein Blatt vor den Mund und ging direkt auf das Ziel los. Man brauchte Männer, Frauen, Geld, um die dringendsten Aufgaben erfüllen zu können! Ein Passus in einer Ansprache des Kardinals elektrisierte Maria Theresia Ledochowska: „Christliche Frauen Europas! Eure Aufgabe ist es, diese Greuel überall bekannt zu machen und gegen sie die Entrüstung der zivilisierten Völker zu mobilisieren. Laßt euren Ehemännern, euren Brüdern, euren Vätern keine Ruhe, ehe sie nicht ihre Autorität, ihre Beredtsamkeit, ihre Habe eingesetzt haben, um zu verhindern, daß das Blut ihrer Brüder vergossen wird! Hat Gott euch schriftstellerische Begabung verliehen, so stellt sie in den Dienst dieser Sache: es gibt keine heiligere. Vergeßt nicht, daß das Buch einer Frau, „Onkel Toms Hütte" [3], das in alle Sprachen übersetzt wurde, die Freilassung der Sklaven in Amerika ausgelöst hat..."

Maria Theresia liest diesen Passus immer wieder. Mehr und mehr ist sie geblendet von der Gewißheit, endlich *ihren Weg* gefunden zu haben. Sie weiß sehr wohl — man sagt es ihr immer wieder —, daß sie eine bemerkenswerte schriftstellerische, vor allem dramaturgische Begabung besitzt. Hier ist endlich eine Pforte, die sich auftut, die

---

[3] Von Harriet Beecher-Stowe, zunächst in Zeitungsfortsetzungen in der *National Era*, dann 1852 in Buchform erschienen. Das Buch erregte in der ganzen Welt Aufsehen und wurde in 37 Sprachen übersetzt.

ihrem Ehrgeiz entspricht! Maria Theresia ist noch keine Heilige, und der Wunsch, Gehör zu finden, ist ihr nicht nur dienlich, sondern spornt sie auch an.

Ihr schriftstellerisches Talent ist alles, was sie bieten kann. Man sagt es uns nicht, aber wir erraten, daß der teilweise Verlust des väterlichen Vermögens als Folge schlechter Geldanlagen, ihre Mitgift und ihre Unabhängigkeit erheblich eingeschränkt hatte. In der damaligen Zeit gab es für eine junge Dame „aus guter Familie" nach dem Verzicht auf eine Heirat kaum etwas anderes als die Stellung einer Hofdame oder Gesellschafterin. Maria Theresias Mutter, in den Traditionen des österreichischen Hofes völlig befangen, war in diesem Punkt völlig unzugänglich.

Ein merkwürdiges Faktum sei hervorgehoben: eine Protestantin, die Baronin Maria Haymerle, ihre spätere Schwägerin, hatte Maria Theresia den Vortrag von Kardinal Lavigerie gegeben, den dieser am 31. Juli 1888 (also sechs Monate nach der Heiligsprechung von Petrus Claver) in London gehalten hatte und der die Stelle enthielt, die sie traf wie ein Blitz.

Kardinal Lavigerie war ein außergewöhnlicher Pionier und hatte es verstanden, die durchschlagenden Argumente zu finden, die nicht nur die Christen aller Konfessionen, sondern auch alle um Gerechtigkeit besorgte Menschen guten Willens unter einen Hut zu bringen. Mehr als ein Jahrhundert vor dem Zweiten Vatikanischen Konzil hat er den Ökumenismus der *Nächstenliebe* verkündet, der alle Meinungsverschiedenheiten überwindet, ohne sie zu leugnen. Dies brachte ihm damals freilich die engherzigen Angriffe der Pharisäer aller Schattierungen ein. Ein Jammer, daß man die Wege, die er gangbar machte, nicht einschlug! Es ist bekannt, wie sehr die Muselmanen ihn schätzten und ihm ihre Hochachtung bezeigten. Jüdische Rabbiner sprachen ihm ihren Dank für sein Frieden stiftendes Wirken aus. Mit scheelen Blicken sahen jedoch die Integralisten der damaligen Zeit auf diesen so ganz evangelischen „Liberalismus", der es beispielsweise wagte, in die gleichen Schulen oder Gymnasien junge orthodoxe Griechen und Protestanten, Israeliten und Katholiken, „dreimal so viel Ausländer wie Franzosen..." aufzunehmen [4].

---

[4] Mgr. Lesur et Abbé Petit: Cardinal Lavigerie. Ins Deutsche übersetzt von Joseph Bliersch, Stuttgart 1893, ein Jahr nach dem Tod des Gründers der Weißen Väter, S. 105.

Maria Theresia sitzt nun also an ihrem Schreibtisch vor leeren Blättern, die sie — fast ohne Streichungen — mit ihrer feinen, dünnen Handschrift füllt. Das Thema? Ein den Missionen gewidmetes „Volksdrama". Sie arbeitet flott in den freien Stunden, die ihr zur Verfügung stehen. Der Beruf einer Hofdame ist alles andere als geruhsam und besteht meistens darin, durchlauchten Hoheiten ständig Gesellschaft zu leisten und allerlei Dienste zu verrichten. Wir haben es hier mit einer so altmodischen Welt zu tun, daß wir uns nur schwer vorstellen können, welche Langeweile sie bei Menschen auslösen mußte, die die Unabhängigkeit liebten und die verantwortungsvollsten Aufgaben hätten übernehmen können. Natürlich gab es keine Zwietracht zwischen Maria Theresia und ihrer erlauchten Arbeitgeberin, aber der österreichische Hof war in einem ganzen Wust von strengen gesellschaftlichen Umgangsformen erstarrt. Ohne ein vom Kaiser unterzeichnetes Dekret gab es keinen Posten als Hofdame, und ohne ein solches konnte man eine solche Stellung auch nicht aufgeben.

Das Volksdrama, daß Maria Theresia schreibt, ist so nicht nur die Antwort auf einen Ruf, sondern zugleich ein Sicherheitsventil in ihrem eintönigen Leben. Als Titel wählt sie den Namen der Heldin: *Zaida*. Sie widmet ihr Werk unter dem Pseudonym *Africanus* natürlich Kardinal Lavigerie, der sie inspiriert hat. Als Hofdame an einem großherzoglichen Hof durfte sie ohne allerhöchste Erlaubnis, die ihr vielleicht verweigert worden wäre, nicht öffentlich in Erscheinung treten. Und so bedient sie sich weiterhin, auch nachdem sie den Hof verlassen hat, eines männlichen Pseudonyms: *Alexander Halka*, gewählt nach dem väterlichen Stammbaum, so daß es für ihre Verwandten recht durchsichtig ist. Bedenken wir, daß damals die Emanzipation der Frau kaum erst begonnen hatte und daß die Länder Mitteleuropas in diesem Punkt die rückständigsten waren!

Häufig hat man *Zaida* Verstöße gegen „die historische Wahrheit" vorgeworfen, Unkenntnis der Bräuche im fernen Tanganjika, wo die Handlung spielt. Wir wollen keine zweifellos unangebrachte Parallele ziehen, als Verteidiger Maria Theresias aber doch den Verfasser des „Othello" heranziehen, der sich überhaupt nicht um die rassische Identität seiner Personen kümmerte, sondern sich ausschließlich an ihre psychologischen Konflikte hielt. Ein Eifersuchtsdrama hat in allen Breiten zwar einen anderen Aspekt, aber stets den gleichen Kern. Ob schwarz oder weiß, Othello hätte die gleichen Wortergüsse von sich geben können. Rügen können wir nach dieser Feststellung gewisse jugendliche Naivitäten, die an den Haaren herbeigezogenen Interventionen des sprichwörtlichen *deux ex machina,* die Vergewaltigung der Handlung, um die Lösung des Knotens des Dramas zu beschleunigen.

Alle nörgelnde Kritik muß jedoch vor einem zunächst unvorhersehbaren Faktum verstummen: vor der Aufnahme durch das Publikum. Und *Zaida, die Negerin,* wurde nicht nur in Provinzstädten, sondern auch in Salzburg und Wien erfolgreich gespielt und ließ viele Tränen fließen. Die Verfasserin führt die Handlung mit unbestreitbarem Schwung und Feuer. Sie besitzt die so seltene Gabe, die Zuschauer vom Anfang bis zum Ende des Dramas voller unerwarteten Wendungen, plötzlicher Rückentwicklungen und Rettungen in letzter Minute in Atem halten. Das romantische Motiv einer unglücklichen Liebe zwischen dem Christen Joseph und Zaida, der Tochter einer durch eine Gnadenerleuchtung bekehrten Zauberin, die auf einem Scheiterhaufen starb, um die Mission zu retten, erhöht die dramatische Spannung der Handlung. Zweifellos gewollt ein Thesenstück! Die Ausführungen des Missionars, mit denen der letzte Akt schließt, beweisen es! Maria Theresia wollte mit dem Stück die Gewissen und die Herzen für die Antisklavereibewegung entflammen, wie es Kardinal Lavigerie mit seinen begeisterten Reden versuchte.

Es konnte sich um ein Strohfeuer handeln. In Wirklichkeit war es der Lichtblitz einer Berufung.

Schon am 5. Januar 1889 — also kaum fünf Monate nach der berühmten Ansprache des Missionskardinals — schrieb Maria Theresia: „Eben habe ich das Drama beendet, Gott sei gepriesen!"

Sie ahnt sehr wohl, wohin das führt. Sie ist eine zu ausgeprägte „Tochter der Kirche", um nicht Rat zu einzuholen und dann zu gehorchen.

Ihr Onkel, Kardinal Mieczyslaw Halka Graf von Ledochowski, der es gewagt hatte, Bismarck während des *Kulturkampfs,* den der Eiserne Kanzler entfesselt hatte, die Stirn zu bieten, und diesen Widerstand mit drei Jahren Internierung bezahlt hatte, weilt seit seiner Freilassung und Ausweisung am 8. Februar 1876 in Rom. Wer konnte sie besser verstehen und führen?

Einige Jahre später erklärt sie, daß Kardinal Ledochowski damals noch keine offizielle Beziehung zur SC de Propaganda Fide (= SC Prop.) [5] und zu den afrikanischen Missionen hatte, aber freundschaftlich mit Kardinal Lavigerie verbunden war und sich ganz besonders für den schwarzen Erdteil interessierte, den er während der langen, unfreiwilligen Muße im Kerker von *Ostrowo* eingehend studiert hatte. „Auf die Fagen, die ich ihm stellte, antwortete er mit einem Brief, den ich mit Recht als den Ursprung meiner Berufung und der St. Petrus-Claver-Sozietät betrachte."

Er antwortete:

Rom, 21. Januar 1889

Meine liebe Nichte!

Ich beeile mich, Deinen Brief vom 17. ds. M. zu beantworten, um alle Zweifel oder Ungewißheiten bezüglich des Werkes von Kardinal Lavigerie zu zerstreuen, das vom Heiligen Vater inspiriert wurde und dessen Ziel der Kampf gegen die Sklaverei ist.

Ist ein des Interesses würdigeres und passionierenderes Werk vorstellbar? Der größte Apostel unserer Zeit widmet sich ihm, der Papst billigt es.

Die Kritiken und die geringschätzigen Äußerungen, von denen Du mir sprichst, sind Auswirkungen der Unwissenheit und klägliche Vorwände, um sich an einem Werk von solchem Ausmaß nicht beteiligen zu müssen.

Die Enzyklika des Heiligen Vaters, seine an Kardinal Lavigerie gerichteten Briefe, dessen Vorträge in Frankreich, in England, in Belgien, in Holland und Italien, seine überall in der Welt mit unbeschreiblicher Begeisterung aufgenommenen Schriften, die Hochachtung, die ihm Staatsoberhäupter und hervorragende Persönlichkeiten bezeigen, all das beweist Dir klipp und klar, wie wenig Du von tückischen Einwänderungen, die da oder dort verlauten, zu halten hast.

Befürchte also, liebe Nichte, nicht, den falschen Weg einzuschlagen, wenn Du mit so vielen anderen am Kampf gegen die Menschenjagd und den Sklavenhandel teilnimmst.

Dein ergebener Onkel

+ M. Kardinal Ledochowski

---

[5] Einige Jahre später wurde er dann Präfekt dieser Kongregation.

Dieser Brief ist für uns in zweifacher Hinsicht außerordentlich wertvoll: bei der Beruhigung seiner Nichte spielt Kardinal Ledochowski klar auf die Kritiken und Schwierigkeiten an, die ihren Weg versperrten. Hierbei war der Widerstand ihrer Mutter nicht das geringste Hindernis! Wir kommen darauf noch zurück. Im Augenblick interessiert uns vor allem die Schlußfolgerung, die Maria Theresia zieht, nachdem sie den Brief ihres Onkels gelesen hat:

„Von nun an sah ich klar den Weg, den mir die Vorsehung vorschrieb."

Zur Bestätigung ihrer Berufung bedurfte es lediglich noch „einer kurzen Begegnung".

3. KAPITEL

Eine alpinistische Leistung

Für die Länder deutscher Zunge litt Kardinal Lavigerie unter einem schwerwiegenden Handicap: er sprach nicht deutsch.

Maria Theresia beherrschte dagegen die französische Sprache völlig. In frühester Jugend hatte sie polnisch, die Sprache ihres Vaters, gelernt. Sie verstand etwas Englisch, lernte italienisch mit der Leichtigkeit, die den Menschen slavischer Abstammung, sogar das „Halb-Blut", kennzeichnet. Ihre Aufgabe schien also von vornherein vorgegeben zu sein: dem Missionskardinal in Österreich als Dolmetscherin zur Hand zu gehen.

Ihre Nächstenliebe und ihre Demut breiten einen Schleier über die Quälereien, unter denen sie zu leiden hatte. Hohen Ortes ließ man sich nicht gern stören. Man lebte in der Periode zufriedener Schlaffheit, die oft den Orkanen voraufgeht. Skrupellos erfüllte „religiöse Pflichten" lähmten jede vom Evangelium inspirierte Begeisterung. Allzu folgsame Bischöfe gaben sich zu einer vom Josephinismus gefärbten Religionspolitik her. Alles, was sich vom gebilligten schon Gehabten abhob, erschien verdächtig und von den Viren des Sozialismus befallen. Viele bewundernswerte Priester in Österreich und Deutschland hatten unter dieser starren Haltung zu leiden. So ist es nicht erstaunlich, daß Maria Theresia, nachdem man sie „entlarvt" hatte, von manchen als Verrückte behandelt wurde. Ein grausames Wortspiel qualifizierte die Missionärin später direkt als „Mission-Närrin". So weit sind wir im Augenblick zwar noch nicht, doch in den Kulissen grollt bereits das Gewitter.

Wir schreiben Sommer 1889. Ihre Hoheit die Herzogin von Toskana verbringt ihre Ferien in Luzern in der Schweiz. Maria Theresia begleitet sie in ihrer Eigenschaft als Hofdame. Sie erfährt, daß ihr Onkel, Kardinal Ledochowski, dort weilt. Während der römischen Hundstage schickte der selbst an die Vatikanstadt geschmiedete Papst seine Freunde und Nächsten in ein milderes Klima. Deshalb ging Kardinal Ledochowski, „um dem heiligen Vater zu gehorchen", jeden Sommer in die Schweiz.

Indessen überrascht eine andere Nachricht Maria Theresia als ein Zeichen des Himmels. Der unermüdliche Kardinal Lavigerie hat sein Hauptquartier in Luzern aufgeschlagen, um einen internationalen Kongreß der Missionsgesellschaften vorzubereiten, die viel Zeit und Kraft damit vergeudeten, daß sie den Sklavenhandel mit einzelnem Streufeuer bekämpften. So mußten ihre Anstrengungen koordiniert, vor allem aber die Weltmeinung aufnahmebereiter gemacht werden.

Wegen der Ereignisse in Frankreich fiel der Kongreß schließlich aus. Es sah also ganz nach einer schmerzlichen Schlappe für den Missionskardinal aus. In Gottes Namen also! Aber da er nun einmal mit schwer angeschlagener Gesundheit in der Schweiz war, überredete ihn seine Umgebung, einige Wochen auszuspannen. Er stimmte zu, ohne zu ahnen, welch königliches Geschenk Gott ihm als Ausgleich für seinen ins Wasser gefallenen Plan zugedacht hatte. Die Heilige Schrift spricht von den „Spielen der göttlichen Weisheit". Statt eines Treffens erlauchter Persönlichkeiten führt ein kurzes Zwiegespräch zur Entstehung eines Werkes, das mit dem, was es verwirklicht, unendlich viel mehr zustandebringt als die hochtrabenden Entschließungen aller Kongresse der Welt. Kardinal Lavigerie weiß ja nur zu gut, wie rasch sich die durch seine Worte entfachte Begeisterung in ein Strohfeuer verwandelt, das immer wieder neu entfacht werden muß, wenn nicht nur Asche übrigbleiben soll. Der „Antisklaverei-Kreuzzug", den er unaufhörlich predigt, braucht einen Eckstein. Gott liefert ihn ihm auf eine ganz ungewöhnliche Art und Weise. Maria Theresia ist kein biegsames Rohr. Was sie will, will sie gründlich. Gott wußte, aus welchem Material er sie geformt hatte, wie lange er brauchen würde, um es zurechtzuschmieden. Nun ist seine Stunde gekommen. Nachdem die junge Hofdame der

Erzherzogin von Toskana von der Anwesenheit von Kardinal Lavigerie in Luzern erfahren hat, entscheidet sie, daß sie ihn um jeden Preis sehen *muß*.

Sie schildert uns selbst „das große Abenteuer". Zunächst die Begegnung mit ihrem Onkel, der ihr Vorhaben heißen Herzens billigt. Er begleitet sie selbst in die „Villa Lang", in der Kardinal Lavigerie untergebracht ist. Hier erwartet sie eine bittere Enttäuschung: der Kardinal war tags zuvor nach Brunnen abgereist, einem frischeren und ruhigeren Kurort auf der gegenüberliegenden Seite des Sees.

„Sein Koadjutor, Mgr. Brincat, schickte sich an, ihm zu folgen. Mit der für sie charakteristischen Beobachtungsgabe skizziert Maria Theresia mit einigen Strichen sein Porträt: „Er machte auf mich einen sehr sympathischen Eindruck. Jung und hübsch, orientalischer Typ, mit von Witz sprühenden Augen, reichlich Bart, elegant ... Mit ein paar Worten erklärt er uns die Abwesenheit des Kardinals und entschuldigt sich, daß er es so eilig hat. Aber er hatte gerade noch Zeit, das Sechsuhr-Schiff zur Überfahrt zu erwischen ..."

„Zunächst", fährt Maria Theresia fort, „meinte ich, jede Hoffnung aufgeben zu müssen, Kardinal Lavigerie persönlich begegnen zu können. Beim Spaziergang am Seeufer versuchte mein Onkel vergeblich, mich meine Enttäuschung vergessen zu lassen. Mehr als einmal habe ich jedoch im Verlauf meiner schlaflosen Nächte erleuchtende Gedanken gehabt. In der folgenden Nacht sagte ich mir plötzlich: Warum eigentlich sollte ich nicht nach Brunnen gehen in Begleitung von Mgr. Meszczynski, dem Sekretär meines Onkels, der mir die Erlangung einer Audienz erleichtern würde? Dieser ein bißchen törichte Plan wurde gebilligt. Um zwei Uhr sollten wir uns an Bord des Schiffes zur Überfahrt treffen. Ihre Hoheiten mußten nun diesen Kurzurlaub noch bewilligen ..."

Man gewährte ihn „gern" unter der Bedingung, daß sie Punkt 19 Uhr zum Dienst zurück war als Begleiterin der Herzogin. Diese kleine Begebenheit und ihre Folgen können heute bei uns nur ein Kopfschütteln auslösen ... Was für ein goldener Harnisch war doch damals der „Dienst" bei Hof mit seiner unwandelbaren Etikette! Wäre es nicht am einfachsten gewesen, Maria Theresia

„Urlaub" für den ganzen Nachmittag zu gewähren? Offenbar war ihrer Herrin nicht einmal der Gedanke an einen solchen Verstoß gegen die feierlichen Riten eines verkalkten Hofes gekommen. Dabei hatte sie ihre Hofdame gern und billigte ihre Pläne!

Es folgt eine Leistung, die sogar die Alpinisten schaudern lassen kann. Punkt zwei Uhr Abfahrt in Begleitung des „ergebenen Sekretärs", Mgr. Meszczynski. „Mit militärischer Pünktlichkeit passierten wir den Laufsteg. Es war, wie man mir später sagte, einer der heißesten Sommertage. Man erstickte buchstäblich. Nicht die kleinste Brise bei der Überfahrt.

Halt in Beckenried, wo zwei Weiße Väter, leicht erkennbar an ihren Burnussen und ihren breitrandigen Hüten, zu uns stießen. Einer von ihnen stellt sich als Sekretär von Kardinal Lavigerie vor: P. Thuet. Es entspinnt sich eine Unterhaltung, doch plötzlich verwandelt sich meine Freude in Entsetzen! Sie sagen, daß sich der Kardinal nicht mehr in Brunnen, sondern weiter oben, im Hotel Axenstein, aufhält. Es erhebt sich die Frage, ob mir genügend Zeit zum Aufstieg bleibt. Das Schiff legt in Brunnen um 3 Uhr 40 an und fährt um 5 Uhr 10 wieder nach Luzern zurück. Ich hatte also nur *eine Stunde und dreißig Minuten* zur Verfügung, denn ich mußte unbedingt um 7 Uhr abends an der Tafel ihrer Hoheiten zum Dienst zurück sein, und um keinen Preis der Welt wollte ich mich einer Nachlässigkeit schuldig machen."

Es folgt eine kurze Debatte über das Problem, ob man in eineinhalb Stunden nach Axenstein hinauf und wieder zurück nach Luzern kommen kann. Die Patres bezweifeln es. Man erkundigt sich. Es stellt sich heraus, daß man schon allein zum Weg hinauf eine Stunde braucht. Und im Wagen geht es auch nicht schneller, da der Fahrweg an der Felswand entlang große Umwege macht... „Das ist wirklich entmutigend! Aber vielleicht sind die Patres schlecht informiert? Ich wende mich also an den Schiffskapitän. Er bestätigt, was ich eben zu hören bekam. Das Hin und Zurück in eineinhalb Stunden gehört in den Bereich des „Unmöglichen".

Einen Augenblick bin ich der Verzweiflung nahe. So dicht am heißgewünschten Ziel und darauf verzichten müssen? Selbst einem phlegmatischen Temperament hätte das die Ruhe geraubt. Aber ich bin just das Gegenteil . . ."

Mit anderen Worten: sie gibt nicht auf. Man nähert sich Brunnen. Vor dem Hintergrund von Bergen, deren Gletscher im Sonnenlicht gleißen, erheben sich Felsen, von Tannen gekrönt. In diesem herrlichen Panorama zieht sie ein einziger Punkt an, der zugleich eine Herausforderung ist: das Hotel Axenstein, das gleich einer Zitadelle, stolz und unzugänglich, dort oben auf dem Berge thront. „Ich rechne nach, wie lange ich brauchen würde, um es zu erreichen. Je näher wir dem Landesteg kommen, desto unrealisierbarer erscheint mir mein Vorhaben . . ."

Eigensinnig hält sie jedoch an ihrem Entschluß fest. Endlich legen sie an. In der größten Hundstagshitze haben die beiden Weißen Väter durchaus keine Lust, ihr zu folgen. Da findet sich, wie von der Vorsehung gesandt, ein Führer, der es für einen Lohn von zwei Franken übernimmt, sie in einer halben Stunde über zerklüftete Steilpfade hinaufzuführen, wenn man ein entsprechendes Tempo vorlegt. Heroisch entschließt sich Mgr. Meszczynski, ihr zu folgen. Der Gewaltmarsch bergauf beginnt. Immer schneller geht es hinauf. Bald schlägt der Führer im Schein der unbarmherzig glühenden Sonne auf den steinigen, immer steiler werdenden Pfaden Laufschritt ein. Der arme Monsignore ist rot wie eine Pfingstrose, keucht und schwitzt. Bereits nach zehn Minuten fragt er den Führer, ob man bald oben ist. Lächelnd verneint er. Da gibt er zur großen Erleichterung Maria Theresias, die sich schon große Sorgen machte, auf. Und weiter geht beider Aufstieg im „Galopp". Von Zeit zu Zeit wirft sie heimlich einen Blick auf die Uhr. Der Führer beruhigt sie. Mit der den Schweizern eigenen Redlichkeit hält er Wort. Als sie vor dem Hotel stehen, ist die halbe Stunde noch nicht einmal ganz voll.

Nun ist wahrhaft keine Zeit mehr für die „Etikette". Sekundenschnell stürmt Maria Theresia zum Zimmer 23, das man ihr in der Rezeption nennt, und klopft an. Eine sanfte Stimme ruft „Herein!" Der Kardinal saß an einem mit Manuskripten überhäuften Tisch. Er sah sie zunächst überrascht an. Als sie sich auf ihren Onkel berief, erhellte ein Lächeln seine Züge. Sicher hatte sein Koadjutor ihm schon über ihr Vorhaben berichtet. Der Kardinal ließ sie an seiner Seite Platz nehmen. Es entspann sich ein

Gespräch ... „Alle seine Worte sind in feurigen Buchstaben in meinem Gedächtnis verzeichnet. Mit der ihm eigenen jugendlichen Begeisterung schildert mir der Kardinal den Grund für die Entstehung seines Werkes und seine Pläne. Er bat mich, ihn so rasch wie möglich über den Stand der Antisklavereibewegung in Österreich zu informieren. Er schien sich zu freuen, als er erfuhr, daß in Krakau eine Gruppe gegründet worden war und daß ihn ‚das edle polnische Volk' verehrte."

Schließlich konnte sie es sich nicht versagen, auf die engherzigen *nationale Eifersüchteleien* anzuspielen, die sein Werk, wie auch andere gottgewollte Werke, hemmten. Man war wohl bereit, Geld für Afrika zu spenden, stellte jedoch die Bedingung, daß es keinesfalls französischen Missionaren zugutekommen dürfte. Der Kardinal seufzte schwer und erklärte traurig, es handle sich doch um die Schwarzen und nicht um die Franzosen!

Maria Theresia überreichte ihm ihr Drama *Zaida* und bat ihn, es ins Französische übersetzen zu lassen. Er versprach es besonders gern, weil das Werk ihm gewidmet war. „Und wer ist denn dieser *Africanus?*" fragte er mich. „Eminenz, es ist jemand, dem es seine gesellschaftliche Stellung absolut verbietet, seinen wirklichen Namen zu nennen." „Sie kennen ihn also?" Ich zögerte einen Augenblick und wiederholte dann, was ich eben gesagt hatte. Der Kardinal sah mich mit seinem durchdringenden Blick an: „Dann knien Sie nieder und lassen Sie mich den Africanus segnen" ... „Ich tat es, und mein Herz klopfte sehr stark ..."

Maria Theresia reichte dem Kardinal dann noch zwei Photos mit der Bitte, sie zu signieren. Er tat es sofort. Sie sah auf ihre Uhr und stellte fest, daß sie gehen mußte. So schilderte sie dem Kardinal kurz ihr Abenteuer, die knappe Zeit, die ihr zur Verfügung stand, und wie das übergroße Verlangen, ihm zu begegnen, das Unmögliche doch noch möglich gemacht hatte. Lächelnd erwiderte er: „Mein Gott, Sie hätten ja einen Schlaganfall bekommen können!"

Bevor sie sich verabschiedete, erbat sie noch seinen besonderen Segen für die österreichischen Gesellschaften, die sich Afrika widmeten, und ihre Mitglieder. Er erteilte diesen Segen und bat sie, ihm Gebetshilfe zu leisten. „Sagen Sie Ihren Freunden in

Österreich und in Polen: am dringendsten brauchen meine Werke Gebete, beten Sie für mich, o beten Sie viel!"

Maria Theresia mußte sich losreißen. Im Flur traf sie die beiden Missionare, die zum Aufstieg die doppelte Zeit gebraucht hatten. Sie rief ihnen zu: „Ich habe mein Ziel erreicht!" und sauste dann im Galopp in die Eingangshalle des Hotels hinunter, wo sie ihr Führer erwartete.

Den Rückweg legten sie in der Rekordzeit von zwanzig Minuten zurück. Und fünf Minuten vor der Abfahrt des Schiffes war sie am Einschiffungsplatz, wo sie Mgr. Meszczynski ein wenig besorgt und ungeduldig erwartete. Sie fühlte sich aus gutem Grund wie Alexander der Große und schilderte ihm mit Siegermiene das erstaunliche Ergebnis ihres Aufstiegs im Galopp und alle Einzelheiten ihrer Unterredung mit Kardinal Lavigerie. „Ich war außer mir vor Glück. Nichts spielte mehr eine Rolle: weder Hitze noch Ermüdung ..."

Punkt sieben Uhr war sie wieder Hofdame bei ihren Hoheiten, nach außen hin völlig ruhig, so als ob sie einen ganz gewöhnlichen Nachmittag hinter sich habe. Ihre innere Freude offenbarte sich nur im strahlenderen Blick ihrer Augen.

„Fünfeinhalb Jahre sind seitdem verflossen. Den Kardinal habe ich nie mehr wiedergesehen! Vor zwei Jahren teilte mir ein Telegramm seinen Tod mit. Hatte mich während seines damaligen Aufenthalts in Luzern nicht eine geheime Vorahnung dazu getrieben, ihn unter Einsatz meiner letzten Kräfte zu treffen? Schien mir nicht eine innere Stimme zu sagen: *jetzt oder nie?*"

Tatsache ist, daß diese Begegnung über ihre ganze Zukunft entschied. Jeder Zweifel war nun für immer weggefegt. Gott wollte sie im Dienst „einer großen Sache": im Dienste der Befreiung der Schwarzen aus der Sklaverei und der Förderung der Menschen in Schwarzafrika.

Maria Theresia hat nun ihr Ziel vor Augen. Aber die Mittel zu seiner Erreichung sieht sie noch nicht klar. Im Augenblick ist sie noch an ihre ehrenvolle Stelle als Hofdame geschmiedet, so daß zunächst ihr eiserner Wille und ihre Feder ihr einziges Sprungbrett sind.

Kardinal Lavigerie hielt Wort. Bereits 1889 wurde *Zaida* ins Französische übersetzt und in Brüssel aufgeführt. Der Erfolg war zweifellos mäßig, denn man hörte nichts mehr von dem Stück. Der Missionskongreß, der in Luzern nicht zustandegekommen war, fand dann ein Jahr später, im September 1890, in Paris statt. Er wurde zur Krönung eines ganzen, der Rettung der Schwarzen gewidmeten Lebens, das Testament von Kardinal Lavigerie.

Inzwischen entstand in aller Stille ein gewaltiges Werk. Die Begegnung im Hotel Axenstein hatte in Mitteleuropa eine Bresche geschlagen, die sich nicht mehr schließt . . .

Absichtlich haben wir die Biographie von Maria Theresia Ledochowska mit den Höhepunkten begonnen, die ihr Leben beherrschen und ihm die Richtung weisen: mit dem Geheimnis dieser beiden Begegnungen.

Petrus Claver in der ewigen Herrlichkeit findet einen Menschen von echtem Schrot und Korn, der ihm gleicht und sich wie er zu Tode schuftet. So ist es kein Zufall, daß er ihrem Werk seinen Namen gibt und sie so zu seiner Tochter macht . . .

Und Kardinal Lavigerie gibt, ohne es zu wissen, einer tastenden Berufung den entscheidenden Impuls. Erkannte er mit seinen Adleraugen in dem keuchenden jungen Mädchen, das in sein Hotelzimmer stürmte, die geniale Gründerin, die sein Werk weiterführen und dazu noch neue Wege erschließen wird? Tatsache ist, daß alle in Österreich gegründeten Komitees der Antisklavereibewegung scheiterten. Nicht aus Mangel an Geld, sondern weil es *an der Seele fehlte,* ohne die ein Werk keine rechte Frucht tragen kann. Maria Theresia Ledochowska war es aufgegeben, die *Seele* erstarrter Vorhaben und noch unschlüssigen guten Willens zu werden. Zur Erreichung dieses Ziels bedurfte es eines wahren Genius unter der Führung des Heiligen Geistes.

Nun, nach dieser Schau aus der Vogelperspektive, wollen wir uns das Leben von Maria Theresia Ledochowska in chronologischer Folge näher vor Augen führen.

4. KAPITEL

Kindheit und erste Erinnerungen

Der Vater von Maria Theresia Ledóchowska gehörte jenem polnischen Uradel an, der willentlich und wirklich der demokratischste der ganzen Welt war. Dies trug übrigens mit zum Untergang Polens bei.

Die freien Königswahlen vom 16. Jahrhundert an und das berühmte *liberum veto* [6], das jedem Adligen, ob groß oder klein, zustand, der mit einem Projekt oder einem Antrag der Regierung nicht einverstanden war, privilegierten eine Gesellschaftsschicht wie keine andere in Europa. Zugleich stießen diese Vorrechte die Pforten zur Anarchie weit auf in einem Land, das von streng zentralisierten Reichen umschlossen war, die auf die günstigste Stunde zum Beutemachen harrten. Die Teilungen Polens waren der bittere Preis für einen schlechten Gebrauch der Freiheit.

Die Reichen, die sich die Beute geteilt hatten, zwangen den Polen ihre Gesetze auf. Unter österreichischer Herrschaft war der polnische Adel durchaus nicht unempfänglich für die Lockungen eines Hofes, der im Herzen Europas die steife Pracht der von der französischen Revolution verschlungenen Dynastien fortpflanzte. Deshalb wurde mit der Verleihung von Titeln und Ernennungen

---

[6] *liberum veto*, „das freie (d. h. nicht zu begründende) ich verbiete", das von 1652 bis 1791 praktizierte Recht jedes Abgeordneten im polnischen Reichstag (Sejm), gegen einen Beschluß Einspruch zu erheben. Dadurch wurden sämtliche in der betreffenden Session gefaßten Beschlüsse ungültig und der Reichstag aufgelöst, ‚zerissen'. Das liberum veto war die letzte Konsequenz des Prinzips der Brüderlichkeit des polnischen Adels, wonach niemand durch Mehrheitsbeschlüsse zu etwas gezwungen werden sollte. (Anm. des Übers.)

ehrenhalber nicht geknausert, die polnische Adlige an den Thron der Habsburger banden [7]. Halten wir jedoch fest, daß diese Beförderungen häufig dem Wohle der Provinzen dienten, die nach den Teilungen Polens Österreich eingegliedert wurden. Gewisse Freiheiten im Unterrichtswesen, eine maßvolle Zensur, das Recht auf Publikationen, die unter der russischen Okkupation verboten waren, war der Tatsache zu verdanken, daß am Habsburger Hof die Männer präsent waren, die man mit einer gewissen Geringschätzung und einem Schuß Eifersucht „österreichische Grafen" nannte, und wachten. Vor den Teilungen konnte man die polnischen Grafen an den Fingern einer Hand aufzählen. Und gerade die schärfsten Kritiker waren die hauptsächlichen Nutz-

[7] Nach Pater Franz Maria Ledochowski, dem Neffen der Gründerin des Sankt Petrus Claver-Instituts, wurde der Grafentitel dem Urgroßvater Maria Theresias: Anton Ledochowski verliehen. Er lebte von 1755 bis 1833 und bekleidete das Amt eines Landesdeputierten, *zuerst in Warschau, dann in Wien.* Kaiser Franz erhob ihn in den österreichischen Grafenstand, der auch für Polen und Rußland bestätigt wurde, bald darauf auch für die gesamten österreichischen Erbländer. Dies erklärt, daß manche Zweige der Familie Ledochowski, vor allem die *ukrainischen* (Leo Ledochowski von Woloczyka wurde 1918 von den Bolschewiken auf entsetzliche Weise umgebracht), einem Titel, der nach den Teilungen Polens von einer der Besatzungsmächte verliehen wurde, nur geringe Bedeutung beimaßen. Vielleicht war dies der Grund für eine gewisse Kälte, die lange zwischen Graf Anton Ledochowski und seinem Bruder aus Wilna herrschte. Fest steht jedenfalls, daß damals die Titel am österreichischen Hof eine große Rolle spielten und daß Maria Theresia nicht so in die Kreise der höchsten Aristokratie hineingekommen wäre, wie dies der Fall war, wäre sie nicht „Gräfin" gewesen. Sie nutzte diesen Titel für ihr Werk, bewahrte sich jedoch unter dem Einfluß ihres Vaters echte Liebe zum Volk, das auf seine Rechte pochte. Heute erscheint uns jeder Wetteifer in der Jagd auf Titel, die in einem durch eine steife Etikette erstarrten Milieu über die Beförderung und den Aufstieg entschieden, als völliger Anachronismus. Um zu verstehen, müssen wir uns in das Klima der damaligen Zeit versetzen. Erstaunlicherweise machte Kardinal Ledochowski, der von Bismarck zu drei Jahren Gefängnis verurteilt und nach seiner Entlassung in die Verbannung geschickt wurde, nie von seinem Grafentitel Gebrauch. Erstaunlich ist, daß der erste Graf Ledochowski nicht einmal mit einer Österreicherin verheiratet war. Seine Frau, schreibt Maria Theresias Neffe, war eine geborene Gräfin Ostrowska. Sie starb im Alter von 36 Jahren. Daher stammt die „Vetterschaft", von der später im Kapitel 7 dieses Buches die Rede sein wird.

nießer ihrer Interventionen. Ebenso verhielt es sich übrigens unter russischer und preußischer Herrschaft, wo sich mit der Zeit zwangsläufig ein gewisser *modus vivendi* einspielte, um die Bruchstücke eines geteilten Landes vor dem Schlimmsten zu bewahren. Durch seine beiden Ehen mit eifrigen Österreicherinnen kam Graf Anton Ledochowska in den Bannkreis des Wiener Hofes. Seine erste Gemahlin, eine geborene von Seilern, wurde ihm durch einen frühen Tod im Alter von erst dreißig Lenzen entrissen. Im Alter von vierzig Jahren verheiratete er sich 1862 wieder mit Josephine Salis-Zizers, die aus der Schweiz stammte und deren weitverzweigte Familie sich einer kriegerischen Tradition und legendärer Waffentaten rühmen konnte. Sie war im wahrsten Sinne des Wortes „die starke Frau" des Evangeliums. Zu viele schmerzliche Erinnerungen verknüpften sich für Anton Ledochowski mit Schloß Sitzenthal, wo er in erster Ehe gelebt hatte. Bei seiner Wiederverheiratung verlegte er seinen Wohnsitz nach Loosdorf bei Melk, und dort erblickte ein Jahr später, am 29. April 1863, Maria Theresia das Licht der Welt. Erstaunlicherweise enthält die mir zur Verfügung gestellte Dokumentation nicht die geringste Anspielung auf die Bedeutung dieses Datums für einen Mann polnischer Abstammung: den Zusammenbruch einer gewaltigen Hoffnung, den Ausbruch und das Scheitern des sogenannten „Januaraufstandes" von 1863. Wieder einmal nicht gehaltene Versprechen der Großmächte des Westens. Kurze Zeit bedeutete dieser Aufstand einen Trumpf auf dem politischen Schachbrett Napoleons III., und er schürte ihn. Bald darauf überließ er die polnischen Aufständigen aus anderen politischen Gründen einfach ihrem Schicksal. Auf Ersuchen des Zaren gewährte Österreich den sich auflösenden, an der Grenze abgeschnittenen und von den Kosaken eingeschlossenen Truppen kein Asyl. Und viele von ihnen endeten wie ihr Führer Traugutt am Galgen. Und viele wurden nach Sibirien deportiert ... Auch Angehörige der Familie Ledochowski bezahlten die nationale Katastrophe wenn nicht mit ihrem Leben, so zumindest mit dem Verlust ihrer konfiszierten Güter. Es ist undenkbar, daß Theresias Vater dieses letzte Sichaufbäumen eines gefangenen Volkes nicht mit höchster Aufmerksamkeit und unvorstellbarem Schmerz verfolgt hat. Er war ja in Warschau geboren. Unter den Männern, die nun als *Verbrecher* behandelt wurden und denen man nicht einmal die Ehre einer militärischen Exekution zubilligte, gab es sicher Freunde, vielleicht sogar Familienangehörige. Hüllte er sich von dieser Zeit an aus Gründen, die wir nicht kennen, in undurchdringliches Schweigen? Wie hätte er seiner Frau böse sein können, weil sie ihn nicht verstehen konnte? Sie liebte ihn von ganzem Herzen und schenkte ihm neun Kinder, zu denen noch die drei Kinder aus erster Ehe hinzukamen. Mit der Aristokratie, für die der Wiener Hof Mittelpunkt war, teilte sie die Bewunderung für den Kaiser in solchem Maße, daß sie mit ihrer gesamten Nachkommenschaft auszog, um ihn wenigstens beim Vorbeifahren einen Augenblick sehen zu können. Sie verstand kein Polnisch und mußte diese Sprache radebrechend erst lernen, als ihre Familie schließlich nach Galizien ziehen mußte.

Eine Kleinigkeit zeigt uns, daß Maria Theresia nichts von dem Drama wußte, das sich in ihrem Geburtsjahr abgespielt hatte. Als man ihr eines Tages sagte, ihre Tante Rosalie sei 1863 in Paris gestorben, rief sie: „Das ist ja das Jahr, in dem ich geboren bin!"

Mit der für sie typischen hochgradigen Sensibilität, die mit auf ihre äußerst zarte Gesundheit zurückzuführen sein dürfte, näherte sie sich später ihrem Vater, versuchte, sich so gut wie möglich in seinen Standpunkt zu versetzen und ihn zu trösten. Für Anton Ledochowski war der Tag, an dem seine Älteste im Alter von zehn Jahren ihn schüchtern bat, ihr Polnisch, „die Sprache seiner Vorfahren", beizubringen, vielleicht einer der glücklichsten seines ganzen Lebens ... Lange war sie auf ihren drei Jahre jüngeren Bruder Wladimir eifersüchtig gewesen, weil er im September 1875 zuerst mit nach Polen durfte. Wir werden nachher sehen, welchen Schock bei ihr ihre erste Polenreise im Jahre 1879 auslöste, die sie mit durchdringendem Scharfblick in ihrer deutschsprachigen Broschüre *Mein Polen* schildert. Die Entdeckung war um so erschütternder, als sie sich in Wirklichkeit bei ihrem Onkel in Wilna, also in Litauen befand, einem Land, das einst mit Polen „verheiratet" war — dank dem Opfer der Königin Hedwig, die ihre Beteiligung am Aufstand von 1863 am teuersten bezahlen mußte. Maria Theresia erwähnt in ihrer Broschüre den russischen Generalgouverneur von Wilna Michail

Muravev, der durch seine Härte bei der Unterdrückung des polnischen Aufstandes berüchtigt war und — man verzeihe die Wortneubildung — den Beinamen „viechtiel", „der Henker", erhalten hatte.

Meines Erachtens hat man dem Vater, der ebenfalls ein Pionier war, nicht volle Gerechtigkeit widerfahren lassen. Eine charakteristische Eigenschaft der Polen ist, daß sie sich Hals über Kopf in alle Kämpfe stürzen, in denen es um die Grundfreiheiten geht. Anton Ledochowski hätte die nachstehende Erklärung eines fest in Gotha verankerten polnischen Aristokraten durchaus für sich in Anspruch nehmen können:

„Die Adelstitel sind keine Rente aus dem von Ahnen auf dem Schlachtfeld oder sonstwie erworbenen Kapital. Sie müssen von jeder Generation neu erworben werden, denn erst dann hat sie ein Anrecht auf sie."

Damals legten die Ketteler, Vogelsang, Kuefstein, Falkenhayn die Fundamente der Soziallehre der Kirche — und zwar gegen den heftigen Widerstand der „besitzenden" Klassen, die sehr wohl ihre *Rechte* kannten, aber ihre *Pflichten* vergaßen. Eines Tages wird sie das Tribunal der Geschichte erbarmungslos richten: „die Weltgeschichte ist das Weltgericht", sagt Schiller. Im Augenblick verteidigen sie sich noch. Nach Cassiani[8] gehörte großer Mut dazu, gegen die festgelegten Prinzipien anzugehen. Graf Anton Ledochowski mußte sein Leben in die Schanze schlagen und wurde bei seinen der sozialen Förderung der Bauern und der Arbeiter gewidmeten öffentlichen Auftritten oft überschrieen und ausgepfiffen. Aus der gleichen Quelle erfahren wir, daß Maria Theresias Vater ein sehr guter Redner war und seine Zuhörer fesseln konnte. Maria Theresia konnte also leicht feststellen, woher sie ihre eigene Begabung hatte. Später nahm sie ihr Vater übrigens zu Versammlungen der christlichen Sozialbewegung mit. In ihrem Tagebuch erwähnt sie begeistert Mgr. Schleicher, einen Freund ihres Vaters, dessen Ansprachen „alle anderen übertrafen".

Leider lassen uns unsere Quellen in diesem wichtigen Punkt im Stich. Man errät jedoch ohne weiteres den Einfluß Anton Ledo-

---

[8] Cassiani-Ingoni, S. J., P. Vladimiro Ledochowski, Rom 1945.

chowskis auf die drei Ältesten aus seiner zweiten Ehe: das heißt auf Maria Theresia, auf Julia, die Ursuline und Gründerin eines neuen Zweiges ihres Instituts wurde, sowie auf Wladimir, den späteren Ordensgeneral der Gesellschaft Jesu. Alle drei wurden zu Pionieren neuer Apostolatsformen.

Mehr als einmal hatte Maria Theresia ihren Vater auf Knien vor der wundertätigen Ikone der Schwarzen Madonna von Czenstochau überrascht. „Diese Erinnerung hat sich meinem Gedächtnis unauslöschlich eingeprägt", schreibt sie später. Unsere Quellen deuten häufig an, daß Graf Ledochowski von schwacher Gesundheit war. Unseres Erachtens wurzelte seine Melancholie im Heimweh, das ihn gegen sein Lebensende zur Rückkehr nach Polen trieb und von seinen Reisen nach Wilna in Gesellschaft von Wladimir und Maria Theresia geschürt worden war.

Als Mutter einer großen Familie wurde Gräfin Sefine Ledochowska voll und ganz ihrer Zeit und ihrem Rang gerecht. Sie besaß alle guten Eigenschaften, derer sie für ihre Stellung und ihre Umgebung bedurfte. Mit tiefer Frömmigkeit verband sie eine etwas autoritäre Haltung. Ihre ganze kleine Welt mußte aufs Wort gehorchen. Sorgfältig plante sie die Zukunft ihrer Kinder: alle ihre Töchter sollten heiraten! Tatsächlich heiratete dann aber nur eine einzige von ihnen: Fanny. Die Enttäuschungen konnten jedoch ihren Glauben in keiner Weise beeinträchtigen. Sie starb im hohen Alter von 79 Jahren. Bis zu ihrem Lebensende bewahrte sie unerschütterliches Vertrauen und nie versagenden Mut — mit einem Lächeln, das sich auch in den schwersten Stunden nichts anmerken ließ: nur Gott allein bekam ihre Tränen zu sehen.

Dennoch hatte sie einen Fehler, dem nur wenige — selbst heiligmäßige — Mütter nicht verfallen. Die außergewöhnlichen Fähigkeiten ihrer ältesten Tochter erfüllten sie mit berechtigtem Stolz, was durchaus normal ist, trieben sie aber auch dazu, sie über ihre Kräfte zur Arbeit zu treiben. „Mama packt mich mit eisernen Krallen zum Klavier . . ." Und Jahre später fügt sie hinzu: „Ich wurde zu arg Vielem angehalten, mein Verstand scharf geübt, *es war eine grausige Überlastung*". Und ihr Bruder Wladimir bestätigt: „Zu Hause war die Erziehung äußerst streng."

Pater Franz Ledochowski, dem wir kostbare Erinnerungen verdanken und der Theresias Mutter, seine Tante, sehr bewunderte, kommt nicht an der Feststellung vorbei, daß sie von ihrer Tochter zu viel verlangte. „Dabei wußte sie, wie sehr sie das erschöpfte (es handelt sich um die mondänen Veranstaltungen in ihrem Jungmädchenalter). Ihr prekärer Gesundheitszustand war ihr wohlbekannt. Offenbar fiel es ihrem autoritären Charakter jedoch schwer, den kränklichen Zustand ihrer Tochter zu verstehen."

Was für eine Versuchung für eine Mutter, ein Wunderkind vorführen zu können! Als Gräfin Sefine die fünfjährige Maria Theresia beim Verfassen einer Sainete (= Entremés = komischer Einakter) überrascht, ist sie außer sich vor Freude. Sie stellt in ihrem Zimmer einen kleinen Schreibtisch auf, an dem das Kind täglich sein Tagebuch schreiben muß. Maria Theresia tut das gewissenhaft. Warum aber hat man sie nicht mehr aus eigenem Antrieb handeln und Kind bleiben lassen?! Von dieser Zwangserziehung behält sie eine gewisse Schroffheit, etwas Gequältes, das sie freilich mit Hilfe der Gnade überwindet. Die Anfälligkeit für Krankheiten, unter der sie ihr Leben lang leidet, scheint aber bis auf ihre früheste Kindheit zurückzugehen.

Eines Tages entschuldigt sie sich dafür, daß sie schon im Alter von sechs Jahren „um jeden Preis berühmt werden" wollte. Sie berichtet, nicht ohne Humor, über ihre schiefgegangenen Heldentaten. Die Schilderung der Belagerung von Troja, das von supermoderner Artillerie eingeschlossen wurde, was tolles Gelächter auslöste. „Meine Eigenliebe wurde dadurch schmerzlicher getroffen als durch offenen Tadel."

Es folgt ein Versuch in Malerei. Aber das Bild ihres Schwesterchens Mariechen wird als Karikatur bezeichnet!

Und die Musik? Maria Theresia wird zu eintönigen Übungen gezwungen. Aber eines Tages spielt ihre Tante Beethovens *Sonate Pathétique!* Maria Theresia geht an das Klavier heran, hört entzückt zu, merkt sich die Melodie und versucht am nächsten Tag, sie sacht mit einem Finger nachzuspielen ... Ihre Mutter ermahnt sie, ihr nicht die Ohren zu zerreißen, sondern lieber das zu spielen, was sie ihr aufgegeben hat.

„Wie schwer ist es doch, berühmt zu werden!" schließt Maria Theresia aus dem Vorfall.

Nachdem so alle Versuche auf dem Gebiet der schönen Künste gescheitert sind, sucht das Kind eine andere Lösung. Jeden Abend, während Mama Karten spielt, liest Papa laut aus Heiligenleben vor ... „Jetzt weiß ich, was man tun muß, um berühmt zu werden! Ich werde *eine Heilige!* Man muß nur wollen!"

Gesagt, getan. Selbstverständlich sollte außer ihrer Schwester Julia niemand von ihren Leistungen bei dem schwierigen Aufstieg wissen. „Sonst hätte Mama sich über mich wie bei der Sonate Pathétique lustig gemacht!" Als Nachtisch gibt es ihr Lieblingsgebäck mit Schokolade ... Heimlich läßt sie ein Stück in ihrer Tasche verschwinden und legt es bei einem Spaziergang verstohlen auf einen Stein ... Am nächsten Tag ist es nicht mehr da. Also klappt es! Das „Spiel Verzichte und Entbehrungen" geht weiter. Bald sind es einige Stückchen Zucker, bald ein Teil des Nachtischs ... Im Leben der Heiligen gibt es aber Besseres! Sie schlafen hart. Maria Theresia legt den Pappdeckel ihres Herbariums auf ihre Matratze. Am Morgen ist sie nach einer schlaflosen Nacht wie gerädert. „Was hast du denn?" fragt ihr Papa, als er sie ganz still dasitzen sieht. Sie hütet sich, ihr Geheimnis zu verraten! Man würde sich nur wieder einmal über sie lustig machen! Übrigens hat Mama erklärt, daß ein Opfer, über das man spricht, gar nicht mehr als Opfer gilt.

Maria Theresia schildert später ihr Abenteuer in einer Geschichte für Kinder: *„Die Geschichte von Mariechen, das so gern berühmt werden wollte".* Nur Julia, aus der inzwischen Mutter Ursula geworden war, hatte den Schlüssel hierzu. Der Schluß verdient es, zitiert zu werden:

„Es kam eine Zeit, wo Mariechen etwas ganz anderes wünscht als dadurch berühmt zu werden, daß sie eine Heilige wird! Sie wollte glänzen, Beifall finden, stets und überall die Erste sein. In welchen Abgrund hätte sie ihr Hochmut gestürzt, hätte Gott in seiner Barmherzigkeit nicht über sie gewacht.

Jetzt hat Marie die großen Wünsche ihrer Jugend wiedergefunden, aber in ganz anderer Weise. Sie möchte eine Heilige werden, aber nicht um berühmt zu werden. Sie möchte in Gottes Hand ein gefügiges Werkzeug zum Heile von Hunderten, Tausenden Schwarzen sein, die in Afrika noch in die Finsternis des Todes getaucht sind."

Diese Erzählung ist das Gegenstück zu einer anderen, die um die gleiche Zeit (gegen 1915) veröffentlicht wurde und den eigenwilligen Charakter Maria Theresias und einen Fehler, den man als „glückselig" bezeichnen könnte, da er mit einem ersten Anruf Gottes zusammenzufallen scheint, noch klarer ins Licht rückt.

Als sie noch ganz klein war, hatte sie eine zahme Taube, die kam, wenn sie sie rief, und ihr aus der Hand fraß. Eines Tages brachte der Pfarrer einen Missionar zum Essen mit. Die Kinder waren ganz Ohr, als sie die Geschichte von dem kleinen schwarzen Mädchen zu hören bekamen, die man für 24 Kronen aus der Sklaverei *freikaufen* konnte. Und der Missionar fügte hinzu: „Sofort wird man Pate oder Patin der freigekauften Jungen oder Mädchen!"

Sogleich beschlossen die Kinder, zum Loskauf einer kleinen Schwarzen beizusteuern. Sie legten ihre kleinen Ersparnisse zusammen, nur Maria hatte nichts zu opfern. Ihre Sparbüchse war leer, da sie alles für Leckereien ausgegeben hatte! Aber ihre Freundin Mimi Falkenhayn bot ihr vier Gulden für ihre Taube, gerade das, was noch fehlte.

Die Jungen, die von dem vorgeschlagenen Handel wußten, neckten sie ein bißchen grausam:

„So verkauf doch deine Taube!"

„Um keinen Preis der Welt!" erwiderte die Kleine weinend.

„Auch dann nicht, wenn es dir dein Schutzengel vorschlagen würde?" fragte Mama.

„Nein! Auch dann nicht!"

Am Abend fand Maria Theresia den Käfig offen und leer vor. Vergeblich rief sie ihre liebe Taube. Man fand sie schließlich, zerfetzt von einer Katze.

Ganz sicher hat die spätere „Mutter der Afrikaner" dieses *versäumte Opfer* für den Loskauf einer kleinen schwarzen Sklavin nie vergessen ...

5. KAPITEL

Bei den „Englischen Fräulein" — Stets die Erste

Der Wertpapierkrach bei der österreichischen Bank im Jahre 1873 verschlang einen großen Teil des Vermögens des Grafen Ledochowski. Da ihm seine Frau nur eine sehr bescheidene Mitgift ins Haus gebracht hatte, blieb ihm keine andere Lösung, als den schönen Familiensitz in Loosdorf zu verkaufen und ein geräumiges Haus in dem nahen St. Pölten zu mieten, wo die *Englischen Fräulein* ein weit und breit berühmtes Gymnasium betrieben. So konnten die Töchter der Famile Ledochowski weiter den Unterricht besuchen, nachdem sie bisher zu Hause durch Privatlehrer und Gouvernanten extern unterrichtet worden waren.

In der damaligen Zeit legte man allergrößten Wert auf den äußeren Schein. So verbreitete man, die Ausbildung der Kinder sei der einzige Grund für diesen Umzug gewesen. Dabei unterhielten die Englischen Fräulein auch ein Internat für Schülerinnen, und die Nähe des Elternhauses hätte viele Besuche ermöglicht. Daher mußte schon ein anderer zwingender Grund für den Umzug der ganzen Familie vorliegen.

Für Maria Theresia war dies ein sehr harter Schlag. Sie war plötzlich der täglichen Berührung mit der Natur, die sie so sehr liebte, beraubt! Auf Anregung eines Lehrers hatte sie ein Herbarium angelegt und dreihundert Namen von identifizierten Pflanzen auswendig gelernt. In Litauen versuchte sie dann später, ihre Sammlung zu ergänzen.

In ihrem Tagebuch schreibt sie am 1. Januar 1874: „Bald werde ich die Stätte meiner Geburt verlassen müssen, und Gott allein weiß, wann ich sie wiedersehen kann [9]. Schweren Herzens werde ich diesem Haus, das mir so teuer ist, den Rücken kehren ..."

Das zweistöckige Haus, das ihre Eltern „direkt gegenüber dem Pensionat der Englischen Fräulein" gemietet hatten, mußte einschließlich dreier Dienstboten insgesamt zwölf Personen beherbergen und war völlig reizlos. Maria Theresia mußte es von 1874 bis April 1883, d. h. bis zur „Rückkehr" der Familie Ledochowski nach Polen, bewohnen.

In der Schule verschaffte sie sich durch ihre ungewöhnlichen Fähigkeiten rasch Respekt. Sie war die Jüngste in der Klasse, wurde aber rasch die Erste und behielt diesen Platz bis zum Schluß. Man bewunderte uneingeschränkt (und ohne Übertreibung) ihre bemerkenswerte literarische Begabung, und ihre Schularbeiten erhielten bei den Ausstellungen der Schule stets einen Ehrenplatz. Im Alter von 14 Jahren, im Jahre 1877 (also kaum drei Jahre nach Beginn ihrer Studien) verließ sie die Schule. Mit oder ohne Abschlußzeugnis? Wir wissen es nicht [10]. Sie selbst vermerkt in ihrem Tagebuch, sie habe die Klosterschule zum 1. April verlassen, was ihr keineswegs unangenehm gewesen sei. Und Mama Sefine fügt hinzu: „Der 27. März war ein großer Tag für Maria Theresia. Um halbzwei Uhr gingen wir zusammen ins Kloster, und sie verabschiedete sich von der Schule. Wir sind beide sehr zufrieden."

Worauf war diese „Zufriedenheit" zurückzuführen? Wir können nur Vermutungen anstellen. Vielleicht ertrug Maria Theresia mit ihrem starken Hang zur Unabhängigkeit die strenge Disziplin der Schule nur schlecht. Sie hat jedoch ihr Leben lang ihren lieben Lehrerinnen, von denen eine, Fräulein Harassin, sie „so gut verstanden" hatte, ständige Dankbarkeit bewahrt. Jahre später beschwört sie bei einem Vortrag zugunsten ihrer „lieben Afrikaner"

---

[9] Die Villa in Loosdorf wurde 1875 von der Gräfin Branicka gemietet, was es den Kindern der Familie Ledochowski ermöglichte, ihre Geburtsstätte wiederzusehen. Die polnische Aristokratie in Österreich hielt sehr engen Kontakt.

[10] Ihr Zeugnis von 1876 enthält 10 „sehr gut" und 8 „gut". Dabei waren die Englischen Fräulein ihren Schülerinnen gegenüber sehr anspruchsvoll! Unter den schriftlichen Arbeiten ist auch ein der hl. Odilie gewidmetes und in St. Pölten gespieltes Drama in 3 Akten: sie war damals erst 14. Dieses naive Drama wurde unter dem Pseudonym *Alexander Halka*, zweifellos mit Nachbesserungen, veröffentlicht.

bewegt die Jahre, die sie bei den Englischen Fräulein verbracht hat, und die Grotte Unserer Lieben Frau von Lourdes in deren Garten, zu der sie oft eilte, um insgeheim Frieden und Trost zu suchen. Wahrscheinlich haben zwei Gründe zum frühzeitigen Verlassen der Klosterschule geführt: die gebrechliche Gesundheit Maria Theresias (allein 1876 zwangen sie die Masern, „sechs Monate lang ein Einsiedlerleben zu führen") und der sehnlichste Wunsch der Mutter, *alle* ihre Töchter verheiratet zu sehen. Möglicherweise hat der Einfluß der Englischen Fräulein bei ihrer Schwester Julia eine nie bestrittene Frühberufung erweckt. Dabei war die zwei Jahre jüngere Julia viel hübscher als Maria Theresia, und ihre Reize lockten viele Freier. Aber nichts konnte sie in der Welt zurückhalten, und sie trat bei Volljährigkeit, mit 21 Jahren, bei den Ursulinen in Krakau ein. Die beiden ältesten Schwestern liebten sich sehr, und nur vor Julia hatte Maria Theresia, wie wir sehen werden, keine Geheimnisse. Die Mutter sah es nun als ihre Aufgabe an, das „Wunderkind" in die Welt einzuführen und es die Reize der „höheren Gesellschaftskreise verkosten zu lassen . . ., bevor es zu spät war!

Mit ihrem lebhaften und eigenwilligen Temperament ließ sich Maria Theresia ganz gern auf die mütterliche Strategie ein. So gab es dann Bälle, Empfänge, Ausflüge und Besuche in den Schlössern der Umgebung, bei den Angehörigen der Familie Salis-Zizers und nahen und fernen Freunden, Jagdpartien und selbstverständlich auch „interessante" Begegnungen mit „standesgemäßen" jungen Leuten. Körperlich und geistig war Maria Theresia ihrem Alter voraus. Sie war zwar keine ausgesprochene Schönheit, verfügte aber über die Reize der Jugend und verstand es, zu „glänzen".

Man könnte sich fragen, *warum* die Gräfin Ledochowska so großen Wert darauf legte, *alle* ihre Töchter verheiratet zu sehen, obwohl sie selbst tief gläubig und zu jedem Opfer bereit war. Die Antwort dürfte sehr einfach sein. Als sie sich im Alter von 32 Jahren mit einem Witwer verheiratete, war sie schon lange eine „alte Jungfer" und hatte jede Hoffnung auf die Gründung einer kinderreichen Familie, die sie sich ersehnte, aufgegeben. Dabei war Sefine Salis-Zizers *zur Ehe berufen*. Ihr Biograph ist in dieser Hinsicht sehr zurückhaltend, entschleiert sie jedoch, indem er sie selbst zu Wort kommen läßt:

„1. Juli 1856. Ich begehe meinen 25. Geburtstag mit einer Trauer,

die ich nicht in Worte fassen kann. Wenn ich wenigstens weinen könnte! Diese garstigen Tränen ersticken mich. Es wird mir sehr schwer fallen, mein Leben in Albrechtsberg (bei ihrer Familie) wieder aufzunehmen. Hier (bei ihrer verheirateten Schwester) fühlte ich mich jung, dort werde ich wieder *alt* sein ..."
Und sie fügt hinzu: „Bei meiner geliebten Schwester lebe ich nur für sie und vergesse meine vergeblichen Wünsche, *die Leere meines Lebens* ... Ich fühle mich völlig allein und verlassen ..."
Die Zukunft erschien ihr sinnlos, eine riesige Wüste. Als sie schon 26 Jahre alt war, war eine Eheschließung noch immer nicht zustandegekommen, weil der Freier arm war und sie selbst keine Mitgift hatte! Freudig nahm sie daher die vorsichtigen „Sondierungen" von Pfarrer Dattler, „einem Freund der Familie", über ihre Gefühle für den vierzigjährigen Grafen Ledochowski auf, der seine Frau verloren hatte und eine Mutter für seine drei kleinen Knaben suchte! Selbstverständlich zeigte sie ihre Freude nicht. Das wäre unschicklich gewesen. Aber alles rollte rasch ab. Nach den „Sondierungen" im November 1861 fand die Eheschließung am 17. Juni 1862 statt. Kein ganzes Jahr später erblickte Maria Theresia, am 29. April 1863, das Licht der Welt.
Noch mehr als zum Eheleben fühlte sich Sefine zur Mutterschaft berufen. Sie schenkte neun Kindern das Leben, von denen drei noch klein gestorben sind, und sie gesteht, daß sie bei jeder Geburt „das gleiche Glücksgefühl" empfand. Rechnen wir zu ihren eigenen Kindern die drei Knaben aus der ersten Ehe ihres Gatten hinzu, so kommen wir auf zwölf, die erzogen, betreut und mit fester und sicherer Hand geführt werden mußten. Dieser Aufgabe wurde sie voll und ganz gerecht, wobei sie zwangsläufig ihren Ehemann ein bißchen vernachlässigen mußte. Dies war vielleicht mit ein Grund für die Schwermut, unter der Graf Ledochowski nach Zeugenaussagen gelitten hat. Alles in allem war die Ehe jedoch glücklich, und Sefine brachte in ihre Ehe etwas Besseres als eine Mitgift ein: das ein bißchen starre, aber außerordentlich wirksame Organisationstalent, das ihrem Gatten fehlte und sich durchzusetzen verstand, um die Erziehung der großen Kinderschar gut zu bewältigen.[11]

---

[11] Wir entnehmen die sie betreffenden Einzelheiten der Broschüre von H. Marzani: *Lebendiges Christentum*, vor allem SS. 26, 27, 29, 39 und 42. Sie starb, wie bereits erwähnt, 1909 im Alter von 79 Jahren.

Wollen wir ihr eifriges Bemühen um die Verheiratung „aller ihrer
Töchter" richtig verstehen, so müssen wir nicht nur an ihre eigenen
schmerzlichen Erfahrungen denken, sondern auch daran, was damals
das Los einer „alten Jungfer" war, vor allem wenn sie von Adel
war. Da ihr jede Arbeit gegen Entgelt untersagt war, gab es lediglich zwei Lösungen für sie: Gesellschaftsdame oder „Stiftsdame" [12].
Mit fünfzehn Jahren war Maria Theresia ein sehr selbstsicheres
junges Mädchen mit lebhaftem, überschäumendem Temperament,
nicht frei von Eitelkeit: sie liebte die schönen Gewänder und die
sogenannten mondänen Vergnügungen bedenkenlos, da ihre Mutter
sie ja dazu anspornte ... Vergeblich sucht man in ihrem Tagebuch
nach dem kleinsten Zeichen eines Anrufes Gottes, obwohl man
andererseits feststellen muß, daß ihre Frömmigkeit durchaus ernst
war. Die frühe Berufung ihrer Schwester Julia scheint jedoch keinen
Einfluß auf sie ausgeübt zu haben. Mit ihrem festen Charakter war
sie Einflüssen unzugänglich und ging ihren eigenen Weg, der im
Augenblick mit Rosen besät war. „Wie schön ist die Jugend!" notiert
sie nebenbei nach Beendigung der erstaunlich langen Liste ihrer
Besuche, Ausflüge, Begegnungen und Erfolge. Überall und stets
wollte sie „die Erste" sein. Über eine ihrer alpinistischen Leistungen
an dem 2400 Meter hohen Steinwandleiten schreibt sie, sie sei im
Galopp aufgestiegen, habe alle anderen überholt und die Bergspitze
als Erste erreicht. Oben angekommen habe sie dann so laut ge-
jodelt, wie sie nur konnte, um zu künden, daß sie als Erste ans Ziel
gekommen war ...
So versteht man auch ihre alpinistische Leistung in Brunnen besser.
Um im Galopp aufsteigen zu können, bedurfte es eines starken
Herzens und der Beine eines Gebirglers ... Mit einem Anflug
falscher Bescheidenheit („ohne mich rühmen zu wollen") schildert
Maria Theresia, wie begeistert ihre Klassenkameradinnen von der
Nachbildung eines Bildes des Allerheiligsten Herzens waren, das sie

---

[12] Diese Stifte waren ehrwürdige und sehr alte Institutionen, die sich
mit jeder Art von guten Werken befaßten. Die Disziplin war nicht allzu
streng. Außerdem verliehen diese Stifte ihren Angehörigen das Recht,
ihre Adelstitel zu führen und „Madame" genannt zu werden. Wir haben
bereits angedeutet, welche Dienste Maria Theresia der Titel einer Stiftsdame geleistet hat.

mit Schwung gemalt und auf Bitten ihrer Freundinnen noch „dreimal" nachgemalt hatte.

Wohin sie auch geht, stets schiebt sie sich in den Vordergrund, nicht nur auf Grund ihrer natürlichen guten Eigenschaften, sondern auch auf Grund ihres Verlangens, zu „glänzen". Die Menschen, die sie damals gekannt haben, kommen nicht um die Feststellung herum, daß sie „einen schwierigen Charakter" hatte. In ihrem Tagebuch finden wir keine überdurchschnittlichen Elemente inneren Lebens! Dagegen zeichnet sie sich in Landschaftsschilderungen aus und beschwört mit vollendeter literarischer Meisterschaft „die Schönheit der Schöpfung", die sie instinktiv zu Gott hinführt. In all dem klingt jedoch absolut nichts an, was ihre spätere Berufung und den so viel schwierigeren Steilaufstieg zu den Gipfeln der Heiligkeit vorherrschen läßt.

Warum führt sie überhaupt ihr Tagebuch, übrigens nicht ohne heimliche Selbstgefälligkeit?

„Um alles zu schildern, was ich an Interessantem gesehen, gehört oder empfunden habe..." So hält sie ihre Jugendeindrücke fest, um das Heft später, wenn sie keinen Grund zur Freude mehr hat, wieder hervorzuholen und zwischen den Zeilen ihre Lebensfreude wiederzufinden und sich der Vergangenheit zu erfreuen, die sie dem Tagebuch anvertraut hat.

Gott aber hat sie zu einem Werk auserwählt, das gerade *die guten Eigenschaften* erfordert, die *mit ihren Fehlern verbunden* sind. Davon weiß sie freilich noch nichts. Aber sehr bald konfrontieren sie dann zwei einschneidende Ereignisse mit der unerbittlichen Pflicht, ihren Weg zu wählen. Ihre ganze Zukunft, die Geburt des Instituts, dessen Gründung ihr aufgegeben werden soll, hängen von ihrem Verhalten in der Prüfung ab. Auflehnung oder Zustimmung zu einer grausamen Wirklichkeit? Wir alle sind unserer Freiheit ausgeliefert, weshalb es im Leben jedes Menschen „solche Augenblicke gibt, von denen alles abhängt".

6. KAPITEL

„Mein Polen"

Wir haben das Heimweh geschildert, das den Grafen Ledochowski buchstäblich verzehrte. Auch mit dem besten Willen der Welt konnte seine Frau dieses Heimweh nicht teilen, vielleicht nicht einmal verstehen. Trotz ihrer schweizerischen Abstammung war sie mit Leib und Seele Österreicherin. Sie hatte weder Zeit noch Gelegenheit gehabt, sich näher mit der tragischen Geschichte Polens zu befassen. Verdankte Maria Theresia das Gefühl des Heimwehs nach dem „Land ihrer Ahnen" den Äußerungen ihres Vaters? Als Zehnjährige begeistert sie sich für Österreich: „Wie schön bist du, Österreich, mein Vaterland!" Zwei Jahre später wirft sie sich vor, auf ihren drei Jahre jüngeren Bruder „schrecklich eifersüchtig" gewesen zu sein, weil ihn Graf Ledochowski im Sommer 1875 nach Polen mitgenommen hatte, obwohl sie zu Hause die *polnische Ära* eröffnet und so Anspruch auf den Vorrang gehabt habe.

Der Onkel, Kardinal Ledochowski, ruhmbedeckt, nachdem er zu dreijähriger Internierung verurteilt worden war, weil er dem berühmten Bismarck, dem Eisernen Kanzler, die Stirn geboten hatte, war freigelassen und ins Exil geschickt worden. Auf dem Weg nach Rom machte er am 26. Februar 1876 Zwischenstation in Wien und konnte sich so mit der Familie seines Vetters Anton treffen. Die Begegnung fand im Sprechzimmer der Jesuitenpatres statt. Maria Theresia verschlang ihn mit den Augen.

„Mama und ich", schreibt Maria Theresia, „saßen zur Rechten und zur Linken Seiner Eminenz. Er fragte sogleich, wer von uns ihm das Gedicht „Der Erzbischof Ledochowski" geschickt habe. Nachdem er es erfahren hatte, überschüttete er mich mit Komplimenten. Dabei verdiente ich dieses Lob gar nicht, dies ist ja nicht mein Verdienst, sondern Gottes Gnade... Er sprach mit Mutter über den Sinn des Leidens und erklärte: „Man muß im Gedanken an den Allerhöchsten alles ertragen." Man sprach auch über unsere Erziehung in St. Pölten. Schließlich sagte er noch zu mir: „Mein Kind, Du hast ein schönes Gedicht verfaßt, wo hast Du diese schönen Gedanken aufgegriffen". Diese Worte haben sich für immer meiner Seele eingeprägt. Papa unterbrach ihn, aber ich konnte meine Tränen nicht zurückhalten..."

Theresia hält weiter fest, daß die Soutane des Kardinals fadenscheinig und sehr abgetragen war. Er kam ja aus der Gefangenschaft. „Obwohl er jünger war als Papa, hatte er schneeweißes Haar."

Der Onkel Kardinal sollte eine Hauptrolle in der Geschichte der Gründung der Petrus-Claver-Sodalität spielen. Wir haben dies schon zu Beginn dieses Buches angedeutet. In Rom half er dann seiner „lieben Nichte" zur Erlangung der entscheidenden Audienzen. Graf Ledochowski führte seine Älteste 1879 nicht in das deutsche Besatzungsgebiet, sondern nach Litauen zu seinem Bruder Joseph, der in Wilna eine Stadtwohnung und größere Güter im Norden, in der Gegend von Pochervintzy, besaß.

Maria Theresia ist sechzehn Jahre alt. Sie strahlt Anmut und Jugend aus. Das Lichtbild, das wir aus dieser Zeit besitzen, verrät Hang zur Eleganz und absolut sicheren Geschmack. Ihr langer, nachlässig über die Schulter geworfenen Zopf, die Nelke in der Hand, der durchdringende Blick ihrer schönen, forschenden Augen, all das verrät eine sorgfältig einstudierte Pose und einen gewissen Hang zur Koketterie (warum auch nicht?).

Sie hat uns eine ausführliche Schilderung dieser Reise hinterlassen, die in ihrer Art ein kleines Meisterwerk ist und verdienen würde, ins Polnische übersetzt zu werden. Sie schreibt ja in Deutsch, und ihre Ausdrucksweise ist für ihr Alter überraschend reich und präzis. Dieses Mädchen erweist sich als scharfe Beobachterin und versteht es ausgezeichnet, das Gesehene zu formulieren.

„Jetzt endlich war der Augenblick gekommen", schreibt sie einleitend, „den ich durch Jahre hindurch mit Sehnsucht herbeigewünscht hatte, jetzt war endlich der Tag da, an welchem ich Österreich verlassen und zum ersten Male mein Vaterland, die Erde meiner Ahnen, betreten sollte."

Der Bericht wimmelt von malerischen Einzelheiten. Sie schildert ihre ersten Versuche, mit einem Kadetten der Marine in ihrem Zugabteil polnisch zu reden, die endlosen Formalitäten an der „russischen Grenze", die Polizeibeamten, die durch die Eisenbahnwagen streifen, um alle Pässe an sich zu nehmen. Sie „haben dafür Sorge zu tragen, daß nichts Verzollbares, besonders nichts politisch Verdächtiges über die Grenze gelange. Bücher, wenn man solche vorfindet, müssen erst nach Warschau geschickt werden, wo man sie prüft und je nach dem Inhalt konfisziert oder zurückstellt, Singnoten mit Text sind ebenfalls unzulässig usw. Alle Effekten, die in gedrucktes Zeitungspapier eingewickelt sind, werden ausgepackt und das Papier weggenommen. Wir kamen bei diesem russischen „Gerichte" gut durch, da wir schon die nötigen Vorsichtsmaßregeln getroffen hatten, als: beim Einpacken unbedrucktes Papier zu gebrauchen und keinerlei Bücher und Schriften mitzunehmen. Nur bei meiner Mandoline machte der Beamte ein seltsames Gesicht, worauf mein Vater das Instrument als eine Violine bezeichnete, was denn auch genügte, um den russischen Adler auf das Etui geklebt zu erhalten . . ."

Diese ganze Schilderung wirkt erstaunlich aktuell!

Maria Theresia ist so vom Reisefieber gepackt, daß sie nicht schlafen kann. Sie beobachtet hellwach und vergißt auch nicht, historische Erinnerungen, die den Polen so teuer sind, zu beschwören: die Nähe von Maciejowice, wo am 10. Oktober 1794 T. Kosciuszko von russischen Truppen geschlagen wurde und Polens Schicksal besiegelt zu sein schien. „Der Fluß", schreibt sie, „der an seinen Ufern bei Maciejowice den Helden Kosciuszko fallen gesehen und seinen über die ganze Erde erklingenden Ruf gehört hatte: „Finis Poloniae!" Aus der Ferne bewundert sie die Kathedrale von Oswiecim — Auschwitz, ohne zu ahnen, welch tragischen Widerhall sechzig Jahre später diese Stätte des Völkermordes finden wird. Das berühmte Paulinerkloster von Tschenstochau, wo man nicht hält (wird sie es jemals sehen?), das dennoch eine faszinierende Wirkung auf die Reisenden ausübte. „Unwillkürlich wurde alles im Coupé still, als der Zug an dem Gnadenort vorbeibrauste. Jeder sprach ein stilles Gebet oder schlug das Kreuz und verharrte in Andacht bis Czenstochow unseren Augen entschwunden war und die Turmspitzen hinter einigen Sandhügeln sich verborgen hatten."

Reizend skizziert sie die Landschaft längs der Eisenbahnlinie, die endlosen, sandigen Flächen... Und dann: „Von jetzt an wird die Gegend bergiger, und Waldpartien mit Abhängen und Schluchten unterbrechen die Ebene. Es ist hier wirklich schön. Schon das dunkle Grün der Kieferbäume auf dem hellen, weißen Sande allein hat eine wunderbare Poesie. Wie langarmige Gespenster erheben sich auf freien Erddämmen große Windmühlen und scheinen in den trüben, einförmigen Himmel zu ragen, indes ein leichter Wind ihre Flügel in rasender Geschwindigkeit herumtreibt. Große Herden buntgefleckter Kühe weiden frei auf den Wiesen umher; oft waten die Tiere bis an die Knie in den Sümpfen, um das spärlich wachsende Sumpfgras zu fressen. An anderen Orten breiten sich Felder aus, mit einer rötlichen niederen Pflanze bebaut, dem Hirsekraut, welches auch auf schlechtem, sandigem Boden gedeiht und hier ein Hauptnahrungsmittel des Volkes bildet. Aus der Frucht dieser unscheinbaren Pflanze wird die sogenannte „Kasza" bereitet. An einigen schönen, blauen Seen kommen wir auch vorbei, in welchen sich nur der unermeßliche Himmel spiegelt, da die Ufer hier ganz flach sind und nicht, wie in Österreich, meist von Bergen und steilen Felswänden begrenzt werden..."

Ein russischer Offizier steigt zu. Im Verlauf der Unterhaltung gibt er sich als Pole zu erkennen. Er hat sich „zum Zeitvertreib" anwerben lassen, weil er nicht wußte, was er machen sollte, solange sein Vater sein Erbteil verwaltete.

Maria Theresia hält diese Episode fest. Im Verlauf ihrer Reise stößt sie noch mehrmals auf Beweise der Feigheit und aber auch stillen Heldentums. Der Aufstand von 1863, der Wilna mit Galgen übersäte, liegt ja noch gar nicht so weit zurück! Vielleicht dachte sie an diesen Reisegefährten, als sie zwei Jahre später ihre Eindrücke zusammenfaßte: „Daß man doch auf Schritt und Tritt an den drückenden Despotismus erinnert werden muß, unter welchem das Land schmachtet. Man begegnet hier nur stillen Duldern oder frecher, empörender Willkürlichkeit. Aus einem freien, tapferen Volksstamme wird eine untätige, kriecherische Generation herangebildet, die Hand zu schlecken, die sie schlägt" (P. Franz Maria Ledochowski, Bd. I).

Maria Theresia ist erst siebzehn Jahre alt, als sie diese Zeilen von erschreckender Hellsicht schreibt! Ahnt sie das Schicksal, das die

Zukunft ihrem Vaterland vorbehält? Jedenfalls entdeckt sie von der ersten Seite ihres Berichtes an „ihre väterlichen Wurzeln" wieder und fühlt sich ganz und gar solidarisch mit „ihrem" gemarterten Volk.

Eine Kleinigkeit beleuchtet den „Komfort" der Reisen in der Eisenbahn in der damaligen Zeit: „Es begann zu regnen. Die Nässe begann in unser Coupé zu dringen, langsam fielen die Tropfen durch das Dach und über unsere Effekten auf die Sitze herunter. Es blieb uns nichts übrig, als uns, so gut es ging, mit Plaids zu schützen und geduldig auszuharren."

Als dann die Sonne durch die Wolken bricht, tauchen die Kirchtürme auf, gekrönt von Kreuzen, den ständigen Zeichen der größten Liebe, der Liebe der Erlösung. Schließlich fährt man in den Bahnhof von Wilna ein.

„Der Gedanke, daß ich nun an dem Endziele meiner Wünsche angelangt sei, erfüllte mich mit unnennbarer Freude, ja mit Seligkeit".

Pikant an dem Bericht Maria Theresias ist, daß sie eigentlich mit dem Titel irrt: sie entdeckt ja Litauen, und so widmet sie diesem zur Zeit so schrecklich heimgesuchten Land ihre schönsten Seiten. Zugleich beschwört sie alte Bindungen: damals hatte man die Union zwischen Polen und Litauen noch nicht vergessen, die durch das Opfer der Königin Hedwig (Jadwiga) besiegelt und nie verraten wurde[13] bis zu den Teilungen, die Polen dann den Intrigen der Großmächte auslieferten.

In Tschenstochau konnte sie nicht Halt machen. Nun ist sie in Wilna. In einem Bogen der Ostra Brama, dem „Tor der Morgenröte", von 1522 steht hier die Kapelle mit der wundertätigen „Schwarzen Madonna". Vor ihr, dem „Heil Polens, der Schutzpatronin Litauens", kniet sie nun und stellt fest: „Das Antlitz der Heiligen Jungfrau ist von großer Schönheit, der Ausdruck ihrer Augen von unendlichem Zauber." Maria Theresia ist sehr beeindruckt, als sie die vielen Menschen sieht, die auf dem Pflaster der Straße knien, die von der alten Mauer der befestigten Altstadt flankiert wird. „Unter den Anwe-

---

[13] Die polnische Königin Hedwig (polnisch: Jadwiga) vermählte sich — trotz einer seit 1378 bestehenden Verlobung mit Wilhelm von Habsburg — im Jahre 1386 mit Großfürst Jagiella von Litauen, wodurch die 1385 geschlossene Union zwischen Polen und Litauen verwirklicht wurde. (Anm. d. Übers.)

senden bemerkte ich sehr viele junger Männer in Studentenuniform. Als der Priester die heilige Messe geendet hatte, gelang es mir, bis an die Stufen des Altars vorzudringen. Ich kann nicht leicht die Gefühle wiedergeben, die mein Inneres durchströmten, als ich zu den Füßen des Bildes kniete. Ich weiß nur, daß ich für all die Meinen mit einer Zuversicht betete, wie ich sie nie vorher empfunden hatte, und es war mir, als ob ich erhört werden müßte. Und indem ich zur Himmelskönigin flehte, flehte ich gleichzeitig zur Beschützerin Polens, zur Patronin Litauens! In der Verehrung der Mutter Gottes von Wilna bringt das Volk halb unbewußt auch dem unglücklichen Vaterlande seine Huldigung dar. In Litauens Patronin sieht es die Zeugin der vergangenen Macht und Herrlichkeit, die Zeugin seiner jetzigen Knechtschaft und Unterdrückung; erscheint es nicht natürlich und naheliegend, daß es auch von ihr Hilfe, Rettung, Erlösung erwartet? — Warum würde es denn sonst zum Schlusse der lauretanischen Litanei beten: „Heilige Maria *du Königin der Krone Polens, bitte für uns!*"

Ein ganzes Kapitel ihres Berichtes widmet Maria Theresia der Unterdrückung, unter der die Katholiken zu leiden haben. „In dieser Zeit wurde auch angeordnet, daß kein katholischer Pole eine Staatsanstellung erhalten, kein katholischer Pole Geld in der Bank von Wilna anlegen dürfe. Tausende von Menschen wurden durch solche Verordnungen dem Elend preisgegeben, viele traten aus Verzweiflung dem schismatischen Glauben bei. Ebenso wurde angeordnet, daß ein katholischer polnischer Edelmann in Litauen weder ein Gut kaufen, noch ein Gut einem anderen als einem Russen verkaufen dürfe. Die polnischen und litauischen Embleme sind zerstört oder plump übertüncht worden. Nach dem Aufstand zogen die Damen die Landestrauer an und gingen schwarz gekleidet umher. Ihren einzigen Schmuck bildete ein kleines schwarzes Kreuz mit einer silbernen Dornenkrone, welches sie auf der Brust trugen. Bald wurden auch diese patriotischen Kundgebungen verboten!"

„Selbst auf den Landschulen lehrt man jetzt nur mehr russisch, um die heranwachsende Generation ihre Muttersprache vergessen zu machen. Bis jetzt sind aber alle diese Bemühungen fruchtlos geblieben, denn das Bauernvolk spricht noch immer polnisch oder litauisch, die Kinder lernen es von ihren Eltern und pflanzen es auf diese Weise fort."

Onkel Josephs Haus ist nur zwei Schritte von der Ostra Brama entfernt. Aber niemand erwartet sie dort! „Sollten unsere Briefe nicht rechtzeitig eingetroffen sein?" Die leeren Räume sind alles andere als gastlich. Vater und Tochter speisen in einem Restaurant, das der russisch-polnische Offizier empfohlen hat und das den anspruchsvollen französischen Namen „Hôtel de la Noblesse" führt. Das Essen ist greulich, die Bedienung erbärmlich, der Schmutz widerlich. Seltsamerweise war im Hause weder ein Hausmeister noch Dienerschaft zurückgeblieben. Nach mehrtägigem Warten mußte man sich Rechenschaft darüber ablegen, daß Onkel Joseph nicht kommen und sie nicht mit einem Wagen abholen würde. So war Graf Ledochowski gezwungen, einen Wagen aus dem verlassenen Stall seines Bruders zu holen und an den Poststationen Mietpferde zu nehmen.

Die Reise in Staubwolken auf völlig ausgefahrenen Straßen dauerte mehr als sechs Tage. Mit ihrer jugendlichen Begeisterung notiert Maria Theresia alle Einzelheiten dieser „wilden und einsamen Gegend". Kein Wagen, kein Fußgänger auf der ganzen Strecke. Nur das Knallen der Peitsche und das Klingeln der Glöckchen am Geschirr unterbrachen die düstere Stille dieser endlosen Räume.

Selbstverständlich thront auf jeder Strecke, wo man Pferde wechselt, das Bild des Zaren. Einziger Komfort ein Samowar, wo man Wasser kochen kann, um einen Tee zuzubereiten. Mitunter muß man sogar die Nacht in diesen wenig gastlichen Unterschlüpfen verbringen. Der Verkehr ist außerordentlich gering, oft vergehen Wochen, ohne daß sich ein Reisender hierher wagt.

Die Rückreise vollzog sich unter den gleichen Bedingungen. Während Onkel Josephs Familie zur Rückkehr nach Wilna ihre eigene Equipage benutzte, waren Graf Anton und seine Tochter wieder auf die gleichen Postdienste mit den gleichen, noch weniger komfortablen Stationen angewiesen. All das paßt so schlecht zur sprichwörtlichen Gastfreundschaft der Polen, daß man sich unwillkürlich fragt, ob dieses Verhalten nicht in familiärem Zwist wurzelte. Bei der Wiederanknüpfung vielleicht abgerissener Verbindungen hatte Graf Anton Ledochowski mit seinem neunjährigen Sohn Wladimir mit Klimontow begonnen, einem unweit der Grenze gelegenen Dorf und letztem Lehngut der Familie Ledochowski. Die Reise hatte nur drei Wochen — vom 16. August bis 8. September 1875 — gedauert.

So kam „der österreichische Zweig also erstmals nach Litauen." Sei dem wie ihm wolle, gleich nach der Ankunft schmolz das Eis in der Freude des Sichwiederfindens. Maria Theresia trug sicher viel dazu bei. Unermüdlich schilderte sie — wie gewohnt — ihre Eindrücke und ihre Begeisterung in allen Einzelheiten. Dem jungen Mädchen aus der Gesellschaft gefiel in diesem „Traumland" alles. „Wir wurden sehr herzlich empfangen, und noch ehe ich an diesem Tage mein Lager aufsuchte, fühlte ich mich in diesem entlegenen Winkelchen der Erde so heimisch, als ob ich schon lange da geweilt hätte. Es kommt einem vor, als ob man leichter und ungehinderter atmen würde und als ob die Seele nicht mehr in ihrem kleinen Körper eingesperrt sei, sondern frei in Gottes herrlicher Natur auffliege.."

Birken- und Ahornalleen, jahrhundertealte Eichen, deren Stämme selbst mehrere Männer nicht umfassen können und die sich der Zeit entsannen, als Polen noch frei war. „Mögest du doch dauern, um Polens Wiederherstellung zu schauen!" Ausführlich schildert sie ihren Lieblingsspaziergang: „Am Abhang der Wiese befindet sich ein toter Baumstamm, dessen kahle Äste in die Lüfte starren. Es muß der Blitz hier einmal eingeschlagen haben. Im Gerippe der Krone haben sich Störche ein sehr großes Nest aus Baumzweigen gemacht. Um das Nest herum siedelten sich dann Spatzen und andere Vögel an, so daß das große Storchennest von vielen anderen kleinen Nestern umgeben wird. Zwei alte Störche hausen mit ihren drei Jungen da oben auf dem abgestorbenen Baumstamme. Oft sieht man die langen schwarzen Schnäbel der Jungen aus dem großen Neste herausragen, während die Alten dasselbe oder die Nachbarbäume, die ehrwürdigen Steineichen und schlanken, dunklen Fichten umkreisen, wobei sie ein ganz merkwürdiges Geräusch mit den großen Flügeln machen ..."

Sie fügt hinzu: „Der Storch bildet ein Stückchen polnischer Tradition. Er ist der Lieblingsvogel des Bauernvolkes, dieses schreibt ihm alle denkbaren guten Eigenschaften zu und sieht darin einen Segen, wenn er sich auf den Dachgiebeln der Häuser einnistet.

Dem Storche etwas zuleide tun, gilt bei dem litauischen Volke als eine Art Verbrechen. Während meines Aufenthaltes in Polen gewann ich diese Vögel sehr lieb, ganz besonders die fünf Störche im großen Neste auf der Krone des toten Baumstammes."

Sie stellt fest, daß das Land schön, die Bevölkerung aufrichtig und freundlich ist... Die Litauer, vor allem die Männer, beeindrucken sie durch die Schönheit und den Adel ihrer Züge. „So oft ich diese Lithauer sehe, habe ich immer eine Freude. Sie grüßen so aufrichtig, so wohlwollend, als wären sie mir nicht fremd, sondern gute, liebe Bekannte..."

Mit bemerkenswerter Bobachtungsgabe schildert sie ihre Trachten, ihre Bräuche. Das Bild, das sie vom „Urwald" entwirft, erinnert an die berühmte „Knieya" von Adam Mickiewicz: hat sie überhaupt sein Meisterwerk „*Herr Tadeusz* oder Der letzte Ritt nach Litauen" gelesen [14]? Ihre Eindrücke ähneln sich verblüffend. Wie der polnische Dichter ist sie „trunken" vom heiligen Schweigen des jahrhundertealten Waldes, in den kein Mensch ohne Furcht einzudringen wagt, ein riesiger Dom mit schlanken Säulen, die sich durch ihre Kronen vereinen und ein schwindelndes Gewölbe von wilder Schönheit bilden, das die Herrlichkeit des Schöpfers preist.

Ein einziger dunkler Punkt bei diesen Begegnungen mit der von Menschenhand unversehrten Natur: das Fehlen der Verbindung mit der übrigen Welt, das völlige Entfallen des Briefwechsels mit ihrer Familie. Briefe und Zeitungen treffen nur so ein, wie sich gerade eine Gelegenheit hierzu ergibt. „Gestern abends reiste zufällig ein Nachbar hier durch, der sich in Wilna aufgehalten hatte, und brachte Post mit: ein Paket Zeitungen und einige Briefe. Jetzt sind es volle acht Tage, daß wir in Poszyrwincie sind, meine Briefe liegen aufgehäuft in meinem Schreibtische, und wenn nicht jemand aus dem Dorfe nach Wilna fährt, können sie noch lange da liegen bleiben. Doch warum klagen? warum jenen traurig-ernsten Gedanken nachhängen, die mich seit einigen Tagen beschäftigen und meiner Ruhe und Heiterkeit berauben? Es ist kein Heimweh, das mich beschleicht — ich bin glücklich, in Polen zu sein, Polens Luft einzuatmen, aber eine innere Stimme sagt mir, es sollte bald etwas Ernstes über mich kommen. Gibt es Ahnungen? — Lange sträubte ich mich, es zuzugeben, spöttelte höchstens darüber und nannte es das Geschwätz alter Weiber. Und doch, es gibt Gefühle, welche der Seele die Zukunft eröffnen, wenn es auch nicht im menschlichen Vermögen liegt,

---

[14] Jedenfalls erwähnt sie *Konrad Wallenrod*, ein anderes Meisterwerk von Mickiewicz.

sich darüber Rechenschaft zu geben. Warum sollten nicht solche seelische Zustände unergründbar sein, wo für unseren Verstand so Vieles ein Rätsel bleibt?"

Drei Tage später wurde Maria Theresia schwer krank. Der Arzt diagnostizierte typhoides Fieber. Mehrere Tage lang schwebte sie zwischen Leben und Tod. Anstatt noch acht Tage mußte sie noch sieben Wochen in Pochervintzy bleiben, bevor sie die Rückreise antreten konnte.

Eigenartigerweise spricht sie nicht von der Betreuung durch die Familienmitglieder, sondern lediglich von der Aufopferung der Einheimischen: „Während des Verlaufes meiner Krankheit fand ich Gelegenheit, die seltene Aufopferung und Treue der hiesigen Leute kennen zu lernen. Daß meiner Pflege vieles abging, daran ist nur die Unwissenheit schuld, die bei den Menschen hier Krankheiten gegenüber zutage tritt. Was sie aber tun konnten und mußten, wurde versucht. Die Leute, die mich warteten, behandelten mich mit einer Liebe und Aufmerksamkeit, die ich nie vergessen werde. Sowohl sie, als auch das Volk aus dem Orte, zeigten einen solchen Anteil und eine solche Freude an meiner Wiederherstellung, daß ich der Rührung mich nicht erwehren konnte. Die Lithauer sind treue, herzliche Menschen — das haben sie mir bewiesen; ich werde ihnen immer einen Platz in meinem Herzen bewahren!"

Von ihrem Onkel und ihrer Tante in diesen Tagen, wo sie mit dem Tod kämpfte, kein einziges Wort! Ganz nebenbei fällt sie harte Urteile über die Nachlässigkeit der „Herren" gegenüber diesem Volk, das zwar aus der Leibeigenschaft entlassen wurde, aber für kärglichen Lohn auf ihren Besitzungen arbeitet. Maria Theresias Scharfblick erkennt diese Mißstände und bedauert, daß sich die Reichen so gar nicht um die Armen kümmern [15]. Es ist ihr sicher auch nicht eingegangen, daß sie und ihr Vater als „arme Verwandte" behandelt wurden. Bei einem sechzehnjährigen Mädchen überraschen die folgenden Zeilen:

„Die Gutsherren kümmern sich zum größten Teil wenig um die Bewirtschaftung derselben, verpachten sie an die Juden oder geben sie irgendeinem Verwalter zur Bewirtschaftung, der ebenfalls nicht

---

[15] So geht ihr Theaterstück *Baronesse Mizzi* von direkter Beobachtung aus und trifft so mit scharfen Schüssen ins Schwarze.

viel davon versteht. Es ist ein Unglück, daß der polnische Adel so wenig im Lande weilt und sich viel lieber in Paris als in Polen aufhält.

So große Herrschaften, wie Poszyrwince eine ist, müßten mit viel mehr Arbeitskräften versehen sein; leider läßt man in Ermangelung derselben ganze Landstriche brach liegen . . ."

Wir haben breits erwähnt, daß Graf Ledochowski mit zur Vorhut der neuen Zeit, das heißt zu den kühnen Gruppen gehörte, die die Verwirklichung der Soziallehre der Kirche in die Wege leiteten. Maria Theresia war die Vertraute ihres Vaters in der Zeit, in der er Arm in Arm mit hochherzigen Pionieren kämpfte, die häufig von der scheinheiligen Klasse der „Besitzenden" mißbilligt wurden. Sie hat sicher auch mit ihm diskutiert, um sich über die Stellung ihrer nahen Verwandten im Rahmen der damaligen Zeit ein klares Bild verschaffen zu können. Mit einem Schlag wurde sie sich so der Verantwortung der „Reichen" bewußt, und ihr Herz strömte über von Liebe für die Armen und die kleinen Leute, eben die Menschen, die ihr während ihrer Krankheit so viel spontane Liebe bezeigt hatten.

Dieses sechzehnjährige Mädchen, dessen Urteilsreife wir nicht nachdrücklich genug unterstreichen können, schließt seine Beobachtungen mit einem Satz, der des Zweiten Vatikanischen Konzils würdig wäre:

„Im Schatten der alten Eichen sprossen junge Stämme empor, die auch einmal nach Jahrzehnten mit ihrem dichten Laube zur Beschattung der Sprößlinge dienen werden — und so wie mit dem Walde, geht es hier mit alllem: das Alte stirbt ab und das Neue wächst heran — über allem schwebt der Hauch des Ungezwungenen, des Natürlichen, alles atmet Leben und Wahrheit . . ."

Erstaunt und bewundernd erlebt sie das Erntefest *(dozynki):* „Und in der Tat, es gibt nichts Schöneres, nichts Rührenderes, als den Gesang des litauischen Volkes. Überall, auf den Feldern, auf dem Acker, bei Begräbnissen und Freudenfesten läßt es seine Lieder erklingen, sie alle aber haben denselben Grundton der Einfachheit und der stillen, sanften Klage. Armes Volk! Wer könnte diese Sprache mißdeuten! Ist es nicht der Nationalschmerz, welcher sich mit deinen Gesängen vermählt?"

Mit erstaunlicher Meisterschaft übersetzt sie das „Lied der Schnitterinnen", deren fleißigste (wenn nicht schönste) der Schloßherrin einen aus Ähren geflochtenen Kranz überreicht, ins Deutsche. So muß sie erhebliche Fortschritte in der polnischen Sprache gemacht haben, denn sonst hätte sie bei der Übersetzung nicht die entsprechende deutsche Formulierung finden können. Unmittelbar vor der Abreise schrieb sie, wie groß auch ihre Freude bei dem Gedanken an das Wiedersehen mit den Ihren sein möge, empfinde sie nun doch Heimweh beim Verlassen des Landes.

Sie reiste mit ihrem Vater ab wie sie gekommen waren: mit der offiziellen Post. „Den drei Frauen, die mich gepflegt hatten, traten, als sie mir zum letztenmale die Hand drückten, Tränen in die Augen, und der alte Stephan, der ergraute Kammerdiener meines Onkels, rief uns noch seine Segenswünsche nach, als der Wagen, in eine Wolke von Staub und Sand gehüllt, in die schattige Buchenallee eingefahren war."

Als man am Friedhof vorüberkam, mußte Maria Theresia daran denken, daß sie beinahe hier begraben worden wäre. „Ich faltete die Hände und sprach ein stilles Gebet, voll der innigsten Dankbarkeit gegen die Heilige Jungfrau, die Patronin Polens, zu der ich während meiner Krankheit immer wieder meine Zuflucht genommen und die mich nicht verlassen hatte, sondern mein Trost und meine Hoffnung durch die lange, schwere Zeit hindurch gewesen war . . ."
Die Rückreise nach Wilna war noch viel beschwerlicher als schon die Herreise gewesen war. Die Kutscher der Poststationen waren übler Laune und ließen ihre vier gewechselten Pferde dahintrotten. Der letzte Abschnitt dauerte (vielleicht wegen der Trinkgeldfrage?) so lange, daß Vater und Tochter regelrecht terrorisiert wurden und dem Himmel dankten, als in der pechschwarzen Nacht endlich die Lichter von Wilna auftauchten.

Gleich am nächsten Morgen nahm Maria Theresia, zum erstenmal nach ihrer Krankheit, an einer Messe in der Ostra Brama teil und weinte vor Ergriffenheit und Freude. Erstaunlicherweise war in Pochervintzy niemand auf den Gedanken gekommen, einen Priester an ihr Leidenslager zu rufen — und das trotz ihres besorgniserregenden Zustandes. „Im übrigen war ich sehr erbaut, zu sehen, wie andächtig und ehrfurchtsvoll sich das Volk in der Kirche benahm. Sowohl Männer als auch Frauen lagen während der ganzen Dauer des Gottesdienstes auf ihren Knien, aus ihrer ganzen Haltung, aus ihren Blicken sprach etwas Glaubensvolles und Demütiges, was auf mich einen tiefen Eindruck machte. Sein Glaube ersetzt ihm alles, die Religion ist ihm seine Lebensweisheit, und daran hält es felsenfest."

Andererseits beklagt sie die „Trunksucht", die von den Kneipen geschürt wird, die ein Staatsmonopol füttern ... Hier *ertränkt* man die Leiden der Gefangenschaft .. [16]

---

[16] Nachdem das Büchlein „Mein Polen" in keiner deutschen Bibliothek mehr aufzutreiben war, hatten das Sodalitium in Rom und die Postolazione Generale die große Freundlichkeit, uns die deutschen Originaltexte aller zitierten Stellen herauszusuchen und zur Verfügung zu stellen. Dasselbe gilt auch für das Portrait von Maria Theresia Ledochowska in Kapitel 18, wofür ich Prof. Dr. Peter Gumpel, S. J., Dank schulde. — Leider fehlen in der französischen Originalausgabe dieses Buches Angaben über den genauen Fundort vieler anderer Zitate, so daß diese aus dem Französischen rückübersetzt werden mußten. Der Übers.

7. KAPITEL

Eine kaum begonnene Romanze

Zwei Tage verbrachte man in Warschau. Und diese beiden Tage vom 11. bis 13. September 1879 standen im Zeichen einer einmaligen Begebenheit im Leben Maria Theresias.

Bei der Beschwörung dieses Blitzbesuches ändert sich ihr Stil und läßt — möge Gott mir verzeihen — an den Stil eines Baedecker denken! Es galt, im Eiltempo möglichst viel in kürzester Zeit zu sehen. Während ihre Schilderungen litauischer Landschaften schwungvoll und poetisch sind, wirkt hier die Aneinanderreihung der Skizzen historischer Monumente oder Kunstwerke farblos und eintönig. Man kommt unwillkürlich auf den Gedanken, daß sich Theresia hierbei eines Führers bedient hat.

Ihre Biographen befassen sich unverständlicherweise mit einer gewissen Verlegenheit mit der „Episode" ihrer „Jugendliebe" zu dem schönen Vetter Julius Ostrowski. Wo und wie ist sie ihm begegnet? Die Frage schien unbeantwortet zu bleiben.

An der Tatsache selbst ist nicht zu rütteln. Hören wir, was ihre Schwester Julia, im Kloster Mutter Ursula, hierzu sagt:

„In diesem Alter (mit 15 oder 16 Jahren) hegte sie eine tiefe Zuneigunug zu ihrem Vetter, Graf Julius Ostrowski, und *es brach ihr buchstäblich das Herz,* als diese Liebe nicht erwidert wurde."

Verschiedene Biographen vermuten, daß sie diesem Vetter in Krakau begegnet ist. Jedenfalls wurde von ihrer Heirat mit Graf Ostrowski gesprochen, erklärte Mutter Falkenhayn.

Einige Fakten, vor allem die Daten, lassen uns vermuten, daß diese Begegnung bei diesem kurzen Aufenthalt in Warschau stattfand.

In ihrem Bericht erwähnt Maria Theresia dreimal einen *Begleiter*, ohne ihn beim Namen zu nennen. Ihren Vater hätte sie aber keinesfalls als Begleiter bezeichnet. Wer Warschau kennt, weiß, daß man sehr jung sein mußte, um so viele historische Monumente in oft so weit auseinander liegenden Stadtvierteln in solcher Rekordzeit besichtigen zu können. Und Graf Ledochowski ging auf die Sechzig zu. Er kannte Warschau, da er dort zur Welt gekommen war. Wer war also dieser Begleiter?

Damals hätte man ein junges Mädchen jedenfalls niemals einem Fremden anvertraut, es sei denn sie wäre, wie es sich schickte, von einer Anstandsdame begleitet worden. Bei einem Vetter war eine solche Begleitung jedoch überflüssig — vielleicht verfolgte man sogar eine bestimmte Absicht.

Julius Ostrowski war erst 25 Jahre alt. Das spielt jedoch keine Rolle. Damals verheirateten sich die jungen Mädchen rasch. Er war „Kammerherr des Zaren" und Besitzer von 16 Gütern, mithin eine begehrte Partie. Maria Theresia war zwar nicht ausgesprochen schön, hatte aber doch viele Reize, die ihre keimende Liebe noch erhöhte. Diese Liebe hatte sie wie ein Blitz aus heiterem Himmel überfallen: ihr Herz fing plötzlich Feuer. Sie war jedoch viel zu intelligent, um sich einfach etwas einzubilden, was weiter keine Bedeutung gehabt hätte! Ihr Vetter machte ihr sicher den Hof und vielleicht sogar vage Versprechungen. Stundenlang gingen sie im Wald von Lazienki spazieren, den der Herbst mit tausend bezaubernden Farben schmückte. Schließlich mußte man aber wieder den Wagen besteigen.

„Um zehn Uhr abends sollten wir Warschau verlassen. Nur mehr wenige Stunden sind mir vergönnt, hier zu verweilen — es liegt *ein unbeschreiblicher Schmerz in diesem Gefühle.*

Tausend Gedanken erfüllten meinen Kopf, alle Augenblicke, alle Stunden meiner Reise zogen an meinem Geiste vorüber, und die letzten zwei Tage, die ich in Warschau zugebracht, kamen mir noch schöner vor als alles andere, was ich erlebt und gesehen hatte.

Die Freude, die Meinen, die geliebte Familie wiederzusehen, hat für einige Zeit den Schmerz betäubt, welchen mir die Trennung von Polen verursachte. Die geringste Veranlassung aber konnte diese Qual in meinem Innern wieder anfachen ...“

Der „schöne Vetter" verkörperte gewissermaßen „das teure Vaterland". Nach der Heimkehr vertraute sich Maria Theresia Julia und nicht ihrer Mutter an . . . Befürchtete sie von ihr irgendein indiskretes Eingreifen? Sie kannte ja der Mutter Wunsch, „alle ihre Töchter" verheiratet zu sehen, nur zu gut. Obwohl Julia fest entschlossen war, ins Kloster zu gehen, verstand sie ihre Schwester und teilte ihre Hoffnung und Unruhe. Offenbar wurde zuerst der Vater unterrichtet, sofern er nicht schon in Warschau die Gefühle seiner geliebten Tochter erraten hatte.

Die Lösung der kaum erst angelaufenen Romanze ließ nicht lange auf sich warten:

„Am Abend des 16. Oktober 1879 traf ein Telegramm Ostrowskis aus Wien ein", notiert Mama Sefine. „Sogleich trafen Maria Theresia und Papa ihre Reisevorbereitungen. Trotz des Regens reisten beide am 17. nach Wien ab. Am 18. Oktober ging ich an den Bahnhof, um Papa und Maria Theresia abzuholen. Dabei konnte ich Ostrowski kurz begrüßen."

Er geruhte also nicht einmal, in St. Pölten auszusteigen . . . Warum dann das Telegramm? Die Annäherungsversuche des jungen Mannes müssen ernsthaft gewesen sein, da man L. (zweifellos der Onkel aus Wilna) bat, die Absichten von Vetter Ostrowski zu erkunden.

„Am 27. April 1880 erhielt Maria Theresia einen Brief L's, der sie zutiefst betrübte . . ."

„29. April: Geburtstag meiner lieben Maria Theresia, die einen etwas deprimierten Eindruck macht."

„31. Dezember. Gott sei für alles gepriesen! im Laufe dieses Jahres haben wir keinen großen Kummer gehabt — außer für diese arme Maria Theresia. Möge dieses liebe Kind rasch darüber hinwegkommen!"

Kurz darauf erfuhr man, daß Julius Ostrowski eine reiche französische Erbin aus Dijon geheiratet hatte.

Man kann sich diese Wende im Drama leicht vorstellen. Der blendende Vetter war zweifellos von der Intelligenz und dem Charme Maria Theresias fasziniert gewesen. Nach reiflicher Überlegung hatte er dann aber schließlich auf die geplante Heirat verzichtet. Dies erklärt sowohl das Hoffnungen weckende Telegramm wie auch die Tatsache, daß er, als er durch St. Pölten fuhr, nicht einmal geruhte, dort ein wenig zu verweilen. Er hatte sich bezüglich des ins Auge gefaßten und in Warschau vielleicht geäußerten Planes für das „Schwamm drüber" entschieden. Maria Theresia wurde damit eine Wunde geschlagen, die lange blutete.

Sicher steckte hinter der Einladung, die Maria Theresia von der Wilnaer Familie zum Karneval 1881 erhielt, ein Komplott. Fühlten sich Onkel Joseph, vor allem aber seine Frau, mitverantwortlich für das Scheitern der geplanten Eheschließung mit Ostrowski? Damals bestand der liebste Zeitvertreib der Damen in den hohen Kreisen der Gesellschaft im Stiften von Ehen. Sie organisierten Begegnungen, sondierten die jungen Leute, dienten als „Mittlerinnen" im besten Sinne des Wortes. Maria Theresia nahm die Einladung an. Vielleicht erhoffte sie Vergessen... Tatsache ist jedenfalls, daß dieser zweite Aufenthalt in Wilna die Erwartungen von Tante Alexandrine nicht erfüllt. Wie die heilige Chantal, wenn auch nicht aus den gleichen Gründen, hatte Maria Theresia „die Fahne eingeholt" und ermutigte Annäherungsversuche, wenn es welche gab, nicht mehr. Das geringe Interesse, das sie den damals veranstalteten Bällen und Festveranstaltungen entgegenbrachte, schrieb man ihrer angeschlagenen Gesundheit zu. Dieser zweite Aufenthalt in Wilna dauerte vier Monate (vom 9. Februar bis zum 8. Juni 1881). Maria Theresias Tagebuch aus dieser Zeit klingt ganz anders als vor kaum zwei Jahren. Sie klagt über die „innere Leere", ja „Trostlosigkeit" inmitten dieser mondänen Festlichkeiten. Einige ihrer Biographen haben diese beiden Aufenthalte in Wilna miteinander vermengt, obwohl sie klar getrennt sind. Man möchte sagen, daß im Jahre 1881 eine Feder in ihr gebrochen, eine Hoffnung für immer zunichtegemacht war. Sie weiß nur zu gut, wie gern ihre Mutter sie als Ehefrau sehen würde. Aber sie ist zu stolz und zu unbiegsam, um in eine eventuelle „Vernunftehe" zu willigen. Der heftige Schmerz hat sie reif gemacht, aber noch tappt sie im Dunkeln.

Im Jahre 1879 schäumte sie über von Lebenslust — trotz einer um ein Haar tödlich verlaufenen Krankheit —, war eine scharfe Beobachterin und verfügte über einen glänzenden poetischen Stil.

1880 bejammert ihre Mutter ständig ihre hinfällige Gesundheit, ihre Kopfschmerzen, ihre „Melancholie", deren Ursachen sie errät.

Auch der Karneval von Wilna 1881 bringt die gewünschte Lösung nicht. Maria Theresia kehrt völlig deprimiert zurück. Da verstärkt ihre Mutter, natürlich in der allerbesten Absicht, ihre Bemühungen. Bälle, Besuche, Jagdpartien wechseln einander ab, aber nichts geschieht, obwohl Maria Theresia mitmacht. Bis zu ihrem 22. Lebensjahr war sie keineswegs fromm, erklärt Mutter Ursula, ihre heißgeliebte Schwester. Noch immer tappt Maria Theresia im Dunkeln, sucht ihren Weg . . .

Gott *hakt sie los,* bevor er sie fest anhakt. Er versteht es, die formlose Masse, die er uns bei unserer Schöpfung mitgibt, zu formen, wenn wir uns formen lassen wollen. Maria Theresia aber gehört mit zu den Geschöpfen, die am schwersten zu bearbeiten sind. So muß Gott zuschlagen, hart zuschlagen . . .

Inzwischen stürzt sie sich, alles Haders müde, Hals über Kopf ins mondäne Leben. In ihren Kreisen ist es, von wenigen Ausnahmen abgesehen, sozusagen der „Lebensinhalt" . . .

Im Prolog zum *Seidenen Schuh* betet ein an den Mast eines von Seeräubern gekaperten Schiffes gebundener Jesuit für seinen Bruder Rodrigo.

Der Hochmut, der ihn verblendet, die Erfolge, die er erntet, bilden im Herzen dieses geliebten Bruders ein viel schrecklicheres Hindernis gegen den Einbruch der Gnade als die Häufung grober Sünden.

Der dem baldigen Tod ausgelieferte Ordensmann sagt sich, daß es zur Durchbrechung dieses Panzers nicht weniger als einer Liebe bedarf, einer unglücklichen Liebe zu einer Frau; des Gefühls der Schwäche und der Abhängigkeit vom „anderen", der die Schlüssel zu seinem Herzen besitzt; des Scheiterns einer Hoffnung; des Übermaßes des Schmerzes. Durch die gähnende Pforte dieser rein menschlichen Leere kann dann endlich die Gnade einströmen:

„Herr, ich danke dir, daß du mich also gefesselt hast. Zuweilen geschah es mir, daß ich deine Gebote mühsam fand.

Und meinen Willen angesichts deiner Satzung.

Unschlüssig, verzögernd.

Doch heute kann ich nicht enger an dich gebunden sein, als ich es bin, und prüfte ich auch der Reihe nach meine Glieder, kein einziges kann sich auch nur ein wenig von dir entfernen.

So bin ich wirklich ans Kreuz geheftet, das Kreuz aber, an dem ich hänge, haftet an nichts mehr. Es treibt auf dem Meere ...

Diese Welle, bald nun die letzte, die mich davonträgt.

Ich fasse, ich gebrauche dieses ganze unteilbare Werk, das Gott in einem Wurfe geschaffen hat, und dem ich im Innern seines heiligen Willens — dem meinigen habe ich entsagt — inbrünstig verhaftet bin ...

Und nunmehr kommt das Schlußwort dieser Messe, die ich, schon dem Tode vermengt, mit dem Brot meines eigenen Daseins feiere: Mein Gott, ich bete zu dir für meinen Bruder Rodrigo! Mein Gott, ich flehe dich an für deinen Sohn Rodrigo! ...

Du siehst ihn, der sich anfangs auf meinen Spuren der Fahne verschwor, die dein Monogramm trägt, und jetzt, vermutlich, weil er dein Noviziat verließ, stellt er sich vor, er habe dir den Rücken gekehrt ...

Aber, Herr, es ist nicht so leicht, dir zu entkommen, und schreitet er nicht mit seiner Helle auf dich zu, so soll er's mit seiner Finsternis tun, wenn nicht durch sein Gerades, so durch sein Ungerades, und wenn nicht mit seiner Einfalt, so mit der Vielfalt in ihm, und dem, was mühsam ist und verworren ... Und will er eine Unordnung, so sei es eine solche, daß sie das Wanken und Bersten der Mauern bewirkt, die ihm rings das Heil versperrten, ihm selber, sag ich, und dieser ganzen Menge, die er geheimnisvoll in sich einschließt. Denn er gehört zu denen, die sich nicht anders retten können, als indem sie das ganze ganze Gewimmel miterlösen, das hinter ihnen von ihrer Gestalt geprägt wird ...

Und was er auf Erden armselig zu stammeln versucht, ich bin da, es zu übersetzen im Himmel ...“

Vielleicht hat niemand die „Vertikale“, die uns in der Gemeinschaft der Heiligen mit dem Himmel verbindet, herzergreifender in Worte zu fassen verstanden als Claudel, der nicht nur der große Dichter, sondern auch ein großer Mystiker war.

Wir werden erst nach unserer großen, letzten Reise wissen, wem wir die Gnade der Bekehrung, der Berufung, der Beharrung verdanken.

Sicherlich gehören die Gründer, die Gründerinnen zu der auserwählten Schar, *die sich nicht allein rettet.* Das Schicksal der gesamten religiösen Familie Maria Theresias hing von ihrer Antwort auf die *Prüfungen* ab, mit denen Gott seine *Fragen* an sie stellte. In der „göttlichen Pädagogik" — wie Clemens von Alexandria formuliert, war Maria Theresias Jugendliebe zu ihrem flatterhaften Vetter das *erste Ereignis,* das ihr Herz dem ihrer harrenden Gott erschloß.

Mit ihrem eisernen Temperatment, das keine persönliche Schonung kannte, mit dem (durchaus berechtigten) Gefühl ihrer intellektuellen Überlegenheit in einer allzu mondänen Welt, hätte sie vielleicht rein menschliche Lorbeeren eingeheimst, wäre da nicht dieser Riß in ihrem Herzen aufgebrochen und das bittere Gefühl einer Niederlage gewachsen. Sicher war sie, selbstverständlich in allen Ehren, bereit gewesen, auf die Annäherungsversuche dieses Julius Ostrowski einzugehen. So kam zum Scheitern auch noch das Gefühl einer schmerzlichen Demütigung hinzu.

Das Zweite Vatikanische Konzil hat den heiligen Charakter der Ehe, der nach der ständigen Lehre der Kirche so oft auch von Pius XI. und Pius XII. verkündet wurde, ganz besonders hervorgehoben. Damit hat es aber zugleich die einzigartige Herrlichkeit der priesterlichen oder klösterlichen Berufung, die von einem *Charisma,* also einer *unverdienten Gabe* Gottes abhängt, noch mehr hervortreten lassen. Da für die, die Gott lieben, *alles Gnade ist* (der heilige Augustinus fügt hinzu: „sogar die Sünden"), muß man dieses Kapitel in Maria Theresias Leben ohne falsche Scham, mit großer Ehrfurcht und im Lichte des Heiligen Geistes erörtern. Zweifellos brauchte sie, die „Mutter" vieler junger Mädchen und Frauen auf der Suche nach der völligen Hingabe an Gott werden sollte, diese Erfahrung. Die Gnade der Unterscheidungsgabe wird auf natürliche Anlagen gepfropft, und vielleicht ist zum Auftakt einer Gründung am dringendsten der Scharfblick nötig, den Maria Theresia gezeigt hat. Dies vor allem, weil sie, wie alle Pioniere, Neuland betrat. Das Noviziat im Leiden, das Gott sie absolvieren ließ, um sie „fruchtbar" zu machen, kam ihrer geistlichen Mutterschaft zugute.

Um sie aber völlig geschmeidig und voll empfänglich für die
Weisungen des Geistes zu machen, unter Preisgabe aller Eigenliebe, in enger Verbindung mit dem Opfer des Herrn zum Heile
der Welt, bedurfte es noch eines zweiten Ereignisses, das sie
endgültig ans Kreuz schlug.

8. KAPITEL

Die Jahre der Wende

Überrascht stellen Maria Theresias Biographen fest, daß sich ihre Eltern urplötzlich entschlossen, nach Polen zurückzukehren und zwar für immer.

Im Oktober 1882 kauften sie unweit von Krakau das Gut „*Lipnica Murowana*". Der Umzug fand im April 1883 statt. Er bedeutete für die gesamte Familie, vor allem aber für die Mutter, die nicht polnisch sprach, eine regelrechte Entwurzelung.

Als alles in allem plausibler Grund wird das Heimweh angeführt, unter dem Graf Anton Ledochowski litt. Damit hatte er sich jedoch seit vielen Jahren abgefunden, und seine zweite Frau, mit der er seinen drei Söhnen aus erster Ehe eine neue Mutter geben wollte, hatte er nicht in Polen gesucht. Meines Erachtens muß der Hauptgrund für diesen Umzug anderswo gesucht werden. Wie immer fällte Mutter Sefine die Entscheidung in dieser Frage.

Ihre fixe Idee war, wie wir wissen, ihre vier Töchter zu verheiraten. Zwar zeigte die siebzehnjährige Julia seit jeher eine Neigung zum Klosterleben, aber konnte man jemals wissen, was noch geschehen konnte? Da war ja die Welt mit ihrer Anziehungskraft, so daß man sie vielleicht nur einmal so richtig schmackhaft zu machen brauchte! Und dann waren ja noch die drei anderen Töchter da, angefangen bei Maria Theresia, die Grillen fing . . .

Der aufsehenerregende Zusammenbruch des Bankhauses, der das Vermögen von Graf Ledochowski schwer angeschlagen hatte (und dem seine zweite Frau ja keine Mitgift mitgebracht hatte), erlaubte es ihm nicht mehr, in Österreich das seinem Rang entsprechende Leben zu führen, zu dem ihn seine Herkunft nun einmal verpflichtete. In den an die alten Überlieferungen geschmiedeten Ländern wurden damals die Privilegien der besitzenden Schichten skrupellos gewahrt. Mit anderen Worten hieß dies, es war nun die Zeit gekommen, wo es galt, mehr Bälle, Festlichkeiten und fröhliche Treffen zu veranstalten! Man durfte keinesfalls den Anschein erwecken, unter seinem Stand leben zu müssen.

Und in Galizien — dem Teil Polens, der nach den Teilungen von Österreich anektiert wurde — war das Leben erheblich einfacher und demokratischer. Der Adel, ja die gesamte Aristokratie, war ebenfalls vom Unglück des Vaterlandes heimgesucht worden. Die Aufstände von 1846, die von den Machthabern heimlich geschürt worden waren, hatten viel adliges und bürgerliches Blut fließen lassen. Krakau gehörte allerdings zu einer „verschonten Zone", aber auch dort war in Auswirkung der Ereignisse die Etikette weniger streng. Hier lief die Familie Ledochowski keine so große Gefahr, in den Ruch von „armen Verwandten" zu kommen, und die Verbindungen, die sie mit erlauchten Geschlechtern verknüpften, öffneten ihnen auch noch die Türen der berühmtesten Salons. Eine Tatsache, die kaum Erwähnung fand, beweist, daß die Mittel und Einkünfte von Maria Theresias Eltern verhältnismäßig bescheiden sein mußten. Sie konnten sich für den Winter und die Karnevalszeit keine Wohnung in Krakau leisten und mußten von Einladungen Gebrauch machen.

Immer wieder wird die melancholische Veranlagung von Graf Anton hervorgehoben. In Wirklichkeit verstand er absolut nichts von der Bewirtschaftung eines Landgutes!

Mit sechzig Jahren schlägt man nicht ohne weiteres einen neuen Weg ein. Die Arbeit fällt einem schwer, wenn man sie nicht gewohnt ist. Zudem ist man dann Verwaltern und dem Personal ausgeliefert, die nur allzugern versucht sind, die Sachlage auszunutzen! Die Wiederherrichtung des alten Herrensitzes verschlang den Rest des Vermögens. So wurde die Verheiratung der Töchter vordinglich! Wladimir, der sich dem Priestertum verschrieben und im Theresianum die glänzendste Karriere gemacht hatte, zählte nicht mehr. So legten die beiden Ältesten, Maria Theresia und Julia mit Hand an, und Mutter Sefine leitete die Arbeit mit ihrem gewohnten unerschütterlichen Mut. Es galt, aus dem bisher völlig vernachlässigten Besitz nun den größtmöglichen Ertrag herauszuwirtschaften.

Übrigens schmeckte das Landleben den jungen Damen durchaus. Es bedeutete für sie eine regelrechte Emanzipation. Die spätere Mutter Ursula erwarb hier sicher mit die Erfahrung, die ihr zustatten kam, als sie ihrerseits neue Wege erschloß und ihr religiöses Institut gründete, bereit zu jeder Arbeit und schon durch das Gewand — das damals Ärgernis erregte — fest in das Leben des Volkes hineingestellt. Jedenfalls lernte sie mit ihrer Schwester Fahren, Reiten und die Überwachung der Getreide- und Heuernte. Fehlte ihnen auch noch viel Erfahrung, so waren sie doch voll guten Willens und dem heißen Verlangen, ihren Eltern möglichst wirksam zu helfen.

Bei den Heiratsplänen stand natürlich Maria Theresia an erster Stelle. Daher die Fahrten nach Krakau zu Bällen und Empfängen. Mama Sefine mit ihrer eisernen Natur verkraftete diese Gewaltkuren, doch ihre Tochter verfiel zusehends. Sie litt unter Kopfschmerzen, seelischer Bedrückung, Ekel vor dem mondänen Leben, das sie nun wider Willen führen mußte... Offenbar war sie schon damals fest entschlossen, nicht mehr an eine Ehe zu denken und zog daher auch keine Bewerber an. So verdoppelte Mama Sefine ihre Bemühungen und vertraute ihre Älteste der Stieftante Olga Miaczynska an, die sie auf ihr Gut in Kupiel in Wolhynien (also in der russischen Zone) mitnahm in der Hoffnung, dort im Karneval von 1884 (vom 22. Januar bis zum 17. März) einen Ehepartner für sie zu finden.

Ende Januar 1885 wird Maria Theresia von den Pocken befallen. Die Schutzimpfung mit Pasteurs Impfstoff war damals noch nicht obligatorisch. In manchen Teilen Europas war er noch nicht einmal bekannt, so daß man häufig Menschen begegnete, die für immer von dieser entsetzlichen Krankheit gezeichnet waren. Viele erlagen ihr.

Die Eiterbläschen, die den ganzen Leib bedeckten, lösten entsetzliches Jucken aus, das den Kranken nicht die kleinste Ruhepause ließ. Das Fieber stieg bis auf 40 Grad und darüber und führte zum Delirium. Und wenn schließlich die Pusteln unter Borkenbildung ausgetrocknet waren und die Borken abfielen, hinterließen sie auf dem ganzen Leib die typischen Pockennarben, die das ganze Leben lang sichtbar blieben und das Gesicht entstellten. Mit der Zeit wurden die Verwüstungen, die die Krankheit angerichtet hatte, weniger auffällig, verschwanden aber nie ganz. Maria Theresia ertrug ihr Leiden, ohne zu klagen. Abwechselnd wurde sie von einer Krankenschwester und der mutigen Julia gepflegt. Man entfernte vorsorglich alle Spiegel aus ihrem Zimmer. Eines Tages, als sie über den Berg war, entdeckte ihre Mutter jedoch einen kleinen Spiegel auf ihrem Nachttisch. Maria Theresia sah sie mit mattem Lächeln an: „Das macht nichts, Mama! Ich weiß sehr wohl, daß ich für immer entstellt bin."

Sie verlor die Haare, die Wimpern. Eine Verwandte, die sie während der Rekonvaleszenz besuchte, prallte instinktiv entsetzt zurück. Maria Theresia hatte noch den Mut, zu scherzen . . .

Wir haben schon auf ihre ausgeprägte — natürliche und dazuerworbene — Zurückhaltung hingewiesen. Man könnte sagen, daß ihr von nun an das Schweigen mehr und mehr zur zweiten Natur wurde. Hätte sie sich nicht ihrer Schwester Julia anvertraut, so hätten wir nichts von ihrer enttäuschten Liebe, falls sie diese nicht erraten hätte, und auch nichts von ihrem passiven Widerstand gegen jeden Heiratsplan ihrer Mutter erfahren. Von ihren schlaflosen und qualvollen Nächten während ihrer Krankheit wissen wir rein gar nichts. Zweifellos ist es aber zwischen Gott und ihr zu einem ernsten Zwiegespräch gekommen, sind Fragen gestellt und beantwortet worden. Warum, jawohl warum diese Kette bitterer Heimsuchungen? Wir wollen nicht versuchen, in das „Geheimnis des Königs" einzubrechen. Er will, daß sie sich ganz hingibt, und wir wissen dank der heiligen Theresia von Avila sehr wohl, wie er seine Freunde behandelt [17]. Und wieviele weichen zurück, bevor sie den „königlichen Weg des Kreuzes" einschlagen! Jedenfalls hat Maria Theresia im Verlauf ihrer Krankheit eine nicht alltägliche Unterwerfung unter Gottes scheinbar absurden Willen bekundet. Dauernd entstellt leben? Bei den einem am nächsten stehenden Menschen unwillkürliche Abscheu- und Ekelreaktionen auslösen? All das nahm sie lächelnd

[17] Als sie sich über ihre harten Prüfungen beklagte, erwiderte ihr der Herr: „So behandle ich meine Freunde!", worauf sie sofort erwiderte: „Deshalb hast du auch so wenige, Herr!"

in Kauf, ohne ihr Opfer zur Schau zu stellen. Vielleicht mußte sie die Lehre der Nacht des Glaubens durchstehen, um annehmen zu können, was für so viele andere unannehmbar geblieben wäre?

In die Zukunft vorgreifend wollen wir feststellen, daß sich die Pockennarben mit der Zeit abschwächten. Das durchscheinende Gesicht Maraia Theresias löste nicht nur keinen Widerwillen mehr aus, sondern wirkte auf ihre Umgebung sogar wunderbar anziehend.

Man sah das Strahlen ihrer Seele...

Mysterium der Antlitze, denen die Verklärung des Jüngsten Tages verheißen ist!

Wenn man jung ist, hat man das Gesicht, *das man mitbekommen hat.*

Mit dem Alter erwirbt man das Gesicht, *das man verdient.*

In der Todesstunde beginnen die Heiligen zu strahlen und zu leuchten, wie die Überlieferung des christlichen Morgenlandes nachdrücklich unterstreicht [18].

Die Photos und Gemälde vergegenwärtigen Maria Theresia nicht lebendig genug. Nur ein ganz großer Künstler hätte sie treffend darstellen können und sicher auch die Pockennarben, mit denen Gott ihr Antlitz gezeichnet hatte, leuchten lassen...

Die Maria Theresia auferlegte Prüfung war damit noch nicht beendet. Gott versetzte ihr noch härtere Schläge. Als Graf Anton seine Tochter besuchte, steckte er sich an und starb an der gleichen Krankheit nach vier Tagen, am 21. Februar 1885. Seine letzten, polnisch gesprochenen Worte lauteten: *Moj Boze:* „Mein Gott!". Er ging an einem Samstag in die Ewigkeit. Tags zuvor hatte er gebeichtet und gemeinsam mit seiner Tochter die heilige Kommunion empfangen. Es schien keine unmittelbare Lebensgefahr zu bestehen. Er ging ganz leise hinüber und hinterließ eine große Leere im Herzen Maria Theresias.

Natürlich konnte sie an der Beerdigung nicht teilnehmen. Recht seltsam ist jedoch, daß Mama Sefine, obwohl sie gesund war, zu Hause blieb und „vom Fenster aus dem Sarge nachsah, den man zur Bestattung forttrug".

---

[18] Es handelt sich um das berühmte „prosvietlenie", Abglanz der ewigen Hügel, wunderbar offenbar bei manchen Ikonen und beim großen Übergang vom Leben in den Tod.

In den Erinnerungen von Pater Franz Ledochowski finden wir einen Passus, der uns grübeln läßt. Da heißt es, der Tod des Gatten und Vaters sei, trotz tiefen und aufrichtigen Schmerzes, sicher eine große Erleichterung für die ganze Familie gewesen. Wegen seiner hinfälligen Gesundheit und seiner geistigen Heimsuchungen habe er im Mittelpunkt aller Sorgen gestanden ...

In der uns vorliegenden Dokumentation war immer weniger von ihm die Rede. Alles Geschäftliche erledigte seine Frau mit Meisterhand. So änderte sein Hinscheiden nicht viel am Leben in Lipnica Murowana. Und als sich Mama Sefine mit der Führung eines landwirtschaftlichen Betriebes überfordert sah, verpachtete sie das Gut. Auch sie kam an das Alter heran, in dem man sich zur Ruhe setzt. Und die Bemühungen um die Versorgung und Verheiratung ihrer Töchter erforderten viel freie Zeit, da man das mondäne gesellschaftliche Leben offenbar als absolut notwendig erachtete.

Das erste Problem: was nun mit Maria Theresia? Eine Eheschließung kam nicht mehr in Frage. So blieb für ein junges Mädchen ihres Standes nur noch eine Lösung: Hofdame an einem fürstlichen oder herzoglichen Hof.

Mama Sefine machte sich eifrig ans Werk. Erst am 29. März 1885 konnte Maria Theresia zum erstenmal wieder ausgehen. Am 22. Mai nimmt sie ihre Schwester Fanny mit einem feststehenden Plan nach Gmunden in Österreich mit. Dort unterhielt die Herzogin Alice von Toskana eine Sommerresidenz. Dank illustren Protektionen wurde alles prompt nach Wunsch geregelt, und schon im Dezember 1885 trat Maria Theresia ihren Dienst am Hofe von Toskana an, der zwar aus Italien verbannt, dafür aber um so mehr darauf bedacht war, seinen Rang und seine Privilegien zu bewahren.

Wir wissen so gut wie nichts von Maria Theresias Gefühlen an diesem Wendepunkt ihres Lebens. Fünf Jahre später vertraut sie ihrer Freundin Ilse von Düring in einem Brief vom 28. Dezember 1890 an, daß ihre angeschlagene Gesundheit auf eine zu kurze Wiedergenesungszeit nach den Pocken zurückzuführen sei, was sich nun räche.

Die einzige Möglichkeit, ihrer Familie „nicht zur Last zu fallen", hat sie nun ergriffen. Außerdem bearbeitet sie Gott. Mit heldi-

Maria Theresia Ledochowska

Maria Theresia Ledochowska
im Alter von 14 Jahren.

Das Geburtshaus von Maria Theresia Ledochowska in Loosdorf (Niederösterreich).

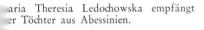

aria Theresia Ledochowska als Hof-
me an dem mit den Habsburgern ver-
andten Hof von Toskana.

aria Theresia Ledochowska empfängt
er Töchter aus Abessinien.

Maria Theresia Ledochowska als junge
Gründerin.

Charles Martial Allemand Lavigerie.
Lavigerie wurde 1867 Erzbischof von
Algier, 1882 Kardinal, 1884 zugleich Erz-
bischof von Karthago. Begnadeter Missio-
nar und Organisator, u. a. Stifter der
„Weißen Väter", hochverdient um die
Bekämpfung der Sklaverei.

Mieczyslaw Halka von Ledochow Graf von Ledochowski, Onkel von Maria Theresia Ledochowska. Zuerst Kurialdiplomat, seit 1866 Erzbischof von Gnesen-Posen. 1874 wegen seines Widerstands im Kulturkampf mit Gefängnis bestraft, 1875 demonstrativ vom Papst zum Kardinal ernannt, 1876 von der preußischen Regierung ausgewiesen. 1886 verzichtete er auf sein Erzbistum und leitete seit 1892 die Propagandakongregation.

Maria Theresia Ledochowska mit ihre[n] ersten vier Gefährtinnen.

Das von der Vorsehung zugewiesene Haus MARIA SORG.

schem Großmut nimmt sie die Heimsuchungen auf sich, die die nötige Leere in ihr schaffen und sie so auf ihre künftige Mission vorbereiten. Im Augenblick macht sie die Erfahrung dieser Leere und des Scheiterns. Dabei läßt sie weder Auflehnung noch Bitterkeit aufkommen, was beweist, daß sie auf dem steilen Weg nach oben vorankommt, der sie auf den Gipfel der Vollkommenheit führen wird. Durch die Ereignisse stellt uns Gott *Fragen*, und von unserer *Antwort* hängt die Verwirklichung des „neuen Namens" ab, den er uns gegeben hat, als er uns schuf mit der einmaligen Aufgabe, die wir in der „Gemeinschaft der Heiligen" zu erfüllen haben. Maria Theresia ist jetzt in dem Stadium, in dem sich die ganze Zukunft entscheidet.

Sie gibt sich keinen Illusionen hin. Im November 1885 schreibt sie ihrem Onkel, Kardinal Ledochowski, sie wisse wohl, daß der Weg, den sie nun einschlage, ebenso hart und schwierig wie scheinbar glänzend sei. Ihr Mut wurzle in der Überzeugung, daß Gott sie nicht verlassen werde, solange sie sich mit ganzer Kraft bemühe, seine *getreue Magd* zu sein . . .

Getreue Magd hat sie unterstrichen. Mit ihrem Dienstantritt bei der Erzherzogin von Toskana will sie *Gott dienen*. Diese Absicht ermöglicht es ihr, gewissermaßen über ihrer Stellung zu schweben und sie mit unerbittlicher Klarheit auszuloten.

„Aus zuverlässiger Quelle wissen wir", schreibt Pater Franz Ledochowski, „daß Maria Theresia am Hofe von Toskana nicht glücklich war . . ." Sie war von früh bis spät zu einem mondänen Leben gezwungen, verpflichtet, stundenlang im Gefolge der Erzherzogin — die sie übrigens sehr liebte — zu verweilen. So mußte sie ihre ganze Willenkraft aufbieten, um sich einer Hofetikette zu unterwerfen, die Stunden unfruchtbaren Müßiggangs inmitten von Salonautomaten erforderte — bis die Herrschaften schließlich geruhten, Wünsche zu äußern.

Sie gesteht, daß sie einen regelrechten Katzenjammer bekam, wenn sie in den Wagen der Erzherzogin stieg, der von einem betreßten Lakaien begleitet wurde; daß man auf diesem Posten ein *Sklavenleben* führen mußte, woran freilich mehr die starren gesellschaftlichen Umgangsformen, die die hohen Herrschaften gefangenhielten, als diese selbst schuld waren.

„Nur ein Schüler, der in die Ferien geht und seinen Schulbüchern für einige Zeit den Rücken kehrt, kann erraten, was eine Hofdame empfindet, wenn sie Urlaub erhält. Viele Schüler auf dieser Welt hienieden teilen meine Gefühle. Nach der Ankunft auf dem Bahnhof zog ich mich um und wartete auf den Zug in der Vorfreude, in Kürze die Meinen wiederzusehen."

In Lipnica Murowana bei ihrer Mutter, ihren Brüdern und Schwestern fühlte sie sich glücklich, und jeder neue Aufbruch kam ihr wie eine Verbannung vor.

„Anstatt mich daran zu gewöhnen, ist dies jedes Jahr härter... Ich fühle mich völlig einsam, mir selbst überlassen, vom Schicksal in die große Welt hinausgetrieben, um ein bald angenehmes, bald außerordentlich hartes Leben zu führen."

Sie weiß jedoch, daß ihr im Augenblick keine andere Wahl bleibt. Die finanzielle Lage ihrer Familie spielt dabei eine entscheidende Rolle. Am Hof von Toskana hat Maria Theresia nicht nur Unterkunft und Verpflegung, sondern erhält auch noch ein Gehalt.

Gott weiß, was er will, als er sie fünfeinhalb Jahre in der „großen Welt" läßt. Maria Theresia knüpft Beziehungen an, die ihr später unermeßliche Dienste leisten, als sie ihr kühnes Unterfangen verwirklicht. Vergegenwärtigen wir uns die damalige Zeit, die von unten bis oben im Korsett der starren Gesetze der gesellschaftlichen Rangordnungen steckte. Ein bürgerlicher Name, bescheidenere Beziehungen hätten ihr einen schlechten Dienst erwiesen. Ohne es zu wissen, leistete ihr Mama Sefine also einen echten Dienst damit, daß sie sie am Hof unterbrachte. Alle diese Fürstinnen, Herzoginnen und Gräfinnen langweilten sich im Grunde tödlich (wie sie selbst sagt) und waren nur allzu glücklich, wenn sie ihren guten Werken Glanz von europäischer Bedeutung verleihen konnten.

Während dieser Wendejahre wurde sie jedoch zu einer scharfen und kritischen Beobachterin. Nicht umsonst hatte sie dank ihres Vaters schon in frühester Jugend das Keimen der Soziallehre der Kirche miterlebt, die dann in der Enzyklika *Rerum novarum* eine feierliche Formulierung und Bestätigung erhielt. Unwiderstehlich fühlte sie sich zu den Entrechtetsten, zu den kleinen Leuten und den Armen hingezogen.

Schon 1889 schrieb sie, man finde die meiste Hilfe und Unterstützung beim katholischen Bürgertum und nicht bei den gewichtigen Persönlichkeiten des Adels. Ihre damals entstandenen Theaterstücke sind für das Volk bestimmt. Jahre später erklärt ihre erste und ihr am nächsten stehende Mitarbeiterin, Schwester Ernst, wörtlich:

„Unsere Mutter gab sich große Mühe, die höchsten Kreise für ihre Missionswerke zu interessieren, und ihre gesellschaftliche Stellung und ihre Bildung gaben ihr alle Mittel hierzu und gewährleisteten ihre Erfolge ... Sie war jedoch stets zutiefst davon überzeugt, daß sie ihr Institut auf schlichte volkstümliche Grundlagen stellen müsse."

Heute überrascht uns diese Einstellung nicht. In der damaligen Zeit *wirkte und war sie völlig revolutionär.*

Bevor wir dieses Kapitel beschließen, wollen wir uns Maria Theresias Photo als Hofdame betrachten. Ihre Kleidung ist von untadeliger Eleganz, ihre „Wespentaille" erinnert uns an die Leiden unserer Großmütter, die allen Schrecken des Korsetts ausgeliefert waren (oft mußten zwei Kammerzofen von beiden Seiten ziehen, um die Taille auf die erwünschte Dünne einzuschnüren), doch ihr Gesicht drückt unsagbare Traurigkeit, kaum verhüllte Verwirrung aus.

Wir sind hier am Ende des langen, von Prüfungen durchzogenen Wartens, das der Begegnung mit Kardinal Lavigerie voraufging. Von nun an verschmilzt Maria Theresias Leben bis zur Auflösung mit der ihr anvertrauten Mission.

9. KAPITEL

In den Fußstapfen der Pioniere

Es ist etwas Gewaltiges, wenn ein Mensch am Ende einer langen
Reise durch die Nacht des Glaubens endgültig feststellen kann,
warum er in die Welt gekommen ist. Maria Theresias Leben ist nun
ganz auf die Begegnung in dem Hotelzimmer in Luzern ausgerichtet [19]. Nun gibt es für sie keine Fragen, keine Zweifel mehr. Was
der arme *Africanus* unter Tränen gesät hatte, beginnt zu keimen.
Die Kirche läßt mit Hilfe eines ihrer höchsten Vertreter ihre „revolutionären" Bestrebungen, die bei ihr nahestehenden Menschen ver-
ständlicherweise Bestürzung auslösten, nach und nach Gestalt annehmen. Wenn sie wenigstens den Schein gewahrt und ihre Stellung
als Hofdame an einem der erlauchtesten Höfe Europas weiter
bekleidet hätte, mäkelt man! Aber Maria Theresia hatte eine Eigenschaft, die sich leicht hätte zu einem Fehler auswachsen können:
sie tat nichts halb! Freilich ahnte sie damals noch nicht wie groß
und weitverzweigt der Baum werden würde, der aus dem eben
gesäten Senfkorn erstehen sollte. Die Kirchengeschichte lehrt, daß
Gründer und Gründerinnen von Ordensfamilien zu Beginn ihrer
Laufbahn nur selten ahnen, wohin Gott sie führt. Gewöhnlich
schließen wir von ihren Erfolgen auf die Bedeutung der Anfänge.
Aber Gottes Gedanken sind nicht unsere Gedanken. Je mehr ein
Werk der Heilsgeschichte dienen soll, desto tiefer, schlichter, verborgener müssen seine Fundamente sein. Gott hat, bevor er Maria

---

[19] In einem Brief an ihre protestantische Freundin Ilse von Düring
enthüllt sie das Geheimnis ihrer unerschöpflichen Geduld. Sie schreibt:
„Ich kann (auf deine Bekehrung) warten. Wenn der Erlöser so viele
Jahre auf mich warten mußte, wie könnte ich dann nicht bei Dir
warten?" (15. 3. 1900).

Theresia in alle vier Himmelsrichtungen aussendet, in ihrer Seele einen Abgrund ausgehoben, lautet doch die goldene Regel aller Heiligkeit: „der Abgrund ruft den Abgrund."

Ursprünglich konnte sie nur über ihre Feder verfügen. „Eine goldene Feder", hat man aus gutem Grund gesagt. In dem Kapitel, das „Mein Polen" gewidmet war, haben wir auf ihre literarische Begabung, ihre Beobachtungsgabe und den Reichtum ihres durchaus nicht schwülstigen Wortschatzes hingewiesen. Sie hätte eine gute Romanschriftstellerin werden können. Ohne auch nur einen Anflug von Zögern opfert sie diese natürliche Begabung der Sache, der sie sich ein für allemal mit glühender Seele verschrieben hat: dem Loskauf der Sklaven in Afrika, der Unterstützung der Missionare, die sich für die hehre Sache einsetzen. Es war keine Zeit zu verlieren! In den Stunden, die ihr nach dem durch ihre Stellung als Hofdame erzwungenen Müßiggang verblieben, schrieb sie heimlich und vor allem nachts Briefe, zahllose Briefe, die sie durchweg mit „Alexander Halka" unterzeichnen mußte, da ihre Stellung es ihr verbot, unter ihrem eigenen Namen aufzutreten.

Es gibt eine wahre Kunst des Briefschreibens, die es fertigbringt, die Gewissen aufzurütteln! Maria Theresia erhielt nicht nur Antworten, sondern auch mehr und mehr Geldspenden. Nun hieß es für ihr Schiffchen: den Anker lichten! Zur Bestürzung, ja geradezu zum Ärgernis ihrer Umgebung erbat und erhielt sie Urlaub vom Hofe, der am 15. April 1891 vom Kaiser in einem handgeschriebenen Brief bestätigt wurde. Zuvor hatte er ihr allerdings von ihren „absurden Plänen" abgeraten: sie täte besser daran, die Schwarzen in Ruhe zu lassen!

Dies entsprach dem allgemeinen Standpunkt. Ihre hochgestellten Freundinnen meinten, sie bereite ihren Kreisen „Schande". Plötzlich ging man dieser „Mission-Närrin" aus dem Wege. Sogar ihre Familie mißbilligte einen Schritt, der Maria Theresia einer festen Stütze und einer absolut geruhsamen Karriere beraubte. Mama Sefine war regelrecht bestürzt und überhäufte ihre Tochter mit Vorwürfen. Am 9. Mai 1891 nahm Maria Theresia Urlaub und verabschiedete sich von der Erzherzogin Alice, die ihre Hofdame zwar sehr gern hatte, sie aber dennoch nicht verstand. Dann führte Maria Theresia ein langes Gespräch mit ihrem Beichtvater, dem Jesuitenpater Kolb, der sich damals gerade in Salzburg aufhielt. Vielleicht entschloß sie sich auf seinen Rat hin erst einmal zu einer Kur. Erst wenn sich der Sturm ein wenig gelegt haben würde, konnte sie endgültig mit der Vergangenheit brechen ...

Gerade damals schrieb sie ein dem heiligen Aloysius von Gonzaga gewidmetes volkstümliches Theaterstück. Und das kam so: am Abend des 19. Juli 1891 erlebte sie ein ungewöhnliches Abenteuer. Bei einem Spaziergang im Garten des Klosters, in dem sie wohnte, wurde sie plötzlich von einem Mann überfallen und niedergeschlagen ... Laut rief sie den heiligen Aloysius zu Hilfe! Der Missetäter verschwand so rasch wie er gekommen war. Maria Theresia stürmte ins Kloster zurück, wobei sie noch immer den Heiligen anrief. Die Nonnen waren bestürzt. Man durchsuchte den Garten und die Umgebung, konnte den Mann aber nicht mehr finden.

Offensichtlich hatte die Überfallene einen schweren Schock erlitten, von dem sie sich nach ihrer eigenen Überzeugung nie mehr ganz erholte. Seit diesem Vorfall litt sie unter „schrecklichen Kopfschmerzen". Sie nahm sie als integrierenden Bestandteil ihres Einsatzes als Gründerin hin. Im Augenblick kennt sie freilich die Zukunft noch nicht und geht weiter in die Schule des Kreuzes. Nichts bleibt ihr während ihres Aufenthaltes in Lipnica Mutowana erspart, wo sie einige Wochen verbringt, um von ihrer Mutter Abschied zu nehmen [20]. Mama Sefine rang verzweifelt die Hände, wenn sie nach einem solchen ... Skandal an die Zukunft ihrer Ältesten dachte. Natürlich verstand sie später ihre Tochter doch noch, so daß wir ihr das augenblickliche Nichtverstehen nicht verübeln dürfen. Was Maria Theresia zu unternehmen wagte, ging so weit über das damals Begreifliche hinaus, daß auch die Menschen besten Willens empört sein konnten. Noch ist ja der Tag fern, an dem Theresia durch die Erfolge ihres Werkes „rehabilitiert" wird ...

Nach der Rückkehr nach Salzburg zieht sich Maria Theresia in ein Heim der „Töchter der christlichen Liebe" in dem heute zu den Vorten gehörenden Riedenburg zurück. Von früh bis spät schließt

---

[20] Aus Krakau schrieb sie ihrer Freundin Ilse von Düring am 8. Februar 1897, sie habe von ihrer Mutter schon einige Nadelstiche einstecken müssen und befürchte, sie werde sie daran hindern, in der Gesellschaft etwas zu unternehmen. So wolle sie bald wieder fort ...

sie sich in ihrer Zelle ein und schreibt unermüdlich bis ihr das Handgelenk weg tut. Da sie der sich seit 1889 häufenden Korrespondenz nicht mehr Herr werden konnte, hatte sie als *Echo aus Afrika* einige Seiten über die Vorgänge in den Missionen geschrieben und diese in das schlichte *St. Angela-Blatt* eingefügt. Nun, da sie frei ist, übernimmt sie für das „*Echo aus Afrika*" die volle Verantwortung mit allem, was das an Arbeit und Kosten einbegreift.

Das war die völlige Armut in absoluter Einsamkeit. Vergeblich hatte Maria Theresia gehofft, die eine oder andere ihrer ehemaligen Freundinnen würde ihr helfen oder zumindest ab und zu unter die Arme greifen: alle stahlen sich mit tausenderlei Ausreden davon. Dafür kommt ihr „das Volk", das sie liebt, zu Hilfe: die Köchin des Pfarrers und der Sakristan helfen ihr abends bei der „mechanischen Arbeit", d. h. beim Heften des „Echos" und dessen Versand. Zum Erstaunen der Redakteurin rütteln ihre aus dem Herzen sprudelnden Sätze die Geister auf und finden großen Widerhall. Die Abonnements häufen sich, Spenden strömen herein. Sie ist völlig überlastet und schließlich gezwungen, einen Buchhalter einzustellen. Das ganze Geld geht ja nur durch ihre Hände und wird sofort zur Unterstützung der Missionare nach Afrika weitergeleitet. Erstaunt entdecken diese nach und nach, daß zur Unterstützung der Frontkämpfer eine rückwärtige Front, eine Versorgungsbasis, aufgebaut wird, daß es nun in Europa jemanden gibt, der bei Anruf mit „Hier!" antwortet.

Natürlich war Maria Theresia nicht die Erste und Einzige, die den Missionen half, aber die oft durchaus lobenswerten Initiativen waren schlecht organisiert und daher zum Scheitern verurteilt. Sie hatte dies selbst erfahren müssen, als sie versucht hatte, sich bereits bestehenden Vereinigungen anzuschließen. Sehr rasch hatte sie feststellen müssen, daß diese ihren Zielsetzungen in keiner Weise gerecht wurden. Die Hilfe für die Missionare beschränkte sich häufig auf Ermutigungen und die Werbung für Berufungen für die Missionsarbeit. Wenn diese mobilisierten Kräfte dann unter der Tränenflut ihrer Angehörigen mit Sack und Pack in Marsch gesetzt waren, interessierte man sich praktisch nicht mehr für sie. Maria Theresia aber stellt fest, daß es nichts Schwierigeres und Gefährlicheres gibt als das „Roden" im Missionsgebiet. Auch die Kühnsten können den Mut verlieren, wenn sie nicht spüren, daß in der Heimat gleichgesinnte Herzen schlagen, die ihre Prüfungen und Heimsuchungen mittragen, vor allem aber, wenn nicht materielle Hilfe jeder Art kommt (sie sind ja keine Engel . . .); wenn nicht jemand ihre Briefe beantwortet, wäre es auch nur, um sie zu bitten, sich in Geduld zu fassen; kurz, wenn es nicht eine „Missionsfamilie" gibt, die, wenn sie auch in Europa bleibt, nur für sie lebt. Wie oft haben mir langgediente Missionare eingestanden, daß sie am grausamsten unter der *Einsamkeit* litten.

Mit ihrem praktischen Genius und ihrem hellen Kopf hat Maria Theresia dies erfaßt. Allerdings fordert sie von ihren künftigen Gefährtinnen — von denen sie schon jetzt träumt . . . — völlige Entsagung, Verzicht auf den so berechtigten Wunsch, auch die *Ernte* dessen zu sehen, was sie häufig unter Tränen säen. Es handelt sich für sie im Grunde um ein Leben, wie es die Karmelitinnen führen, die auf dieser Welt nicht sehen, für wen sie sich opfern. So ist es nicht verwunderlich, daß die „Berufungen" für dieses kaum erst in die Wege geleitete Werk auf sich warten lassen. Vier Jahre lang hält Maria Theresia die Stellung ganz allein.

Sie sieht jedoch von Anbeginn ihrer Laufbahn als Gründerin, wie uns die Fakten, nicht vertrauliche Mitteilungen, beweisen, klar was sie mit Gottes Hilfe *will:*

Sie will den Reichen und auch den weniger Reichen, sogar den Armen, die Last des Überschusses abnehmen, der für sie bei „der großen Reise in die Ewigkeit" zum Hindernis werden könnte. Und sie will dieen „Überschuß" sofort in die leeren Hände der Missionare weiterleiten, also zwei Treffer mit einem Streich erzielen.

Für dieses doppelte Ziel will sie die machtvolle und souveräne Waffe der *Propaganda* einsetzen.

Heute überrascht der Begriff Propaganda, der ständig gebraucht und mißbraucht wird, niemanden mehr. Damals, als Maria Theresia ihr Werk aufbaute, war er für die Gutgesinnten nur schlecht mit einer religiösen Aktion vereinbar und roch nach Ketzerei. Wohltätigkeitsbasare, Sammlungen an den Kirchentüren, Tombolen, Maskenbälle zugunsten der Missionare, bei denen die Damen der vornehmen Gesellschaft zumindest auch auf ihre Rechnung kamen — all das war erlaubt und wurde empfohlen, aber die Propaganda, die Werbung als solche, war den Kaufleuten überlassen.

Maria Theresia hat mit dem den Pionieren eigenen Genius die gewaltige Bedeutung der Kommunikationsmöglichkeiten im *Dienste der Kirche* nicht nur vorhergesehen, sondern es sogar gewagt, sich ihrer zu bedienen, wobei sie alle Mittel einsetzte, die ihr zur Verfügung standen.

Bereits zu Beginn haben wir festgestellt, daß sich Gottes Pläne langsam und in der Nacht des Glaubens verwirklichen. Beim Start ihres „wahnsinnigen Abenteuers" verfügte Maria Theresia lediglich über ihre „Talente" in der evangelischen Bedeutung des Wortes:

Die Gabe der Feder: sie versteht es, ohne jeden Bombast mitzureißen, die richtigen Argumente zu gebrauchen, die direkt das Herz ansprechen. Nicht jeder kann nach Belieben Schriftsteller werden!

Die Gabe des Wortes: Sie fesselt ihre Zuhörerschaft in direkter Konfrontation ohne Abschirmung durch das Manuskript, freilich nicht ohne „Bammel". Nicht jeder kann nach Belieben Redner werden!

Jedenfalls breitete sich ihr Werk dank dieser glücklich vereinten Gaben aus. Zählt man den Auftakt am Hofe von Toskana mit, so mußte sie sich mehr als vier Jahre allein den Lesern und Hörern stellen. Warum sie schließlich selbst ans Rednerpodium mußte, schildert eine köstliche Episode, die sich in der Zeit, in der sie als Einsiedlerin in Riedenburg lebte, im Januar 1893 in Nikolsburg in Mähren abspielte. Um die Arbeit endlich in Angriff zu nehmen, wurde sie „Reisende" in Sachen afrikanische Missionen, suchte Pfarrer und Prälaten auf, um ihnen mündlich die Zielsetzung ihres Werkes und die Gründe für die Herausgabe des „Echos aus Afrika" zu erläutern. So hörte auch der Pfarrer von Nikolsburg ihren begeisterten Ausführungen zu. Mitgerissen hatte er eine Versammlung zugunsten der Missionen veranstaltet und sollte in einigen Augenblicken das Wort ergreifen. Plötzlich wandte er sich an Maria Theresia und platzte los: „Es ist tausendmal besser, wenn Sie den Leuten all das selbst erklären! Ich würde sicher die Hälfte vergessen..." Zunächst wollte Maria Theresia ihn überzeugen, er müsse selbst sprechen. Hierbei berief sie sich auf den Apostel Paulus, der sagt: „Die Weiber sollen in den Versammlungen schweigen!" Es nützte alles nichts. Dem armen Pfarrer brach bei dem Gedanken, das Gehörte wiedergeben zu müssen, der kalte Schweiß aus. So mußte sich die arme Maria Theresia im überfüllten Saal dem Publikum stellen. Zunächst sprach sie leise, schüchtern, kaum hörbar. Nach und nach riß sie ihr Thema mit, ihre Stimme schwoll an und strahlte Überzeugungskraft aus, die ihre Zuhörer völlig in Bann schlug. Klar und logisch reihte sie in Vertretung der Sache, die ihr teurer war als ihr Leben, Argument an Argument. Sie trieb ihre Hörer so an die Wand, daß sie nicht mehr ausweichen konnten: jede Verweigerung der Beteiligung an der Befreiung Afrikas vom schändlichen Sklavenhandel wurde zum Verrat am Evangelium. Dieser erste persönliche Auftritt wurde ein Riesenerfolg und Auftakt zu tausenden von Vortragsreisen im Lauf von 25 Jahren. Niemandem — auch niemand aus ihrer geistlichen Familie — wurde seitdem ein solches Charisma des Wortes zuteil. Zu der im tiefsten Innern verwurzelten Überzeugung, *der Kirche zu dienen,* gesellte sich bei ihr eine erstaunliche Fähigkeit zur Anpassung an die unterschiedlichsten Hörerkreise. Auf Grund bischöflicher Einladungen mußte sie sogar bei Kongressen im rein kirchlichen Bereich sprechen! Heute, nach dem Zweiten Vatikanum, überrascht uns das zwar nicht mehr, wir müssen uns jedoch die damaligen Verhältnisse vergegenwärtigen. Maria Theresia gesteht, daß sie stets Lampenfieber hatte. Aber nach den ersten, immer leisen und zögernden Worten legte sie los. Leider besitzen wir kein vollständiges Repertorium ihrer öffentlichen Ansprachen. Und wie viele andere Vorträge hielt sie zusätzlich in den Klöstern, häufig vor den Sprechgittern, um das Gebet der Kontemplativen zu beseelen, anzuspornen und ... zu nutzen! Im Grunde zählte diese Frau, die ihre Aktivität immer mehr ausweitete, ja nur auf Gott. Das war ihre Stärke und das Geheimnis ihrer Erfolge. Sie vergrub die Gaben nicht, die sie ohne ihr Verdienst empfangen hatte!

Sicher haben sie ihre Beichtväter, vor allem der Jesuitenpater Kolb, ein hervorragender Seelsorger, in diesem Sinne ermutigt. Das Zweite Vatikanische Konzil hat das Recht der Frau, sich aller Mittel und Möglichkeiten der Massenmedien zu bedienen, feierlich verkündet. Ende des vorigen Jahrhunderts neigte man jedoch nur allzusehr dazu, die Worte des hl. Paulus buchstäblich zu interpretieren ..., um die berechtigten Forderungen der Frauen im Dienste der Kirche zum Schweigen zu bringen.

Eines Tages greift Maria Theresia das Thema direkt auf. Bei einem Kongreß in Wien im Jahre 1907 erklärt sie, im Rahmen der Probleme, die heute die Geister bewegen, stehe das Problem der Rechte der Frau im Vordergrund. Jede Unterdrückung löse früher oder später bei den Unterdrückten eine Reaktion, eine Revolte und Bewegung aus, die auf die Rückeroberung dieser Rechte zielen. Man sehe dies an den Forderungen, die die Arbeitermassen an ihre Arbeitgeber, das Proletariat an das Großkapital stelle. Diese Entwicklung könne weder aufgehalten noch bestritten werden. Man könnte meinen, diese Stellungnahme sei neuesten Datums!

Dabei ist Maria Theresia alles andere als eine „Suffragette", eine Frauenrechtlerin. Zwar fordert sie gleiche Bürgerrechte für die Frauen, warnt sie aber gleichzeitig vor allen Emanzipationsbestrebungen, die sie nicht nur nicht befreien, sondern ihre Befreiung hemmen. Sie können ihre Aufgaben nur erfüllen, wenn sie voll und ganz „sie selbst" sind, nicht dem Manne gleich, sondern seine *Ergänzung*, ihren eigenen Gaben bei der Sorge für das Gemeinwohl gemäß. Das Vorbild, auf das sie immer wieder hinweist, ist für die Gründerin der Petrus-Claver-Sodalität Unsere Liebe Frau: Jungfrau, Gattin, Mutter — *Musterfrau*.

Die aus dem Herzensgrund strömende und direkt zu Herzen gehende Sprache fand natürlich nicht überall Beifall. Die Entrüstung erreichte ihren Höhepunkt, als Maria Theresia 1897 beschloß, eine Druckerei zu gründen. Ihr Ruf erschallte wie ein militärischer Befehl: „Liebe Waffengefährten! sagt sie, wir alle sind verpflichtet, in den Regimentern, denen uns unsere Laufbahn zuteilt, unserer Berufung gemäß für Christus zu kämpfen. Und vertreten wir Christi Interessen in Afrika, so kämpfen wir damit indirekt auch für die Verteidigung seiner Interessen in Europa. Das ist der Grund der Existenz unserer Gesellschaft. Und derzeit ist die *Presse* eine entscheidende Waffe bei jeder gemeinsamen Aktion. Zur Handhabung dieser Waffe braucht man eine *Druckerei!*

Statt Maschinen im Dienste der Hölle, brauchen wir Maschinen im Dienste des Himmels. Eine apostolische Druckerei, die nicht nur ihre eigenen Zeitschriften (das *Echo*) in mehreren europäischen Sprachen veröffentlicht, sondern auch von den Missionaren verfaßte Bücher in verschiedenen afrikanischen Sprachen druckt. Jedes in einer solchen Druckerei hergestellte Flugblatt, jedes Buch wird *zum Missionar . . .*"

Dieser Aufruf löste allgemeines Zetergeschrei aus, führte zu einer regelrechten Explosion von Anzüglichkeiten, Anwürfen, ehrenrührigen Unterstellungen. Die sogenannte „liberale" Presse fühlte sich direkt getroffen von dem „unlauteren Wettbewerb" dieser „überspannten Gräfin", dieser „Hochstaplerin", die „das Volk und die Religion ausbeutet und ihnen schadet . . ." Man ist von diesem Aufstand gegen ein kleines Blättchen regelrecht erschlagen. Ahnte man hinter den Kulissen schon den gewaltigen Aufschwung, den die „Druckerei einer überspannten Gräfin" nehmen würde?

Maria Theresia hielt durch. Zweimal wurden ihre an die österreichische Regierung gerichteten Petitionen bürokratisch trocken und „endgültig" abschlägig beschieden.

Die Arbeiten, die man zur Aufstellung einer bescheidenen Druckerpresse in Angriff genommen hatte, mußten eingestellt werden. Erst am 13. Juni 1898 erhielt die Gräfin Ledochowska vom Minister Thun die Ermächtigung zur Einrichtung einer Druckerei in Maria Sorg.

Die damaligen Gewerkschaften, die von „Revolutionären" aufgewiegelt worden waren, hatten Einspruch erhoben.

Die Schwierigkeiten spornten Maria Theresia offensichtlich nur noch mehr an. Sie veröffentlichte in verschiedenen Zeitschriften Artikel zur Verteidigung ihrer Rechte, die auf der Ebene der Missionen mit Gottes Rechten indentisch waren.

In Maria Sorg konnte ich den 82jährigen Theodor Kurzl sehen und befragen, dessen robuste Gesundheit der Bürde des Alters trotzt. Bestieg er doch vor mir ohne die geringste Spur von Angeberei ein Motorrad! Schon sehr jung gehörte er in Maria Sorg zur Mannschaft der Drucker. Er wollte mich unbedingt sehen, um mir begeistert als Zeuge zur Verfügung zu stehen. Er erklärte, die Gräfin sei nicht nur gerecht gewesen, sondern habe ihre Arbeitskräfte sogar *übertariflich* bezahlt. Jedesmal, wenn sie „erschöpft und am Ende ihrer Kräfte", nach Maria Sorg kam, überzeugte sie sich persönlich, ob alle zufrieden waren. An Patronatsfesten gab es „üppige" Festessen. Als Kurzl sie eines Tages unter Hinweis auf seine gute Arbeitsleitung um eine Lohnerhöhung bat, bewilligte sie ihm diese ohne das geringste Zögern. „Sie hat sich ganz aufgeopfert!" faßte der Zeuge seine Erklärungen zusammen.

10. KAPITEL

Die Gründerin

Drei Jahre Einsamkeit und vollkommene Armut! Schon zu Beginn ihrer Gründerinnenlaufbahn hatte Maria Theresia die entscheidende Bedeutung *völliger* Entsagung im Dienste der Kirche erkannt. Diesen kostbarsten Schatz vermachte sie ihren Töchtern als entscheidende Grundlage ihres Lebens und Überlebens. An dem Tag, an dem die „Claverianerinnen" auf die Armut verzichten würden, würde die Sturmglocke der Agonie läuten. Alle ihre Töchter müssen „durchbohrte Hände" behalten, die alle Gaben nicht festhalten, sondern durchlassen!

So nahm die ehemalige Hofdame zwei Jahre lang mit einem Zimmer vorlieb, das ihr nichts als Zuflucht bot. Die Einsamkeit bedrückte sie nicht, sondern erfüllte sie im Gegenteil mit Freude. Nicht ohne Grund beschwört sie den so gut wie unübersetzbaren Ausruf des heiligen Bernhard: „O *sola beatitudo, o beata solitudo!*" Sicher war, wie ich meine, der Verzicht auf „die selige Einsamkeit" eines der härtesten Opfer ihres Lebens. Diese erstaunliche Frau bedurfte des vertraulichen Gesprächs nicht. Von ihrem Innenleben erfahren wir fortan lediglich, was man zur Unterstützung ihres Werkes unbedingt wissen muß.

Nur ihre Beichtväter kennen sie durch und durch, doch ihr Mund ist versiegelt . . .

Wie ein Stein, der vom Gipfel niedergeht, eine ganze Lawine auslösen kann, so nahmen das *„Echo aus Afrika"* und die ständig weiterwachsende Korrespondenz nach und nach solchen Umfang an, daß Maria Theresia einfach gezwungen war, ständige Mitarbeiterinnen zu suchen.

Sie war sich klar darüber, daß es ihr ohne die Erlaubnis, ja Ermutigung der Kirche schwerfallen würde, ernsthafte Berufungen zu mobilisieren.

Im Verlauf des Winters 1894 entwarf sie mit Hilfe der Wiener Jesuiten den Plan einer „frommen Vereinigung" unter dem Patronat von Petrus Claver, S. J., der 1888 heiliggesprochen worden war und dessen Bild einen Ehrenplatz im Sprechzimmer erhielt. Wir haben allen Grund zur Annahme, daß sie Pater Schwarzler, der Provinzial von Österreich, zu dieser Wahl ermutigte. So wurde der erste „Mitarbeiter im Himmel" gewonnen, der seine Mitarbeit an dem Werk, das seinen Namen tragen sollte, sehr ernst nahm. Ohne seine Mitwirkung hätte die Lawine sicher kein solches Ausmaß angenommen . . .

Mit dem Entwurf in der Tasche reiste Maria Theresia nach Rom, wo ihr ihr Onkel, der inzwischen Präfekt der SC Prop. geworden war, den Weg ebnete. Am 29. April 1894, an ihrem Geburtstag, wurde sie von Papst Leo XIII. empfangen, der ihrem Unternehmen seinen Segen gab. Ein offizielles Schreiben des Kardinalstaatssekretärs bestätigte die Approbation des Heiligen Stuhls.

Von nun an konnte sich Maria Theresia bei der Suche nach Mitarbeiterinnen auf die Kirche berufen. Mit sicherer Intuition war sie dabei auf der Hut vor nur flüchtiger Begeisterung. Als sie 1893 nach Rom reiste, war sie jedoch der 35jährigen Melanie Ernst begegnet, die ganz Feuer und Flamme für das im Entstehen begriffene Werk war . . . Bei der Rückkehr nach Salzburg konnte sie die Approbation Roms ins Feld führen und sie damit endgültig für die Mitarbeit gewinnen. Im Augenblick handelte es sich allerdings lediglich um eine „fromme Vereinigung" ohne Gelübde. Mit einem privaten Gelübde nach einer vom Bischof von Salzburg gebilligten Formel stellten sich beide, wenn auch an verschiedenen Orten, am Pfingstsonntag des Jahres 1894 in den Dienst der afrikanischen Missionen.

Erstaunlicherweise hegte nicht Maria Theresia, sondern ihre Gefährtin der ersten Stunde, die wir von nun an, den Chroniken entsprechend, Schwester Ernst nennen wollen, wahre Sehnsucht nach einem klösterlichen Leben. Und sie wurde, wie Maria Theresia bekannt, zum Werkzeug des Heiligen Geistes bei der Weiterentwicklung des Werkes.

Eines schönen Tages, am 5. Juli 1895, las Maria Theresia im Zug, der sie von Wien nach Salzburg zurückbrachte, die Regel des heiligen Ignatius, die ihr Pater Schwarzler gegeben hatte. Mehr und mehr erfüllte sie bewunderndes Erstaunen. Hier hatte sie direkt „die Grundlage ihres Werkes" gefunden. Zwei Jahre lang arbeitete sie unter der umsichtigen Führung der Jesuiten „Tag und Nacht" an der Abfassung der ersten Regel, die am Karfreitag 1897 die Approbation von Kardinal Haller, dem Erzbischof von Salzburg, erhielt. Dieses Datum erinnert Maria Theresia ständig daran, daß Gottes Werke im Schatten des Kreuzes geboren werden.

Nach dem Eintreffen von Schwester Ernst mußte man wohl oder übel zwei Zimmer in einem Nebengebäude der Salzburger Dreifaltigkeitskirche mieten, das den französisch klingen Namen *La Pagerie* trug. Ein Zimmer diente der Gründerin und ihrer Assistentin als Unterkunft, das zweite Zimmer als Büro, in dem sich Briefe und Manuskripte türmten. Eine Anwärterin, eine Bauerntochter, schlief in einem Klappbett, das tagsüber als Tisch diente, auf dem man die „Mahlzeiten" auf einem Spirituskocher bereitete.

Das Eintreffen neuer Anwärterinnen zwang zu einer Vergrößerung der Räumlichkeiten. Im Jahre 1896 hatte man sieben *Internen-*Anwärterinnen, denn Maria Theresia hatte von Anfang an die wahrhaft geniale Idee gehabt, die Anwärterinnen, die sich dem Werk zur Verfügung stellten, in verschiedene Gruppen einzustufen: den ständigen Kern der *Internen* mit ewigen Gelübden; die *Externen*, die sich mit einem einfachen Gelübde zum Dienst für die afrikanischen Missionen verpflichteten und den „Brückenkopf" bildeten bei der friedlichen Invasion der Welt durch die Propagandaschriften, vor allem aber durch das „*Echo aus Afrika*", das seit 1900 in fünf Sprachen erschien; und schließlich die *Förderer* und *Förderinnen*, die keine bestimmten Verpflichtungen hatten, aber fest für die Sache der Missionen gewonnen waren. Mit ihrem bemerkenswerten Organisationstalent faßte Theresia die beiden letzten Gruppen, also die Externen und die Förderer, in „Filialen" zusammen, die von ihren Stützpunkten oder Wohnorten aus durch intensive Propaganda auf ihre nähere und weitere Umgebung ausstrahlen sollten.

In dieser Gliederung konnte das Werk mit seinem festen Kern Winden und Stürmen ohne die Gefahr von Abweichungen die Stirn bieten. Die Zukunft zeigte, wie wichtig diese organische Geschmeidigkeit war.

Mit größter Sorgfalt erstellte Maria Theresia einen *Jahresbericht* über die Tätigkeit ihres kaum erst entstandenen Werkes. Der erste Bericht für den kurzen Zeitraum vom 29. April 1894 bis Ende 1896 ist ein wahrer Musterbericht. Er wurde ganz von der Gründerin selbst erstellt, während an den Berichten für die folgenden Jahre dann Sekretärinnen mitarbeiteten. Mit bemerkenswerter Präzision bringt Maria Theresia Ziffern, Statistiken, Fakten für die ganze Periode, alles harmonisch aufeinander abgestimmt. Nichts fehlt, nicht einmal die Daten, die Frauen so oft vergessen! So bekommen wir einen verblüffenden Überblick über die in nicht ganz drei Jahren, von 1894 bis 1896, geleistete Arbeit.

500 Förderer und Förderinnen in mehreren Städten Österreichs und Deutschlands, die wöchentlich den Missionen mehrere Arbeitsstunden widmen. Ihr Eifer wird durch Vorträge, deren Inspiratorin wir unschwer erraten, geschürt und erhalten.

Das *„Echo aus Afrika"* hat in der deutschen Ausgabe 4000 Abonnenten, in der polnischen Ausgabe (seit 1893) 3000 Abonnenten. Mit der zusätzlichen italienischen Ausgabe, die von dem Externen Abbé Mioni publiziert wird, verfügt die Zeitschrift bereits über 15 000 Abonnenten. Eine der schwierigsten Aufgaben der „Redaktion" besteht darin, aus der ständig wachsenden Zahl von Berichten, Briefen und Zeugnissen der afrikanischen Missionare die Auswahl zu treffen. Manchmal mußte die Seitenzahl der Zeitschrift von 8 auf 12, ja auf 16 Seiten verstärkt werden, ohne daß deshalb der Preis erhöht worden wäre.

Die Zeitschrift steht im Dienst *aller* afrikanischen Missionen, ganz gleich welche Staatsangehörigkeit die Missionare besitzen. Deshalb bildet sie eine Art Verbindungsorgan zwischen den verschiedenen Zentren und verleiht ihnen Universalitätscharakter, der ja das besondere Kennzeichen der katholischen Kirche ist. Die meisten anderen Missionszeitschriften stehen dagegen im Dienst ihrer eigenen Kongregationen, ohne direkte Fühlungnahme mit den anderen.

Darüber hinaus wendet sich das *„Echo aus Afrika"* an alle Kreise. Sein Preis macht es auch für die Ärmsten erschwinglich. Sein Umfang entmutigt auch die Personen nicht, denen die Zeit fehlt, umfangreichere Zeitschriften durchzuarbeiten. Alles in allem wendet sich das Echo an das *Volk*.

Die Missionare waren nur zu glücklich, Gehör du finden. Manche ihrer Zeugnisse gingen weit über den Rahmen bloßer Zeitungsartikel hinaus und führten zur Schaffung der *„Kleinen afrikanischen Bibliothek"*. Auch diese Sammlung war in erster Linie für das Volk bestimmt. Außer den Briefen der Missionare brachte sie Broschüren für die Großen und die Kleinen mit Erzählungen und Theaterstücken, die das Interesse für die Schwarzen erwecken sollten, die den Razzien der muselmanischen Sklavenhändler ausgeliefert waren. Leider konnte Maria Theresia keine ebenbürtigen Federn finden, die es mit ihrer Feder aufnehmen konnten. Sie besaß die seltene Gabe, die Knoten der dramatischen Konflikte geschickt zu schürzen, ohne in die Unwahrscheinlichkeit zu verfallen. Ihre Mitarbeiter versuchen sichtlich, sie nachzuahmen. In ihrem Bericht von Ende 1896 führt sie 3000 Abonnenten der „Kleinen Bibliothek" auf, die schon „1000 Gulden Reingewinn" abgeworfen hat.

Die besten Ergebnisse erzielt jedoch die *mündliche* Propaganda. Wie wir gesehen haben, hatte Maria Theresia ihre Rednerinnenlaufbahn höchst ungern begonnen. Die erzielten Ergebnisse zwangen sie dann sozusagen, einfach weiterzumachen. Bis Ende 1896 fanden vierzehn öffentliche Vorträge statt, von denen sie die meisten selbst hielt. Sie führt jedoch nur die Namen der „anderen" auf, darunter Abbé Mioni, der für die Sache der Missionen Feuer gefangen hatte und mit ganzer Kraft für sie wirkte.

Die Propaganda erwies sich als höchst einträglich: im Verlauf dieser zweieinhalb Jahre hatte die Gesellschaft 56 075 Gulden, eine riesige Summe für die damalige Zeit, *erhalten* und an die Missionare *weitergeleitet*. Dabei handelte es sich um *„keine erpreßten oder wenigstens mühsam eingesammelte Summen"*, sondern lediglich um die Früchte der Propaganda durch schlichte Berichte und Traktätchen, die sich in erster Linie an das Volk wandten. Diese Summe, deren Verwendung bis auf den letzten Heller unter Aufführung der afrikanischen Missionen, denen sie zugute kam, nachgewiesen wird, setzte sich größtenteils aus den „Scherflein der Witwen" zusammen.

Maria Theresia ist eine gute Psychologin. Sie weiß, daß die Spender, vor allem die einfachen Menschen, kurz die Armen, gern wissen wollen, was aus ihren Opfergaben geworden ist. Daher erhalten sie genaue Rechenschaft. Maria Theresia mit ihrer fruchtbaren Vorstellungskraft schlägt ihnen darüber hinaus ganz präzise Verwendungszwecke vor, die auch die härtesten Herzen erweichen können:

Den Loskauf von Sklavenkindern: insgesamt werden in dieser Zeitspanne *vierhundertachtundvierzig* losgekauft. Um ihren Bericht anschaulicher zu machen, bringt sie das Photo eines reizenden kleinen Negers, der mit dem nach Afrika geschickten Geld von den Sklavenhändlern losgekauft wurde.

Die Adoption losgekaufter Kinder, bei denen es sich zwangsläufig um Waisen handelt, da man sie gleich von ihren Müttern getrennt hatte. Es war schon ein Glück, daß sie überhaupt am Leben geblieben waren! Berichte von Missionaren, bei denen sich die Haare sträuben, schildern, wie sich die Araber im allgemeinen längs ihrer mit Leichen übersäten Pfade dieses erbarmungswürdigen Überschusses „entledigten". Preis der Adoption 300 Gulden in einer Summe oder in fünf Raten. Bis Ende 1896 wurden so vierzehn kleine Neger adoptiert.

Aber das ist nicht alles. Für 200 Gulden jährlich für die Dauer von vier Jahren kann man einen Seminaristen, also einen künftigen einheimischen Priester, adoptieren. Die Gesellschaft konnte in der Berichtszeit vier solcher Adoptionen erzielen.

Es folgt dann das Verzeichnis der im gleichen Zeitraum an die Missionare gelieferten „Gegenstände": zwei Altäre, drei Tabernakel, sechs Kelche, vier Ziborien, vier Altarkruzifixe, acht Meßbücher, zwei Glocken usw.

. . . „viele" Meßgewänder, Meßhemden, Chorröcke und anderer Priesterschmuck (der in den Missionsländern, in denen der Sinn für das Sakrale so lebendig ist, außerordentlich wichtig ist),

. . . Statuen, Bilder, Hunderte von Rosenkränzen, Medaillen, Tausende von Heiligenbildern . . .

. . . Musikinstrumente, Werkzeuge, Scheren, Kleidungsstücke aller Art, Wäsche . . . Spielzeug, Puppen, Perlenketten, Knöpfe usw.

Die Empfänger dieser Spenden werden mit Namen und Adressen aufgeführt: es sind siebzehn Missionen!

Die Gesellschaft bemüht sich auch, missionarische Berufungen zu erwecken, zu ermutigen und zu einem guten Abschluß zu führen:

bis Ende 1896 sind acht auserlesene Kandidatinnen in die Missionsgebiete gegangen. Dies ermöglicht den afrikanischen Missionaren
auf unzuverlässige Berufungen oder flüchtige Begeisterung für die
gute Sache zu verzichten. Auch hier werden wieder genaue Zahlen
genannt: die Ausbildung einer künftigen Missionarin kostet rund
500 Gulden.

Die Propaganda für die Missionen beschränkt sich nicht auf die
Vorträge und die Presse: schon 1896 hatte Maria Theresia Wander-
museen mit Raritäten eingerichtet, die die Missionare geliefert
hatten, um ihr Betätigungsfeld besser zu veranschaulichen. Förderer
und Förderinnen erklärten den Besuchern die Bedeutung dieser
geheimnisvollen Gegenstände, die Zeugen entsetzlichen Aberglau-
bens, ja der Hexerei waren. Mit offenem Munde lernten so wackere
Bauern, einfache Arbeiter, die Welt kennen, in der die Heilsbotschaft noch nicht verkündet wurde bzw. noch nicht durchgedrungen
war. Vier derartige Ausstellungen fanden in dieser kurzen Zeitspanne statt, eine während des *Katholikentages,* zu dem viele Priester erschienen waren. So eilte die Gründerin der St. Petrus Claver-
Sodalität ihrer Zeit weit voraus und praktizierte mit den ihr zur
Verfügung stehenden Mitteln bereits die vom Vaticanum II emp-
fohlene „audio-visuelle" Propaganda. Maria Theresia bediente sich
zur lebendigen Gestaltung ihrer Vorträge auch als eine der Ersten
der Diapositive.

Schließlich war es für die „Filialen" der Gesellschaft eine Ehre,
Dienerinnen der Missionare zu sein, die nach einem langen Afrika-
aufenthalt zu kurzem Urlaub nach Europa zurückkehren und auf
allgemeine Gleichgültigkeit stoßen. „Wenn sie auf Mission aus-
ziehen, küßt man ihnen die Füße, wenn sie aber Jahre später zurückkehren, müssen sie oft, wie der Herr, auf der Schwelle ver-
schlossener Türen den Staub von ihren Füßen schütteln." Insgesamt
wurden vierundzwanzig Missionare von den Zentren und Filialen
mit aufgeschlossenen Herzen und offenen Armen aufgenommen und
betreut.

Alle diese Initiativen (und ich übergehe noch verschiedene) setzten
einen erdrückenden Briefwechsel voraus, dessen ganze Last Maria
Theresia lange allein trug. Das Geheimnis ihrer Erfolge wurzelt

im direkten und persönlichen Charakter ihrer Briefe. Sie verabscheute Klischees. Die Missionare, an die sie sich wandte, fühlten sich verstanden und damit weniger allein. Spontan verleihen sie ihr eines Tages dann auch den herrlichen Titel der „Mama Afrikas". So weit sind wir freilich noch nicht. Dieser erste Bericht über die Tätigkeit der Vereinigung ist jedoch gewissermaßen ein Musterbeispiel solcher Berichterstattung überhaupt. Jährlich berichtet sie ihren kirchlichen Oberen, später der Propagandakongregation, über die Geldeingänge für die afrikanischen Missionen und ihre Verwendung. Nie zwackte das Budget der Vereinigung und später der Gesellschaft etwas vom Budget der Missionen ab. Als man ihr zu verstehen gab, daß ihre Töchter doch im Dienst der Missionen stünden und daß „der Arbeiter seines Lohnes wert" sei, erwiderte sie stets, das Volk habe das Geld für die afrikanischen Missionen gespendet, und Gottes Sache sei es, für ihre Gesellschaft zu sorgen.

In Rom galten diese Jahresberichte als vorbildlich. Verschiedene Kardinäle bedauerten sogar, daß die Rechnungslegung anderer Missionswerke nicht genauso präzis war.

Über alles ging ihr die „katholische Neutralität", wie sie formulierte: alle Missionen hatten ausnahmslos ein Anrecht auf ihre Hilfe. Während des Ersten Weltkriegs warfen ihr verschiedene Theologen verbittert vor, sie „begünstige" die französischen Missionare, die zum gegnerischen bzw. feindlichen Lager gehörten. Nachdem diese Kritiken in der Öffentlichkeit erfolgt waren, widerlegte sie Maria Theresia Punkt für Punkt in der Presse. Die *Missionen* unterstehen der *Kirche,* die über allem Streit steht. Das Fortbestehen verschiedener Missionen hing direkt von der Hilfe ab, die ihnen während des Krieges geleistet wurde. Und wurde die Universalität der Kirche nicht gerade durch die brüderliche Zusammenarbeit von in der Liebe Christi verbundenen Missionaren aus verschiedenen Völkern gewahrt, die sich auf den Schlachtfeldern gegenüberstanden? Als Beispiele nannte sie die Weißen Väter, die Missionare vom Heiligen Geist, die Oblaten Mariä . . ., andere Kongregationen, deren Angehörige verschiedene Staatsangehörigkeiten besitzen und die in dieser stürmischen Zeit mehr als je der *Liebesbande* bedürfen, die von einem Institut geknüpft werden, dessen einziges Anliegen ist, den Missionen zu dienen [21].

Aus echt katholischem Geist heraus nahm der deutsche Episkopat Ende August 1917, also kurz vor dem Zusammenbruch Deutschlands, in einer von Kardinal Felix Hartmann im Verlauf der jährlichen Fuldaer Konferenz unterzeichneten Erklärung Maria Theresia gegen „verleumderische Gerüchte" in Schutz, was laut und deutlich gesagt werden muß.

Dem *Antisklaverei-Kongreß* in Paris im August 1900 unterbreitete Maria Theresia einen Bericht über die Entwicklung ihres Werkes. Der vorher schriftlich festgelegte französische Text ist uns erhalten geblieben und vermittelt uns eine Vorstellung von der rednerischen Begabung der Gründerin und ihrer Anpassung an die Kreise, mit denen sie es jeweilig zu tun hatte. Zunächst entschuldigt sie sich: „Ich bin nicht gewohnt, französisch zu sprechen, aber ich nehme an, daß Sie mich lieber in Ihrer Sprache radebrechen als deutsch oder polnisch sprechen hören . . ."

Von Radebrechen kann freilich keine Rede sein. Sie überwindet die Schwierigkeiten in allen Ehren und würzt ihren Bericht mit geistreichen Bemerkungen, die bei ihrer Zuhörerschaft gut ankommen. Die Gedanken reihen sich geschickt aneinander, die Einwände werden mit einer beredten Handbewegung weggefegt. Sie *will* — auf das „hassenswerte Ich" kann sie einfach nicht verzichten — einen Organismus im Dienste aller Missionen, gleich welcher Nationalität. In diesem Sinne, so erklärt sie nicht ohne Stolz, ist „die St. Petrus-Claver-Sodalität" die rechtmäßige Erbin der Ideen von Kardinal Lavigerie. Fest steht, daß man sich zu wenig für die Missionen interessiert. Um dem abzuhelfen, muß man dafür sorgen, daß sie bekannt werden. Aber wie? Indem man Propaganda für sie macht. „Unsere Gesellschaft ist in der Tat ausschließlich ein Propagandawerk!" Mit welchen Mitteln? „Mit kleinen in fünf Sprachen ver-

---

[21] Die Angriffe waren mitunter grob und grausam. So fragte ein deutscher Priester: „Warum hat die Gräfin Ledochowska ihre Gesellschaft gegründet? Weil sie ehrgeizig ist und sich einen Namen machen will? Sie sammelt Geld, und wir wissen nicht einmal wofür . . . Und all das tut sie mit Hilfe ihres Onkels, des Kardinals . . ." Maria Theresia antwortete nie auf Angriffe oder Unterstellungen, die gegen sie persönlich gerichtet waren und ihr weh taten.

öffentlichten Bulletins, Traktaten und Blättchen, die sehr billig sind . . ., da wir unsere eigene Druckerei haben." Diese Propaganda weckt das Interesse, löst Spenden aus, die unverzüglich an die bedürftigsten Missionare in Afrika, gleich welcher Staatsangehörigkeit, weitergeleitet werden. „Bis heute konnten 400 000 Franken dorthin geschickt werden. Nicht inbegriffen die Spenden in Naturalien und Sachwerten einschließlich Glocken und sogar Fahrrädern."

Lauthals fordern die Missionare Bücher in den Eingeborenensprachen an. „Vor drei Jahren haben wir unter großen Schwierigkeiten eine apostolische Druckerei für die Eingeborenensprachen wie Kaffrisch, Ibo, Syndebele gegründet und Wörterverzeichnisse und Wörterbücher herausgegeben . . ."

Nach einem eingehenden Rechenschaftsbericht zitiert Maria Theresia einen reizenden Ausspruch von Kardinal Richard: „Nun, Sie haben ja kaum das Vernunftsalter erreicht . . ." Das bedeutete damals sieben Jahre. Wieviel wurde in dieser kurzen Zeitspanne verwirklicht! Maria Theresia erläutert: *„Wir sind eben eine moderne Kongregation . . .* Wir sind rund sechzig Kräfte, die sich dem Missionsdienst geweiht haben . . .". Es würden viel mehr gebraucht!

Deshalb der Appell an Frankreich, der zu drei Resolutionen führte:

1. Die französische Antisklavereigesellschaft möge in der Gesellschaft des hl. Petrus Claver „ein machtvolles Werkzeug zur Abschaffung der Sklaverei" anerkennen.

2. Sie möge die Gründung einer apostolischen Druckerei billigen, deren Aufgabe es ist, den Missionaren *kostenlos* Bücher in Eingeborenensprachen zu liefern, und ihre Mitglieder verpflichten, diese Druckerei durch das Hinwirken auf Spenden und Berufungen zu fördern.

3. Sie möge die Verbreitung des monatlichen Mitteilungsblattes „Echo aus Afrika" empfehlen, um über das völlig übernatürliche Ziel der St. Petrus-Claver-Sodalität zu unterrichten.

Sie schließt mit einem ihr besonders teuren lateinischen Ausspruch des heiligen Dionysios Areopagites: *„Divinorum divinissimum cooperari in salutem animarum"* („Es gibt nichts Göttlicheres, als zum Heil der Seelen beizutragen"). Auch hier greift Maria Theresia wieder dem Zweiten Vatikanischen Konzil voraus, das nachdrücklich erklärt, daß jeder Christ schon auf Grund seiner Geburt „Missionar" ist und das Apostolat in den Mittelpunkt der den Getauften obliegenden Verpflichtungen stellt.

Offensichtlich hat Maria Theresia Ledochowska damals in Frankreich keinen Nachwuchs für ihr Werk gefunden. Vielleicht hat der Umstand, daß sie Ausländerin war, Schatten auf ihre schon bestehenden Werke geworfen . . . Der Erste Weltkrieg vernichtete endgültig die zarten Keime. Nur unerschütterlicher Mut und grenzenloses Vertrauen in die göttliche Vorsehung konnten den aufgeputschten Nationalismen die Stirn bieten, die schon vor Ausbruch des brudermörderischen Krieges aneinandergerieten.

Vielleicht hat man eine für viele seltene Eigenschaft der Gründerin nicht genügend herausgestellt: inmitten aller Rachegefühle und des ganzen entfesselten Hasses kannte sie keinen Haß . . .

11. KAPITEL

Maria Sorg

Ein Baum holt seine Kraft aus seinen verborgenen Wurzeln.
Ebenso verhält es sich mit den Werken Gottes. „Ich habe ge-
pflanzt, Apollos hat begossen, aber Gott hat es wachsen lassen".
Mit Vorliebe erinnerte die Gründerin der Petrus-Claver-Sodalität an diese Worte des heiligen Paulus, wenn sie überrascht den
außergewöhnlichen Aufschwung ihres Werkes feststellen konnte.
Schon zu Beginn dieses Buches haben wir erwähnt, was wir von
der „vertikalen Mitarbeit" dessen halten, der auf Weisung der
Kirche den Schutz des in der Entstehung begriffenen Instituts
übernommen hatte. „Was Petrus auf Erden bindet, ist auch im
Himmel gebunden", steht geschrieben. Erst recht können wir die
Rolle, die die heiligen Kirchenpatrone spielen, gar nicht hoch
genug einschätzen. Diese wiederholte Feststellung schmälert natürlich die Rolle der „Kämpfer auf Erden" in keiner Weise. In
einer Frau wie Maria Theresia Ledochowska hatte der „Sklave
der Sklaven" eine Partnerin seines Formats und seines Geistes gefunden.
Sicher ist jedenfalls, daß ihr genialer Einsatz auf den Vorposten
ihrer Zeit und ihre Standesgnade allein den Steilaufstieg eines
kaum geborenen Werkes nicht ausreichend erklären können. Und
auch nicht der Einfluß ihres Onkels, des Kardinals Ledochowski,
der ein zweischneidiges Schwert darstellte: wir dürfen ja nicht
vergessen, daß gestern wie heute eine Unterstützung durch die
Großen dieser Welt, selbst wenn sie der Kirche angehören, in
manchen Kreisen ein Hindernis bedeuten kann. Wie oft hat man
Maria Theresia ihre hohe Abstammung, ihre vornehmen Bezie-

hungen vorgehalten! Dabei bediente sie sich ihrer völlig unbefangen, da ihr für das Wohl ihres geliebten Afrika alles (außer der Sünde) recht war. Als die Throne zusammenkrachten und nichts mehr von dem ehemaligen Glanz übrig blieb, wankte jedoch das von der Gräfin Ledochowska gegründete Werk keinen Augenblick in seinen Fundamenten und paßte sich dem Neuen an, wie dies bei allem Leben der Fall ist: beim Frühlingsaustrieb weint der Baum nicht über seine verlorenen Blätter.

Dem Zahn der Zeit widerstehen nur die Werke, die im Übernatürlichen wurzeln. Dies war das Geheimnis Maria Theresias wie aller Heiligen der Kirche. Überrascht stellt man fest, daß diese von der Natur und von der Gnade so reich bedachte Frau keines ihrer Talente brach liegen ließ und ausschließlich Gott vertraute. Der geistliche Weg, der sie zu dieser Hingabe führte, ist uns leider nicht bekannt. Offensichtlich wurde sie, als sie ihren Weg gefunden hatte, in der Demut bestärkt. Die Demut besteht jedoch durchaus nicht in dem Eingeständnis, daß wir ein Nichts sind, sondern in der heroischen Gewißheit, daß Gott mit diesem Nichts Wunder wirken kann. Dies ist der tiefste Kern des kindlichen Geistes, der die Pforten des Reiches erschließt.

In fast allen Zeugenaussagen ihrer Töchter wird ihr unerschütterlicher Friede und ihr *freudiges Vertrauen* erwähnt. Ständig wiederholte sie:

„Immer heiter! Gott hilft weiter!"

Bei den schwersten Prüfungen vertraute sie nur auf Gott.

Sie lebte, anders formuliert, eng verbunden mit Maria, die ewig „die Magd des Herrn" sein wollte, weshalb sie als die Mutter des fleischgewordenen Wortes, des totalen Christus, der Haupt und Mystischer Leib ist, absoluten Vorrang im Reigen der Heiligen erhielt.

„Selig bist du, daß du geglaubt hast": bei jedem Schritt auf dem schmalen und steilen Pfad, der sie zu den Gipfeln führt, macht Maria Theresia die Erfahrung des unwandelbaren Beistands, der denen zuteil wird, die sich der Jungfrau Maria anvertrauen. In ihren Vorträgen und Ansprachen beruft sie sich ständig hierauf. So ist es denn recht und billig, daß wir die behütende Präsenz der *Mutter der Kirche* diesem Kapitel als Überschrift geben, das dem Wachstum des Senfkorns gewidmet ist, das wir zuerst im Heim in Riedenburg und dann in *La Pagerie* zurückgelassen haben.

Nach und nach stellte sich Zuwachs ein. Man mußte neue Räume finden, nicht nur um die Familie der „Internen" unterzubringen, die für ein Klosterleben im eigentlichen Sinne bestimmt waren, sondern auch und vor allem für die Einrichtung der Druckerei, die beträchtlichen Lebensraum benötigte.

Mit ihrem Unternehmungsgeist durchforstete Maria Theresia die Umgebung von Salzburg. Schon lange hatte sie ihren Plan, der nun dringend durchgeführt werden mußte, „Unserer Lieben Frau von Maria Plain" anvertraut, deren wundertätiges Gnadenbild seit Jahrhunderten Pilger aus nah und fern anzieht [22]. Und siehe da, eines schönen Tages wies man sie auf eine schlichte Kapelle in einem verödeten Gelände mit verfallenen Häusern hin. Hoch oben, in südlicher Richtung, sah man das alte Kirchlein über einem Steilhang, den fromme Pilger mit einem kurzen steilen Fußsteig mit in den Fels gehauenen Stufen zugänglich gemacht hatten. Die Kapelle war nur eine Viertelstunde vom Brachland entfernt.

Mit Herzklopfen betrat Maria Theresia die Kapelle. Aus dem Hintergrund lächelte ihr mit niedergeschlagenen Augen und gefalteten Händen das Gnadenbild entgegen, die „Weizenfrau", die in der Gegend als Schutzheilige der Bauern verehrt wird. Ihr langes, dunkelblaues Gewand ist mit Ähren besetzt [23]. Besonders

---

[22] Maria Plain, Wallfahrtskirche bei Salzburg, ist seit 1951 Basilica minor. Das Gnadenbild, 1634 aus einer Brandruine in Regen (Niederbayern) unversehrt geborgen, wurde seit 1651 auf dem Plainberg in einer Holzkapelle viel verehrt. 1674 übertrug es Erzbischof Max Gandolf in die von ihm erbaute Kirche und inkorporierte die Wallfahrt der Benediktiner Universität. Nach deren Aufhebung kam sie 1812 an die OSB-Abtei St. Peter. 1751 wurde das Gnadenbild gekrönt. Für das jährliche Krönungsfest schrieb Mozart dann 1779 seine berühmte „Krönungsmesse".

[23] Dieses Gnadenbild von Maria Sorg ist zwar nur die Kopie eines Gemäldes, das sich in St. Peter in Salzburg befindet. Als Kunstwerk wurde es dennoch vor kurzem in den Kapitelsaal des Klosters gebracht und in Maria Sorg durch eine einfache Statue ersetzt. So soll das Gnadenbild vor den Kirchenplünderern geschützt werden, die überall in Europa am Werk sind.

beeindruckt war Maria Theresia jedoch von dem auf der Vorderseite eingravierten Datum: 1683. Die Kapelle wurde also zum Gedenken an den Sieg über die Türken am Kahlenberg bei Wien erbaut, der während der Belagerung von Wien dank dem zu Hilfe gerufenen Jan Sobieski, dem König von Polen, errungen wurde. Zwei Vorfahren Maria Theresias: Kasimir und Stanislas, hatten hier den Tod gefunden. Der Vorstoß der türkischen Armee nach Westen wurde damals endgültig gebremst . . .

Während ihrer Kindheit hatte Maria Theresia mit leidenschaftlicher Aufmerksamkeit ihrem Vater zugehört, wenn er die Geschichte seines Geschlechts erzählte: von der Aurea legenda der Ursprünge bis zur jüngsten Zeit mit von der Geschichte erhärteten Fakten wie dem ruhmreichen Tod zweier Husaren unter den Mauern Wiens.

Damals hatte Jan Sobieski sein wahnwitziges Unterfangen Unserer Lieben Frau von Tschenstochau anvertraut. Der Papst hatte ihn zu Hilfe gerufen, als die Christenheit nach und nach vom Islam verschlungen wurde . . . Als Sohn der Kirche hatte er gehorcht. Und der Angriff der polnischen Husaren, die wie ein Orkan vom Kahlenberg herunterstürmten, hatte den Sieg entschieden . . .

Wahrscheinlich faßte Maria Theresia zu Füßen dieses Gnadenbildes den Entschluß, dieses verfallene Besitztum zu kaufen. Man riet ihr davon ab. Sie blieb bei ihrem Entschluß. Am 16. Juni 1897 wurde der Kaufvertrag unterzeichnet, und schon tags darauf traf der erste Bewohner ein: ein Pferd, das die Gründerin gekauft hatte!

Auch andere, mehr praktische Gründe hatten für den Erwerb dieses Brachlandes mit verfallenen Gebäuden gesprochen: die Nähe des Eischbachs, eines Sturzbaches, dessen Wasser zur Stromerzeugung genutzt werden konnte. Für eine Frau von damals war diese Idee sicher nicht alltäglich! Sie erwies sich als richtig und praktisch. Mehr und mehr modernisierte Einrichtungen treiben Turbinen, die Kraft- und Lichtstrom erzeugen. Der elektrische Strom kostet so nichts und sichert das Florieren der Druckerei, die unter diesen Umständen billig Blätter und Flugblätter liefern kann, die das Volk ansprechen. So kann die Druckerei die Hauptstütze des Missionswerkes werden.

Maria Theresia hatte den richtigen Weitblick. Manche ihrer Töchter waren zunächst bestürzt. Was für eine Arbeit bedeutete es, diese Gebäude wieder instandzusetzen, deren wichtigstes mit Mauern von imponierender Stärke als Papiermühle gedient hatte. Auf den Treppen wuchs Gras, und auch die Dächer waren sehr mitgenommen ... Die Gründerin konnte jedoch so viele Vorteile geltend machen, daß die kleine Gemeinschaft rasch mit diesem Kauf einverstanden war. Bei der Vorstellung des neuen Besitztums sagte Maria Theresia:

„Seht, meine Kinder, was uns die Heilige Jungfrau gegeben hat!" Nach mündlicher Überlieferung erfolgte der Erwerb dank der Großherzigkeit der Besitzer zu einem sehr niedrigen Preis. Jedenfalls besaß die junge Gemeinschaft plötzlich Felder, Wiesen, Gemüsegärten und Waldparzellen, was ihnen bei einer künftigen Krise die Selbstversorgung ermöglichen würde.

Der neue Besitz mußte nun noch einen Namen erhalten. Maria Theresia erinnerte sich eines Wallfahrtsorts in Böhmen, wo ihr Beichtvater, Pater Kolb, plötzlich von einer schweren Augenkrankheit geheilt worden war: *Maria Sorg.* Dieser Name paßte ganz ausgezeichnet für die junge Gemeinschaft, die sich mit Leib und Seele dem Schutz der Jungfrau Maria anvertraute.

Die erste Messe wurde am 6. August 1897 in der unversehrten Kapelle gefeiert.

Und schon am 10. August konnte die heutige Kapelle im obersten Stockwerk des ehemaligen Wohnhauses, das den Namen „Haus Mariae" erhalten hatte, liturgischen Zwecken dienen. Die ehemalige Papiermühle wurde dem Schutz des heiligen Petrus Claver unterstellt, und das Haus auf der anderen Seite des Sturzbaches wurde der heiligen Martha geweiht. Möglicherweise trug der Kauf dieses Besitztums zur schließlichen Genehmigung des Betriebs einer Druckerei bei, die zweimal verweigert worden war. Mitten in der Wüste, sagten sich die Gewerkschaften, würde die Konkurrenz dieser „Nonnen" weniger zu fürchten sein. Das dritte Gesuch wurde jedenfalls am 13. Juni 1898, am Fest des hl. Antonius von Padua [24] genehmigt.

---

[24] „Das Anoniusbrot für die Missionen" sollte eine nicht unbeträchtliche Einnahmequelle bilden.

Arm und bescheiden, mit alten und wohlfeilen Maschinen machten sich die Töchter von Maria Theresia Ledochowska ans Werk. Ihr Eifer vollbrachte Wunder, und die Auflagen des *„Echos aus Afrika"* in fünf Sprachen stiegen erstaunlich. Andere Zeitschriften für Kinder und Jugendliche wie *„Der kleine Neger"* (heute: *„Junge Afrikaner")* stießen mit Erfolg in breite Volksschichten vor und fanden großes Interesse, nicht zuletzt wegen der direkten Zeugenberichte der afrikanischen Missionare, die nicht nur Geldspenden, sondern im Zusammenhang damit auch viel Post erhielten. Unter dem wachsamen Auge der Gründerin funktionierte die „Verbindung" ausgezeichnet. Sie arbeitete die ihr zur Verfügung gestellten Berichte durch, korrigierte und ergänzte sie von sich aus. Der außerordentliche Erfolg der schlichten Zeitschriften, die in *Maria Sorg* gedruckt wurden, wäre ohne die Mitarbeit der so begabten Schriftstellerin Maria Theresia Ledochowska absolut unverständlich.

Maria Sorg sollte indessen in der Geschichte der Gesellschaft eine bedeutende Rolle spielen, da es ohne Aufsehen die Überführung einer „frommen Vereinigung" in eine „klösterliche Organisation" im eigentlichen Sinne möglich machte.

Wir haben gesehen wie Maria Theresia die Konstitutionen ihrer neuen Klosterfamilie entwarf. Kardinal Haller, Erzbischof von Salzburg, hatte sie für seine Diözese am Karfreitag 1897, also kaum einen Monat vor dem Kauf von *Maria Sorg,* genehmigt.

Ein klösterliches Leben setzt eine angemessene Schulung voraus. Da Maria Theresia keine entsprechende Erfahrung hatte, bat sie die Generaloberin und Gründerin der Missionarinnen Mariens, ihr drei Nonnen, darunter Maria von der hl. Helene, die sie am Hof von Toskana kennengelernt hatte, zur Schulung ihrer Novizinnen auszuleihen.

Rasch mußte sie jedoch feststellen, daß die Geisteshaltung ihrer eigenen Familie nicht mit der der anderen Familie übereinstimmte, was ihr übrigens die Existenzberechtigung verlieh. Nach einem Jahr mußte sie unter dem Druck der Umstände trotz des Gefühls ihrer Unzulänglichkeit selbst das Amt der Novizenmeisterin unter sicherer Führung der Gesellschaft Jesu übernehmen. Sie entledigte sich ihrer Aufgabe hervorragend und prägte ihren Töchtern ihren eigenen Geist der Entsagung, der Opferbereitschaft und des Vertrauens ein.

Tropfenweise kamen die Berufungen. Vor der Zulassung unterzog Maria Theresia die Aspirantinnen einer strengen Auslese. Das in der Nacht des Glaubens in Angriff genommene Werk erforderte viele natürliche und übernatürliche Eigenschaften, große Seelenstärke und Beharrlichkeit. Das Jahr des Erwerbs von *Maria Sorg* bedeutet einen entscheidenden Wendepunkt in der Geschichte der Kongregation. Am 8. September 1897 legen die Gründerin und ihre erste Gefährtin Melanie Ernst bei einer von Kardinal Heller zelebrierten Messe ihre ewigen Gelübde ab. Am 15. Dezember des gleichen Jahres erhält das Altarsakrament Heimstatt in der Klosterkapelle. „Nun wird alles gut gehen!" jubiliert die Gründerin.

Inzwischen läuft die Arbeit in der Druckerei auf vollen Touren. Die Schwestern setzen Katechismen in Eingeborenensprachen, von denen sie nichts verstehen. Ein durchreisender Missionar macht ihnen Mut: „Jeder afrikanische Katechismus trägt zur Bekehrung von mindestens zehn Heiden bei!" Wer würde dafür nicht alles tun?! Im tiefsten Herzensgrund verpflichten sich die Claverianerinnen, für die Evangelisierung Afrikas „bis zum letzten Hauch" zu arbeiten.

Beim Kauf von Maria Sorg hatte Mutter Maria Theresia außergewöhnliche Voraussicht bewiesen: z. B. Kosteneinsparung durch eigene Stromerzeugung. Die Wichtigkeit weiterer Vorteile sollte sich bald herausstellen. Die Felder, das Vieh, die Gemüse- und Obstgärten sicherten reichliche und gesunde Verproviantierung und eine gewisse wirtschaftliche Unabhängigkeit in Krisenzeiten — wie gegen Ende des Ersten Weltkriegs, der in Mitteleuropa eine galoppierende Devalvation auslöste [25].

Hervorzuheben wäre noch, daß Maria Theresia nicht als „Städterin" zur Welt kam. Seit frühester Kindheit hatte sie die Natur leidenschaftlich geliebt. Mit Auszügen aus ihrem Jungmädchentagebuch und dem Bericht über ihre Polenreise könnte man einen

---

[25] Im Zweiten Weltkrieg, also nach dem Tode der Gründerin, wurden die Claverianerinnen von den Nationalsozialisten aus Maria Sorg ausgewiesen und konnten erst nach dem Krieg dorthin zurückkehren.

regelrechten „Lobgesang der Geschöpfe" zusammenstellen. Sie fühlte sich den Bäumen, den Blumen und den Tieren freundschaftlich verbunden . . . Die einsame Lage von *Maria Sorg* hat ihr nicht die geringste Sorge bereitet. Bis heute bleibt das Portal zu dem Besitztum Tag und Nacht offen. Es gibt keine Wachhunde und — keine Angst vor Einbrechern und Dieben. Nur das Gnadenbild wurde in Sicherheit gebracht. Armut ist ein ausgezeichneter Wächter, denn die Einbrecher informieren sich vor ihren Raubzügen genau darüber, wo etwas zu holen ist.

Die Gründerin der Petrus Claver-Sozietät wollte ihren Töchtern, die von früh bis spät an ihre Maschinen und Werkzeuge gefesselt sind, auch die besten klimatischen Verhältnisse zugutekommen lassen: und es gab sicher kein besseres Gegenmittel gegen Ermüdung oder gar Erschöpfung als die frische Gebirgsluft, den Duft der Wiesen oder Wälder. Mehr als eine Tochter von Maria Theresia Ledochowska verdankt es Maria Sorg, daß sie ein sehr hohes Alter erreichen durfte. Ihre Gefährtin der ersten Stunde, Melanie Ernst, hat frisch das hundertste Lebensjahr hinter sich gebracht und ist erst im Alter von 102 Jahren in voller Klarheit von Geist und Herz gestorben.

Bis heute bleibt Maria Sorg trotz der Dezentralisation der Druckereibetriebe, die in andere Breiten verlegt wurden, „das Mutterhaus", in das die „Alten" kommen, um ihre letzte und schönste Obedienz zu erfüllen, um zu beten. Man braucht nur in der Kapelle die abgezehrten und durchgeistigten Gesichter zu betrachten, die das Siegel der Mühsal harter Arbeit, aber auch das eines ganzen Lebens in Treue tragen, um die Anziehungskraft zu verstehen, die dieser Besitz auf alle diese Dienerinnen der Mission ausübt. Alle, die auf materieller und geistiger Ebene ihre Aufgabe erfüllt haben, ruhen dort oben auf einem Friedhof, der wahrhaft Frieden und *Freude* atmet.

12. KAPITEL

Die ständige Revolution des Evangeliums

„Arme habt ihr allezeit bei euch . . ."
Auch die Ärmsten der Armen, die ihrer *Menschenwürde* beraubt
sind: *Sklaven.*
Seit Anbeginn ihrer Geschichte hat die Kirche diese schmerzliche
Erfahrung gemacht. Und von Anfang an hat sie diese soziale Plage
auf ihre Weise, mit den Waffen des Geistes, bekämpft und behandelt. Der Brief des Apostels Paulus an Philemon kennzeichnet eine
Revolution, die viel radikaler ist als die „Befreiungen", die man
uns heute im Namen des Evangeliums vorschlägt. Das Ferment der
Liebe, das dem römischen Imperium eingeimpft wurde, das den
Sklaven nicht als eine Person, sondern als eine *Sache* mit dem entsetzlichen Neutrum *„manicipium"* ansah, sprengte nach und nach
unmenschliche soziale Strukturen. In den ersten Christengemeinden
gab es keinen Unterschied der Person mehr. „Du hast einen Sklaven
verloren, ich sende dir einen geliebten Bruder zurück", schreibt der
heilige Paulus, als er den entflohenen Sklaven seinem nach damali-
gem römischen Recht rechtmäßigen Besitzer zurückschickt. Kann
man gegen einen Bruder wüten? Die absolute Gleichheit aller Christus eingegliederten Gläubigen wurde zu einem Sprungbrett der
Frohbotschaft. Es gab Päpste, es gab Märtyrerbischöfe, die als Sklaven geboren und als Sklaven verurteilt worden waren. Ignatios von
Antiocheia gehörte zu ihnen. Seit zweitausend Jahren treibt die
Hefe der Nächstenliebe ständig die obskure Masse Mensch. Die von
Christus, unserem Herrn, verkündete Freiheit wirkt weiter an-
steckend. Aber wir müssen auch eine Tatsache ohne falsche Scham
anerkennen: unter anderen, mehr oder weniger verbrämten Etiket-

ten *existiert die Sklaverei noch immer*. Auch im Jahre 1976 gibt es
in der Welt noch *Millionen* von Unglücklichen, die der elementarsten Rechte beraubt, zu „Sachen", die man gebraucht, erniedrigt
sind. Geben wir uns keinen Illusionen hin: solange es die *Sünde*
gibt, also bis zum Ende der Zeiten, „wird der Mensch dem Menschen gegenüber ein Wolf sein" — wie Hobbes so entsetzlich formuliert. *Nur die Gnade vermag es, diesen Wolf in ein Lamm zu
verwandeln* . . . Und auch außer der zum System erhobenen Sklaverei gibt es heute in allen Ländern auf Gottes Erdball Methoden,
die den Menschen einfach „zum Ding machen". Erinnern die Ent-
führungen unschuldiger Menschen, die der Willkür gedungener
Mörder oder aufgehetzter Fanatiker ausgeliefert werden, nicht mit
schmerzlichem Nachdruck an die finstersten Epochen der Geschichte?

Sklaven habt ihr allezeit bei euch . . .

Ihr habt aber auch, wie jahrtausendealte Erfahrung beweist, Männer
und Frauen bei euch, die bereit sind, ihr Leben für die *Befreiung*
ihrer Brüder und Schwestern einzusetzen — gehorsam den Weisungen des Evangeliums, das eine ständige *Revolution* ist: eine Revolution im Namen der LIEBE, die geradezu Gottes Name ist. Das
Arsenal der Mittel, die den verschiedenen Epochen der Geschichte
zur Verfügung stehen, kann sich ändern, aber nicht der Grund dieser permanenten Revolution. Sagen wir es ruhig laut und deutlich:
Nur das Evangelium allein hat das Monopol der wesentlichen
Befreiung, die die Wurzel jeder Sklaverei — der sichtbaren und
der unsichtbaren — kappt.

Zur Bewältigung dieser übermenschlichen Aufgabe genügt es nicht,
mit guten Vorsätzen und Gefühlen gespickt zu sein. Man muß
gesandt sein, also Missionar: *„missus est".* Unser schal gewordener
Glaube vergißt dies mitunter. Das Scheitern so vieler pseudo-apo-
stolischer Unternehmungen wurzelt stets in dem mehr oder weniger
bewußten Versuch, lediglich ritterlich zu handeln und im übrigen
auf die Kirche zu verzichten. Aber s i e entsendet im Namen Jesu
Christi, den sie in Zeit und Raum verkörpert, Oberhaupt und
Mystischer Leib. Die beunruhigende Verfinsterung des Sinns für die
Kirche erklärt das Scheitern so vieler „missionarischer" Unternehmungen, die im Namen hochtrabender Ideologien erfolgten, aber
nicht vom Evangelium inspiriert wurden. Die missionarische Be-

rufung als solche wird heute, wie klar festgestellt werden muß, häufig von kleingläubigen Christen in Frage gestellt. Manche von ihnen verwerfen sie geradezu: „Kann man sich nicht in jeder beliebigen Religion retten? Warum diese braven Heiden oder Atheisten beunruhigen, die unsere weltliche Mitarbeit und Hilfe, aber nicht unsere Predigten brauchen?" Derzeit ist eine solche Einstellung vielleicht der gefährlichste aller Irrtümer, die das Evangelium in Frage stellen. Deshalb erinnert man auch nicht gern an den ausdrücklichen Befehl des Herrn: „*Geht hin in die ganze Welt und verkündet die Frohbotschaft allen Geschöpfen . . .*"

Angesichts unserer mit guten Absichten zurechtgeschminkten Feigheit erhebt sich nun aber die Kirche, die nie gescheut hat, sich Unannehmlichkeiten auszusetzen, in ihrer ganzen Größe, in ihrer ganzen Herrlichkeit, in ihrer ganzen Wahrheitsgewißheit. Man kann ihre Lehre nicht einfach verdrehen. Die Texte des Zweiten Vatikanischen Konzils erinnern uns eindeutig an das im Laufe der Jahrhunderte nur allzu sehr vergessene elementare Prinzip, daß schon die *Taufe an sich ein Missionsappell* ist; daß es dann also eine schwere Sünde ist, das Licht, das man empfangen hat, die Wahrheit, deren Treuhänder man ist, unter den Scheffel stellen zu wollen; daß wir am Jüngsten Tag nicht nur für unsere aufgezeichneten Sünden oder kleineren Übertretungen einstehen, sondern vor allem die Frage beantworten müssen: Was hast du mit deinem Bruder gemacht?

Schritt für Schritt sind wir Maria Theresia Ledochowska auf dem Weg zu *ihrer Stunde,* die mit dem Ruf des Herrn zusammenfiel, gefolgt: zur Begegnung mit Kardinal Lavigerie, der sie in das kühne Missionsabenteuer aussandte. Aber erst mußte sie völlig klar sehen und sich des Sinns ihrer Sendung voll bewußt werden. Dies setzte eine präzise Orientierung auf dem riesigen Feld der von der Kirche bereits gestarteten Liebesoffensiven voraus. Bevor wir untersuchen, worin sich ihr Werk von anderen Werken *unterscheidet* und was ihm sein eigenes Gepräge gibt, wollen wir aus der Vogelperspektive einen Blick auf das damalige, ihr so teure Afrika werfen, das sie völlig in Anspruch nahm und für das sie ihr Leben opferte. Eine Missionsberufung besteht ja in einem totalen Engagement — bis zum Tode. Auch wenn das Institut des hl. Petrus Claver in Europa bleibt, hat es nicht weniger, vielleicht sogar mehr Anteil an der harten Arbeit der urbarmachenden Missionare, die es Schritt für Schritt begleitet.

Wir haben mit einem Anflug von Humor darauf hingewiesen, daß Maria Theresia zur Zeit ihrer endgültigen Wahl keine Gelegenheit hatte, „existentielle" Beziehungen zu dem heiligen Patron ihres Werkes anzuknüpfen — und zwar einfach weil die ihr zur Verfügung stehenden Biographien höchst langweilig und für sie als gute Schriftstellerin alles andere als anziehend waren. Nun aber taucht in ihrem Lebenskreis ein ruhmbedeckter Missionar aus Fleisch und Blut auf. Vor der Begegnung mit ihm nach einer stürmischen Bergpartie hatte Maria Theresia sorgfältig studiert, was die von Kardinal Lavigerie mobilisierte zeitgenössische Presse über ihn selbst und das große Elend Afrikas gebracht hatte. Das also wußte sie, mußte sie zu dem Zeitpunkt wissen, als die tragischen Appelle des Missionsbischofs die Gewissen der „Gutgesinnten" aufwühlten und Europa erschauern ließen. Übrigens wurde der Hofdame am steifsten Hof der Welt so unmittelbar die Bedeutung der *Propaganda* vor Augen geführt. Wollte man Afrika *helfen,* so mußte man erst einmal sein Martyrium ausposaunen, die Schmach „des verbrecherischsten Handels" (Leo XIII.), den Sklavenhandel, öffentlich brandmarken.

Die Welt ist nun einmal so, daß sie nur dann mit „Hier!" antwortet, wenn geborene Führer rufen . . . Kardinal Lavigerie gehörte zu den Führernaturen. Als er am 24. Mai 1888 dem Papst mit den Bischöfen seiner Provinz, zwölf Weißen Vätern, zwölf Araber und Kabylen aus Algerien und zwölf Schwarze aus Zentralafrika vorstellte, die seine Missionare aus der Sklaverei befreit hatten, sah er sich mit einer neuen Mission betraut: der Mission, der zivilisierten Welt die entsetzliche Wirklichkeit der Sklavenjagd vor Augen zu führen. „Vor allem auf Sie zählen Wir, Herr Kardinal . . .", sagte das Oberhaupt der Kirche.

So zieht er aus, um seinen Kreuzzug in allen Hauptstädten Europas zu predigen! Die Tatsachen, die er zu berichten hat, sind so entsetzlich, daß sie kaum in Worte zu fassen sind. Nur die — unterwegs dezimierten! — Missionare konnten in Zentralafrika die schändlichen Märkte erkunden, auf denen die Sklaven wie Vieh verkauft werden. Die Sklavenhändler, meist Muselmanen, sind blutrünstige Sadisten von raffinierter Grausamkeit.

„Sie greifen friedliche Stämme an, überfallen sie im Schlaf, stecken ihre Behausungen in Brand, massakrieren, was Widerstand leistet, und schleppen alles, was übrig bleibt, auf die Märkte, auf denen der Mensch wie Vieh verkauft wird . . . In langen Scharen werden die Gefangenen davongetrieben, Männer, Frauen und Kinder erliegen dem Hunger, dem Durst und der Verzweiflung, gehen in der Wüste langsam zugrunde, wenn man sie schon halbtot liegen läßt, um auch noch das bißchen Essen für sie zu sparen. Andere erliegen den Prügeln des Sklavenhändlers, wenn er ein Beispiel statuieren will, um die Herde einzuschüchtern, die er erbeutet hat . . . Und all das täglich vervielfacht durch den Geiz, durch die Rache, durch die Kriege . . . Alljährlich erleiden mehr als eine Million Menschen dieses entsetzliche Schicksal . . . Ein Zeuge dieses entsetzlichen Handels konnte erklären, selbst wenn man alles entsetzliche Geschehen auftürmen würde, fände man nie die volle Wahrheit, wenn es sich um die afrikanische Sklaverei handelt . . .

Ich habe die Opfer dieses entsetzlichen Handels gesehen, fährt der Kardinal fort. Sie schilderten mir selbst, was sie gelitten haben. Kinder schilderten den blutigen Tod ihrer Eltern und die Foltern auf ihrer Reise unter der unbarmherzigen Sonne. Ich sah Kinder, die diese entsetzlichen Szenen noch lange im Traum wiedererlebten und mit Entsetzensschreien erwachten . . .

So steht es mit der afrikanischen Sklaverei in diesem Augenblick, in dem ich zu Ihnen spreche. Man hat ihr die Meere und den Weg in die Neue Welt versperrt. Nun breitet sie sich innerhalb des Kontinents aus und wird noch grausamer . . .

Im Namen meines Glaubens, im Namen meines Gottes gelobe ich, daß ich einen gnadenlosen Krieg gegen den Sklavenhandel führe und ihn verfluche!" [26]

Das Zeugnis des berühmten britischen Forschungsreisenden Livingstone ist nicht weniger erdrückend: „Was ich zu sehen bekam, ist so empörend, daß ich mich ständig bemühe, es aus meinem Gedächtnis zu verdrängen. Dennoch fahre ich mitten in der Nacht aus dem

[26] Emile Lesur et J. A. Petit, *Lavigerie*, 1892, S. 100 ff Félix Klein, *Le cardinal Lavigerie*, ohne Datum, nach anderen bibliographischen Quellen 1890 veröffentlicht.

Schlaf hoch, voller Entsetzen über die Lebendigkeit dieser Erinnerungen" [27].

Nach Stanley [28], den man kaum der Übertreibung verdächtigen kann, bringen die Sklavenhändler rund hundert Schwarze um, um sich zwei Sklaven zu verschaffen. Jeder von ihnen repräsentierte nie weniger als zehn Opfer, denn man muß ja die Schwarzen mitrechnen, die auf dem Transport umkommen.

„Um eine Flucht ihrer Opfer während des Transports zu verhindern, ketten die Sklavenhändler sie an einem tragbaren Pfahl an, dessen Ringe ihren Hals umschließen; sie binden ihnen die Hände hinter dem Rücken zusammen und fesseln ihre Füße so eng, daß sie mit stets gleichem Schritt marschieren müssen. Während der Nacht werden ihre Beine an Querbalken gefesselt, die ihnen keine Bewegung erlauben und solche Schmerzen verursachen, daß sie meist trotz der Erschöpfung nicht schlafen können ...

Und wenn sie diese Behandlung so schwächt, daß sie einfach nicht mehr weitermarschieren können? Dann treibt man sie wie Schlachtvieh mit Peitschenhieben, die blutige Spuren hinterlassen, weiter. Fallen sie auf der Straße um, so schlägt man solange auf sie ein, bis sie sich wieder erheben. Können sie sich gar nicht mehr weiterschleppen, so bringt man sie um oder läßt sie liegen, eine Beute der Geier und Schakale ... Würden sich Reisende in Zentralafrika verirren, so fänden sie die Karawanenstraße rasch wieder, würden sie den Menschengerippen folgen, mit denen sie bedeckt ist ..."

---

[27] David Livingstone (1813—1873), englischer Missionar, geboren in Blanthyre bei Glasgow in Schottland, Erforscher Zentral- und Australafrikas. Von Südafrika aus unternahm er 1849 seine erste größere Reise nach Norden ins Innere und erreichte den Ngamisee. 1851 kam er zum oberen Sambesi, folgte diesem 1852 bis ins Quellgebiet, ging von dort zum Kasai und nach Luanda. Später erforschte er den Sambesi und den Shire, seinen Nebenfluß, und entdeckte den Njassasee und machte sich auf die Suche nach den Nilquellen. Er starb an der Ruhr. Auf Grund seines Einsatzes im Kampf gegen den Sklavenhandel und in der Verkündung der „Frohbotschaft" gehörte er zu den Pionieren der afrikanischen Missionen.

[28] Henri Morton Stanley (1841—1904), eigentlich John Rowlands, geboren in Wales, Erforscher Zentralafrikas, wo er den verschollenen Livingstone wiederfand.

Die für die Türkei bestimmten Sklaven werden heimlich an der Ostküste in den arabischen Dau's oder Dhau's (zwei- bis dreimastigen Segelfahrzeugen an der ostafrikanischen und arabischen Küste mit einer Tragfähigkeit bis zu 400 Tonnen) eingeschifft.

Cameron schreibt in einem Brief an Kardinal Lavigerie: „An Bord der arabischen Dau's habe ich kauernde Sklaven gesehen, die Knie am Kinn, von Wunden bedeckt, sterbend aus Mangel an Trank und Nahrung, die Toten an die Lebenden gefesselt. Und unter den Überlebenden wüteten die Blattern . . ."

Und Mgr Bridoux, der apostolische Vikar von Tanganjika, erklärt: „In den in Sansibar ankommenden Küstenschiffen waren sie wie die Heringe zusammengepfercht, abgezehrt, mager wie Skelette, mit Wunden bedeckt, fast stumpfsinnig vor Hunger, Entsetzen und Verzweiflung . . ." [29].

Pater Guillemé, Missionar der Station von Kibanga, hat die Sklavenmärkte in der Gegend der Großen Seen geschildert:

„Der ganze Platz war voll von den für den Verkauf bestimmten Sklaven, die in langen Reihen angebunden waren, die einen mit Stricken, die anderen mit Ketten. Einigen, die aus Manjema kamen, hatte man die Ohren durchbohrt, um einen dünnen Strick durchzuziehen, der sie alle zusammenhielt . . .

In den Straßen waren manche nicht mehr gefesselt, weil sie im Sterben lagen. Sie lagen einfach auf den Straßen und erhielten nichts mehr zu trinken und zu essen . . ."

Ein entsetzliches Bild bietet der Friedhof von Ujiji (in Tansania). Auf ihm wirft man durcheinander tote und sterbende Sklaven ab. Die in dieser Gegend nur zu zahlreichen Hyänen haben für ihre Bestattung zu sorgen".

Als Pater Guillemé einen Araber fragte, warum dort so viele Leichen herumlägen, antwortete er völlig „gleichgültig": „Früher holten sie jede Nacht die Hyänen, jetzt aber schaffen sie die Arbeit nicht mehr. Das Menschenfleisch ekelt sie an . . ." [30].

Unter den Sklavenhändlern gibt es auch Schwarze . . . Mgr. Augouard von den Missionaren vom Heiligen Geist berichtet, daß die

---

[29] F. Klein, ibid. S. 82.

[30] Ibid. S. 83 ff.

Sklaven im Gebiet des Oberubangis einfach „Frischfleisch" sind. Man kauft sie um sie zu verspeisen ... Sind sie zu mager, so mästet man sie bis sie richtig im Fleisch sind. Als ein Reisender entrüstet ausrief: „Ihr macht also keinen Unterschied zwischen Mensch und Tier?" erwiderte der Kanibale mit breitem Lächeln: „Doch, das Menschenfleisch ist viel besser" [31].

---

[31] Ibid. SS 84 ff. Ich habe mir erlaubt, verschiedene Zitate zusammenzu-fassen.

13. KAPITEL

Der Sklavenhandel — „Ganz allein"

Die geschilderten Tatsachen hatten Europa aus seiner selbstzufriedenen Erstarrung gerissen. Das hatte ein einziger Mann allein fertiggebracht: Kardinal Lavigerie, dessen Appelle mehr und mehr offene Ohren fanden. Aber auch Kardinal Lavigerie's Mahnrufe hätten wohl nur ein flüchtiges Echo gefunden, hätte sie sich nicht eine Frau seines Schlages zu Herzen genommen. Maria Theresia Ledochowska hat ihn, meinen wir, am besten verstanden und ihr revolutionäres Programm trotz aller Hindernisse und Schwierigkeiten unentwegt verwirklicht. Im Augenblick ihrer Seligsprechung kann man kaum mehr ermessen, welches Mutes diese außergewöhnliche Frau bedurfte, um gegen eine fest etablierte, als unwandelbar geltende Gesellschaftsordnung anzugehen.

Kardinal Lavigerie hatte sich an die katholischen Frauen gewandt. Maria Theresia machte aus seinen Forderungen ihr Sprungbrett. Mit ihrem klaren Verstand war sie jedoch zunächst darauf bedacht, die Rolle der Frau in der Kirche zu klären. Heute, wo so viele haltlose Frauen ihre Identität suchen und darauf versessen sind, den Mann zu spielen, indem sie sich ihm völlig ausliefern, ist es sicher angebracht, an die erschütternde aktuelle prophetische Lehre von Maria Theresia zu erinnern.

Greifen wir aus ihren Schriften und Vorträgen die bedeutsamsten Gedanken heraus.

Als überdurchschnittlich begabte Frau, die sich durch einen gesellschaftlichen Status eingeengt sieht, der das „schwache Geschlecht" in eine harmlose Schutzzone verwies, lehnt sie sich am Namen des Evangeliums auf und pocht auf ihre *unveräußerlichen Rechte,* nicht mit dem Eifer einer Suffragette, sondern unter Berufung auf das schöpferische Vorhaben Gottes.

Um in Staat und Kirche *ihrer Aufgabe voll gewachsen zu sein,* muß sich die Frau ihrer dreifachen Berufung bewußt werden. Sie weist ihr *„eine ergänzende, mitwirkende, fürsorgliche Stellung"* zu — wie sie in einem 1907 in Wien gehaltenen Vortrag präzisiert —, wobei man das „fürsorglich" sicher auch mit „mütterlich" wiedergeben könnte.

Natürlich muß sie dennoch mitunter heroische Initiativen ergreifen, wie es eine Judith oder eine Jeanne d'Arc beweisen. Diese Initiativen müssen jedoch den Plänen der Vorsehung entsprechen. Ihr Vorbild ist hierbei Maria, deren Ruhm es war, die *Magd* des Herrn zu sein. Diese Berufung zum *Dienen* wird im Evangelium klar erkennbar. Die „heiligen Frauen", die Christus, den Herrn, umgeben, bleiben im Schatten, um ihm zu „dienen". Wurde eine von ihnen, Maria Magdalena, in Anerkennung dieses bescheidenen Wirkens zum „Apostel der Apostel" befördert, da der Auferstandene zuerst ihr erschien und sie zu den Jüngern sandte, um die Auferstehung zu *verkünden?*

Seitdem konnte und wollte die Kirche nie auf die Hilfe der Frau verzichten, die nach einer Feststellung von Léon Bloy „nie *mehr* Frau ist, als wenn sie heilig ist". Maria Theresia nennt die große Schar der Frauen, die seit Anbeginn der Kirche gedient haben, ohne zu ahnen, daß sie selbst eines Tages dieser Schar zugerechnet werden würde. Sie geht bis zum Ursprung zurück, um die missionarische Berufung der Frau zu verkünden und zu rechtfertigen.

Schon der heilige Paulus erinnert liebevoll an die Frauen, die ihm geholfen und auf seinen Missionsreisen Unterschlupf gewährt haben, eine *Priska,* eine *Phöbe, Lydia,* die gottesfürchtige Purpurhändlerin aus Thyateira, *Damaris,* die auf die Areopagrede gläubig wurde und ihm folgte. Zu ihnen gesellen sich viele andere, die kaum erwähnt werden. So ist die Frau durch alle Jahrhunderte hindurch und noch viel mehr in der heutigen Zeit berufen, den Aposteln mit allen ihr von Gott verliehenen Gaben und Charismen zu helfen.

Hier knüpft Maria Theresia an. Entspricht das von ihr eben gegründete Werk nicht den Bedürfnissen der Zeit und dem heimlichen Wunsch so vieler junger Mädchen, die nicht in die Missionen hinausziehen können, ihnen aber dennoch dienen möchten? Die Petrus-

Claver-Sodalität erfüllt eine einmalige Aufgabe in der Kirche: sie sichert die Etappe, das heißt die rückwärtigen Basen für die Kämpfer in vorderster Front, die unter der Last der an sie gestellten Anforderungen zusammenbrechen können, wenn hinter ihnen nicht die Helferinnen stehen, die ihre exponierten Stellungen sichern, für den nötigen Nachschub sorgen und ihnen mitunter ganz einfach überhaupt erst die Existenzmöglichkeiten geben.

Die im Mutterhaus der Claverianerinnen aufbewahrte immense Korrespondenz mit den Missionaren, Priestern und Bischöfen beweist wie wohlbegründet die geniale Institution ihrer Gründerin war. Viele Missionare gestehen demütig, daß sie diesen Frauen Mut und Kraft zum Durchhalten verdanken!

Dabei ist Maria Theresia Ledochowska in den Forderungen, die sie an ihre Töchter stellt, außerordentlich streng. Alles in allem verlangt sie nicht weniger als die völlige Aufopferung — ohne die Freude, die der Anblick der Ernte schenkt, die aus dem in Tränen gesäten Korn aufgeht. Wie die Karmelitinnen werden auch die Claverianerinnen erst jenseits des Todes die Früchte ihrer Opfer sehen. Hienieden ist ihr Los das Gebet und die Arbeit in uneingeschränkter Aufgabe aller — auch der berechtigten — Ambitionen. Hier aber setzt das Geheimnis des Weizenkorns, das stirbt, ein: je mehr es sich im Mysterium des Kreuzes auflöst, desto mehr wirkt es in der schon hienieden erahnten oder verspürten Herrlichkeit der Auferstehung. *Das Opfer macht sich immer bezahlt,* und völlig töricht wäre, wer die sichtbar so fröhlich werkenden und auferblühten Töchter Maria Theresias bedauern würde, weil sie ihrer Berufung gefolgt sind!

Anfangs wußte Maria Theresia freilich noch nicht, wohin Gott sie führen würde. Wir sind bisher ihrem tastenden Suchen im Lauschen auf Gottes Willen gefolgt. Wie Newman geht sie „Schritt für Schritt" vorwärts, ohne es zu eilig zu haben: *„one step enough for me".* Zunächst blieb sie allein und war damit ganz zufrieden. Ihre erste Gefährtin, Schwester Melanie Ernst, räumt in ihren Erinnerungen schlicht ein, wie schwer es Maria Theresia fiel, auf ihre geliebte Einsamkeit zu verzichten. Dieser Verzicht war vielleicht sogar das härteste Opfer ihres Lebens, eines der Opfer, von denen in der Folge der Ereignisse auf den von der Vorsehung bestimmten Stationen einer Berufung alles abhängt. Obwohl sie von Natur aus recht eigenwillig war, hatte sie sich daran gewöhnt, ihr Werk ausschließlich unter Mitwirkung der Ordensgeistlichen zu formen, die ihr Vertrauen besaßen und ihr mit Ratschlägen zur Seite standen. Bei einem Charakter ihres Formats handelte es sich dabei freilich mehr um eine Kontrolle als um eine Richtungsweisung. Maria Theresia war ihren eigenen Unternehmungen stets voraus, sah unter der Führung des unablässig zu Hilfe gerufenen Heiligen Geistes weiter als ihre Umgebung. Auch in dieser Hinsicht eilte sie ihrer Zeit weit voraus.

In ihrem ersten Rechenschaftsbericht für 1894—96 erklärt sie, sie habe die Gesellschaft als *freie Vereinigung* von Laien gedacht, die sich in den Dienst der afrikanischen Mission stellen. Dies geht aus den ersten „Generalstatuten" hervor, die sie mit Hilfe von Pater Schwarzler, dem damaligen Provinzial der Jesuiten in Wien, verfaßte. Wir wissen bereits, daß sie die Regel des hl. Ignatius, die sie am 5. Juli 1895 im Zug las, plötzlich erleuchtete. Sie wurde sich darüber klar, daß ihr Werk eine feste Basis und ein unerschütterliches Ausstrahlungszentrum brauchte, die die „Freischärler-Trupps" vor jeder Abweichung behüten würde. Schon damals plante sie ihr Werk in drei konzentrischen Preisen: dem geistlichen Orden im eigentlichen Sinn, bestehend aus *„Internen"*, den dem Werk eng verbundenen *„Externen"* und schließlich den Förderern und Förderinnen, die sich zur Zahlung von Jahresbeiträgen und zur Propaganda verpflichteten. Es handelte sich hierbei natürlich nicht um Klassenunterschiede, sondern um verschiedene Grade bzw. Stufen des Engagements. Von Anfang an erlebte der „dritte Kreis" einen außergewöhnlichen Aufschwung (500 Mitglieder im Jahre 1896!). Die Rekrutierung erfolgte direkt anschließend an die Vorträge der Gründerin, die in den einfachsten Kreisen, bei den Bauern, bemerkenswerte Erfolge erzielte, weil deren gesunder Menschenverstand sofort die Dringlichkeit ihres Appells begriff. Eines Tages beglückwünschte der spätere Papst Pius X., damals Patriarch von Venedig, Maria Theresia zur Herbeiführung der Mitarbeit der kleinen Leute. Sie hatte zwei Fliegen mit einer Klappe geschlagen: die Spende bescheidener Scherflein, aber auch die Weckung des *missionarischen Geistes*, den das Zweite Vatikanische Konzil feierlich als **Gnade** und mit der Taufe untrennbar verbundene Pflicht proklamiert hat.

Mit der geistlichen Mutterschaft, dem ureigenen Charisma der Gründerinnen, versuchte Maria Theresia Ledochowska von nun an, ihre eigene Berufung an zum klösterlichen Leben hingezogene junge Mädchen weiterzugeben. Zunächst ohne großen Erfolg.

Schwester Melanie Ernst erwähnt, daß Mutter Ledochowska ihr in ein Buch, das sie ihr am 12. Juni 1894 schenkte, als Widmung schrieb: „Meinem lieben Kind im Herrn, das mir auf dem königlichen Weg des Kreuzes folgen will..." Dieser „königliche Weg des Kreuzes", den sie selbst ging und den allein sie anzubieten hatte, übte, rein menschlich gesprochen, keine Anziehungskraft aus. Andererseits unterzog sie die wenigen Bewerberinnen mit wahrhaft prophetischer Unterscheidungsgabe einer strengen Auslese. Manche kamen und gingen sofort wieder. Mutter Ledochowska versuchte gar nicht erst, sie zurückzuhalten. In manchen Fällen erklärte sie Bewerberinnen sogar mit der ihr eigenen Freimütigkeit direkt, ihr strenger Orden sei nicht das richtige für sie. Die jungen Mädchen aus „besseren Kreisen" stießen sich an der heiligen Armut, die nun einmal der Prüfstein der claverianischen Berufung ist. Andere fanden nach Schwester Ernsts Erinnerungen nichts, was ihre „romantische Schwärmerei" für die Missionen befriedigen konnte. Die recht bescheidenen Möglichkeiten, ihnen zu dienen, die man ihnen bieten konnte, mißfielen ihrem Trachten nach sichtbaren und erfolggekrönten Verwirklichungen.

So fand die Gründerin in den ersten Jahren niemand, der ihrem glühenden Tatendrang nacheifern wollte und blieb wider Willen allein, obwohl es sicher nicht an gutem Willen fehlte, der jedoch nicht von ihrem Schlag war. Mehr als je sah sie sich gezwungen, ihre Arbeit als Reisende in Sachen Mission fortzusetzen. Ihre Vorträge bereitete sie zwar sorgfältig vor, las sie aber nie ab. So können wir aus ihren Notizen herausschälen, was ihr Werk charakterisiert. Wir hören, daß die Petrus-Claver-Sodalität keine Organisation für Sammlungen zugunsten der Missionen ist, sondern eine Propagandavereinigung in der modernsten Bedeutung des Wortes. „Wir führen keine Sammlungen durch, sondern erwecken das Interesse für die *Missionen* und erhalten dann Opfergaben, die es uns ermöglichen, die Missionen zu unterstützen." Sie nennt Summen, die in die Millionen gehen, doch die seit Jahrhundertbeginn laufenden Geldentwertungen machen es unmöglich, den heutigen Kursen entsprechende Zahlen zu nennen. Ausgelöst wurden diese Spenden durch die schlichten, — im Jahre 1922, ihrem Todesjahr — in acht Sprachen veröffentlichten Blätter, die auch für die Ärmsten erschwinglich sind und *informieren*. Die sündhafte Gleichgültigkeit gegenüber den Missionaren wurzelt ausschließlich in der *Unwissenheit*. „Ich selbst", erklärt sie, „stünde heute nicht vor euch und spielte weiter Hofdame an einem österreichen Hof, wäre mir nicht zufällig eine Broschüre von Kardinal Lavigerie in die Hände gefallen, die mich auch auf den Gedanken brachte, mich den Missionen zu widmen".

Nicht um zu *betteln,* sondern um zu *informieren.* „Wir stellen die Propaganda in den Vordergrund, weit vor das Geld. Wissen die Menschen Bescheid, so geben sie ohne zu zögern, nicht nur von ihrem Überfluß, sondern mitunter sogar von ihrem eigenen Bedarf an dem Notwendigsten. Denkt man an die Verschwendung in den wohlhabenden Kreisen, an die erschreckenden Summen, die für Alkohol ausgegeben werden (allein in Österreich vier Millionen jährlich), muß man sich dann nicht schämen, wenn man an die denkt, die mangels Mitteln die Hungernden drüben nicht speisen können?" Man könnte meinen, sie wende sich an die Zeitgenossen der großen Hungersnöte im Sahel, der so furchtbar von der Dürre heimgesucht wurde. Mutter Ledochowska weiß, daß die Zahlen, mit denen sie ständig arbeitet, beeindrucken und zieht eine erschütternde Parallele: während 21 Millionen „englische Protestanten" jährlich 30 Millionen RM für ihre Missionen spenden, bringen die 250 Millionen Katholiken der ganzen Welt für ihre eigenen Missionen nur sechs bis sieben Millionen jährlich auf! Wahrlich kein Grund zum Stolz! Und worauf ist dieser scheinbare Geiz zurückzuführen? Auf jämmerliche Organisation und *völlig unzureichende Propaganda.* In dieser Hinsicht, sagt sie, „sind die Söhne der Finsternis viel klüger als die Söhne des Lichtes. Aber wie schwer ist es, sich verständlich zu machen!"

Die Petrus-Claver-Sodalität wurde ins Leben gerufen, um diese Mißstände zu beseitigen. Sie nutzt alle Propagandamöglichkeiten zur Unterrichtung über die Missionen, ihre Bedürfnisse und ihr zwangsläufiges Scheitern, wenn sie nicht ausreichend unterstützt werden. Diesem Ziel dient das *„Echo aus Afrika".* Aber es genügt nicht, Interesse zu wecken. Dieses Interesse muß immer wieder neu angeregt und wachgehalten werden. Und hier beginnt die Aufgabe der Förderer und Förderinnen einschließlich der Kinder, die ein eigenes Blättchen bekommen: *„Der kleine Neger".* Die *Originalität* der Gesellschaft besteht in ihrer echt katholischen *Universalität,* die turmhoch über jede Parteilichkeit und sogar über die berechtigten Ansprüche einer bestimmten Kongregation oder eines bestimmten Instituts erhaben ist. „Wir sind überzeugt", schreibt Mutter Ledochowska, „daß die Missionswerke aufhören, katholisch zu sein, wenn sie rein national werden. Wollen sie wirklich der Kirche dienen, so müssen sie auf jeden exklusiven Chauvinismus verzichten. Erniedrigen sie sich zu Organen im Dienste einer bestimmten Nation, so laufen sie, ohne es zu wissen, Gefahr, in knechtische Abhängigkeit von einer bestimmten Regierung zu geraten. Unser katholisches Volk spendet aber keine Almosen zur Finanzierung irgendwelcher Kolonialpolitik!"

Dies schrieb sie 1900, also zu einer Zeit, in der sich das Problem der *Entkolonialisierung* noch gar nicht stellte und stellen konnte. Heute vergißt man nur zu leicht, in welchem Maße die Missionare zur Emanzipation der Kolonialvölker dadurch beigetragen haben, daß sie diese auf religiöser und kultureller Ebene für das große Abenteuer der Unabhängigkeit rüsteten. Gegen Ende des vorigen Jahrhunderts bedeutete die Bevormundung durch die Kolonialvölker durchaus nicht nur Unterdrückung, sondern erwies sich häufig als nützlich und segensreich. Erst die Interventionen Europas bereiteten dem Entsetzen des Sklavenhandels in Afrika ein Ende! Diese geschichtliche Entwicklung mußte eben durchlaufen werden ... Die durch die Weltkriege aufgeputschten Nationalismen gefährdeten die Missionswerke schwer, die ausschließlich auf ihre eigenen Länder ausgerichtet waren und sich plötzlich in politische Konflikte verwickelt sahen. Die umfangreiche Korrespondenz von Mutter Maria Theresia Ledochowska beweist, wie sehr man ihr damals nachtrug, daß sie die französischen Missionare weiter unterstützte, obwohl sie Angehörige eines Landes waren, das sich mit Deutschland und Österreich im Kriege befand! „Nationale", auf sich selbst beschränkte Missionen hatten nicht so schwer zu leiden. Die Gründerin der Petrus-Claver-Sodalität wich jedoch keinen Zollbreit von der katholischen *Universalität* ab, die sie stets als den Eckpfeiler ihrer Berufung betrachtet hatte. Sie teilte in dieser Hinsicht die Ängste und den Kummer der Päpste, die von den Kriegführenden der Parteilichkeit beschuldigt wurden, in Wirklichkeit aber *Verfechter des Friedens* im Namen des *einen* Evangeliums waren, zu dem sich die kriegführenden Völker bekannten. Schon fünfzehn Jahre vor dem Ersten Weltkrieg hat Maria Theresia es gewagt, in prophetischem Geist zu verkünden, daß nur *übernatürlicher Glaube und übernatürliche Liebe* die *natürlichen* Gegensätze überwinden können.

„Die lokalen karitativen Werke können aus natürlichem Mitleid erwachsen. Die internationalen Missionswerke können sich nur auf dem Fundament *übernatürlichen Glaubens* und glühender Liebe zu den Seelen, zu *allen Seelen*, behaupten, denn *die Liebe duldet keine Grenzen*", da sie direkt aus Gottes Herzen quillt. Deshalb lautet die beim hl. Dionysios Areopagites entlehnte Losung des Instituts: „*Es gibt nichts Göttlicheres, als am Heil unsterblicher Seelen mitzuwirken.*"

Maria Theresia wollte natürlich, daß ihre Töchter in ihre eigenen Fußstapfen treten. Deshalb ging sie ihnen mit gutem Beispiel voran. Wir wissen, wie leidenschaftlich sie an Polen hing, das sie bei den Reisen mit ihrem Vater „entdeckte". Sie war stolz auf ihre auf dem Schlachtfeld gefallenen Vorfahren: auf die beiden Husaren, die bei dem vom Kahlenberg herab vorgetragenen legendärem Sturmangriff des Königs Sobieski fielen, der dem belagerten Wien zu Hilfe geeilt war; auf Ignaz Ledochowski, der während des Aufstandes von 1831 die Festung Modlin bis zum Schluß verteidigte und um ein Haar nach Sibirien deportiert worden wäre. Als Kriegsinvalide verbrachte Ignaz Ledochowski den Rest seines Lebens in Klimontow, der ersten Etappe der „Rückkehr zu den Quellen" des Vaters von Maria Theresia. Diese ruhmreiche Vergangenheit war der Gründerin der Claverianerinnen besonders teuer, weil sie selbst solche kämpferischen Eigenschaften besaß. Wir brauchen nur an ihre erprobte Energie zu denken, an ihr echt militärisches Organisationstalent, an die Prinzipien des Gehorsams und der Disziplin, die sie ihren Töchtern einprägte.

Ohne Zögern warf sie jedoch alle persönlichen Gefühle über Bord, um sich „*allen ganz*" zu schenken. „Es ist keinerlei Unterschied zwischen zwischen Juden und Griechen", auch nicht zwischen Deutschen und Franzosen, ja nicht einmal Polen, wenn es gilt, der *einen universellen Kirche zu dienen.* Dieses Siegel ist der Petrus-Claver-

Sodalität als ihr besonderes Merkmal aufgeprägt. Ihre Angehörigen sollen ihre nationale Herkunft natürlich weder vergessen noch verraten, sondern sie opfern und dadurch *weihen*. *Paulus* liebte sein Volk nicht weniger, weil er sich den Heiden widmete. Maria Theresia forderte von ihren Töchtern völlige Entsagung, sorgte aber dafür, daß aus ihr dann Ewigkeitsfrüchte ersprossen. Heute fällt uns das Verständnis für diese Haltung nicht schwer. Damals, als sie ihr Werk aufbaute, war diese Einstellung jedoch mitunter ein regelrechter Skandal. Erst mußten noch Ströme des Blutes „feindlicher Brüder" fließen, bevor endlich gewisse nationale Schranken niedergerissen werden konnten und eine neue Generation heranwuchs, die vom Haß nichts mehr wissen will. Den jungen Leuten von 1977 fällt es lange nicht so schwer, die prophetische Schau der Mutter Maria Theresia Ledochowska zu verstehen, wie damals ihren Zeitgenossen!

Diese schwache und doch unbezähmbare Frau hatte einen Wettlauf mit der Zeit unternommen. Bekümmert stellte sie fest, wie allergisch selbst die von der Kirche behüteten Organisationen den Missionsproblemen gegenüber sind. Sogar der feierliche *Katholikentag* billigt ihnen nur einen „Aschenbrödelwinkel" zu. Dabei ist keine Zeit mehr zu verlieren. Maria Theresia übernimmt den Spitznamen, den die Schwarzen im Kongo ihrem Bischof, Mgr. Augouard, ehemaligem „päpstlichen Zuaven", gegeben haben: „Dscheta, dscheta, schnell, schnell!"

Oft stellt man ihr die Frage: *Warum* gerade Afrika? Maria Theresia antwortet, weil man mit Streufeuer nichts erreicht. Sie führt das französische Sprichwort an: „Qui trop embrasse, mal étreint..." Wer sich zu viel vornimmt, kann nichts ordentlich erledigen... Die Gesellschaft befaßt sich mit den dringendsten Problemen, und die afrikanischen Missionen rufen nach ihr. Damit, daß sie sich unterschiedslos in den Dienst aller Missionen stellt, kann sie substantielle Hilfe leisten und die Spender auf dem laufenden halten — das Volk Gottes, das sich nicht um politische Erwägungen kümmert, sondern seine bescheidenen Gaben für die Taufe der Negerkinder, für den Bau von Kirchen im Missionsgebiet, für das Überleben der afrikanischen Missionare spendet. Enttäuscht von manchen „Wohlhabenden" wendet sich Mutter Ledochowska liebevoll an die Armen und findet immer wieder die Richtigkeit des Rates bestätigt, den ihr der spätere hl. Pius X. gegeben hatte: „die Mitwirkung der kleinen Leute zu erleichtern ..."

Das *Echo aus Afrika* löst eine Flut von Spenden und Berufungen aus, denn seine Auflagen steigen ständig auf Grund der Propaganda der Förderer, die ihrerseits von der Gründerin angefeuert werden, die das Blatt fast allein redigiert.

Die Liste von Maria Theresias Reisen erfüllt uns mit Staunen. Wie viele Nächte hat sie im Zug verbracht, um am nächsten Tag die angekündigten Vorträge zu halten, Reisen ohne den elementarsten Komfort, der die „dritte Klasse" charakterisierte! Es mußte ihr schon sehr schlecht gehen, ehe sie eine Fahrkarte erster Klasse annahm!

Allein im Monat August 1894 nennt Schwester Melanie Ernst Reisen nach Köln, München, Würzburg, Mainz, Bonn, Trier, Luxemburg, Augsburg ...

Missionsreisen, erdrückende Korrespondenz, geistliche Führung des nun herbeiströmenden Zuwachses, Redaktion des *Echo aus Afrika* in verschiedenen Sprachen ... Man fragt sich verwundert, woher sie noch die Zeit nahm, die volkstümlichen Theaterstücke zu schreiben, in die die einfachen Menschen und die Kinder vernarrt waren. Ein Zeugnis erinnert an die Aufführung ihres *„Sankt Aloisius wacht!"* in Thiersee in einem überfüllten Saal vor Bauern, die lauthals ihrer Begeisterung Ausdruck verliehen. Ihre Töchter spielten mit ansteckendem Eifer. „Wir waren rund 70 Personen", erklärt Maria Theresia, „Was für fröhliche und friedliche Stunden haben wir miteinander verbracht! Aber dann hieß es Abschied nehmen ... Ergriffen schüttelte ich allen diesen wackeren Bauern die Hand ..."

14. KAPITEL

In Rom verankert — „Mutter der Schwarzen"

Kardinal Ledochowski, Präfekt der SC Prop., hatte seiner Nichte den Zutritt zu dem damals schon hochbetagten Papst Leo XIII. erleichtert. Die Audienz im April 1894 hatte ihr Herz mit Freude erfüllt. Bei der Privataudienz im Mai 1901 ermutigt sie der Papst in ihrer „besonderen Berufung". Mutter Ledochowska fühlt sich mehr und mehr „nach Rom gezogen", doch tauchen plötzlich Schwierigkeiten von der unerwartetsten Seite auf: ihr Onkel, der Kardinal, widersetzt sich. Seine Gründe kennen wir nicht.

Seine Gesundheit verfällt jedoch mehr und mehr. Der Arzt stellt eine beginnende Tuberkulose fest und hält einen Klimawechsel für dringend geboten.

„O glückliche Lungenentzündung!" ruft Maria Theresia aus, das kühne „O felix culpa" des Exultet paraphrasierend.

Der Spruch des Arztes veranlaßt den Kardinal in der Tat zum Nachdenken. Vielleicht war sein Widerstand von der Befürchtung eingegeben worden, eine Neugründung müßte für seine Nichte zusätzliche Arbeit mit sich bringen. Nun aber rät man ihm dringend zu „Sonne, Ruhe, frischer Luft...", kurz zu einem Kuraufenthalt im Süden. So gibt er seine Zustimmung, und alles läuft rasch und glatt ab. Am 25. Januar 1902 händigt Kardinal Gotti dem Heiligen Vater das Gesuch aus, das Generalat der Gesellschaft in Rom zu errichten. Schon am 29. Januar erfolgt die Zustimmung. Schwester Melanie macht sich eifrig an die Arbeit. Das erste Quartier findet man in der Via Sforza und zieht am 4. Februar 1902 ein. Es war nur eine provisorische Unterkunft. Schon am 1. März findet man etwas Besseres in der Via Giovanni Lanza. Kardinal Ledochowski stiftet ein großes Ölgemälde des heiligen Petrus Claver. Inzwischen wird der jungen Gesellschaft eine seltene Gunst zuteil: sie erhält ein vom 8. Februar 1902 datiertes Dekret, das sie lobt und die Konstitutionen für fünf Jahre approbiert.

Im Juni reist Maria Theresia nach Maria Sorg, wo sie am 22. Juli die Nachricht vom plötzlichen Tod ihres Onkels, des Kardinals, erreicht. Die Nachricht trifft sie mitten ins Herz. Zugleich muß sie aber auch die geheimnissvollen Wege der Vorsehung bewundern. Kardinal Ledochowski hatte viel zur Einpflanzung des Instituts in Rom beigetragen. Sie selbst hatte er hohen Beschützern anvertraut, zunächst (dem am 7. Februar 1902 verstorbenen) Kardinal Ciasca, dann Kardinal Cassetta, und sie damit vor zeitlichen Risiken behütet. So konnte er in Frieden scheiden, wenn sein Tod seine Nichte auch schwer traf, die nach Kardinal Lavigerie auch ihm den Aufschwung ihres Werkes verdankte.

Sehr bald erwies sich die Unterkunft in der Via Giovanni Lanza als zu klein. Schließlich fand man in unmittelbarer Nähe von Santa Maria Maggiore, in der Via dell' Olmata Nr. 16, „drei alte Häuser", deren Erwerb keine Schwierigkeiten bereitete und wo sich auch heute noch das Mutterhaus der Gesellschaft befindet [32].

Die Einsegnung der Räumlichkeiten erfolgte am 3. Mai 1905, am Tag des „Festes des heiligen Kreuzes" vor der Liturgiereform. Mutter Ledochowska sah darin ein Zeichen mehr, das sie in ihrer Berufung bestätigte: der heißgeliebten Kirche zu dienen nach dem Vorbild dessen, der von den Menschen verachteter und gemiedener „Knecht", „ein Mann der Schmerzen", „zerschlagen für unsere Missetaten", sein wollte (Isaias 53). Das genaue Datum der Erleuchtung, die ihr durch ihre eigenen Heimsuchungen den Sinn des Kreuzes offenbarte, kennen wir nicht. Aus ihren Schriften und Vorträgen wird jedoch klar ersichtlich, daß sie sich immer strahlender des Mysteriums der Erlösung bewußt wurde, die ein für allemal durch das Haupt verwirklicht wurde, sich aber gerade deshalb bis zum Ende der Zeiten in seinem Mystischen Leib verewigt. Trotz aller ihrer wunderbaren Verschiedenheit teilen alle Heilige die

---

[32] „Das Haus gehört zur Pfarrei Santa Maria Maggiore", schreibt Mutter Ledochowska am 19. Juni 1904. „Das freut mich ganz besonders, weil wir alle „Kinder Mariens" sind."

leidenschaftliche Liebe zum *Kreuz*, nicht um seiner selbst willen, was Dolorismus wäre, sondern um Dessetwillen, der es als Zeichen der *größten Liebe* zum Heil der Welt gewählt hat.

Maria Theresia, die in ihren vertraulichen Mitteilungen so zurückhaltend ist, gibt sich mehr durch ihr Beispiel als durch Worte zu erkennen. Nicht ohne Grund wählt sie die Losung: *leiden und arbeiten*. Sie verzehrte sich buchstäblich im Dienste ihres Werkes oder vielmehr *Dessen, der es ihr inspiriert hatte*. Von Entsagung zu Entsagung wuchs in ihr die Gewißheit, im Dienste der *Kirche von heute* einem Plan der Vorsehung zu dienen. Diese Gewißheit machte sie unerschütterlich und verlieh ihr sozusagen einen Panzer gegen alle Kritiken und Mißbilligungen, mit denen man sie zu Beginn ihres „revolutionären" Unterfangens überschüttete. Nicht verzeihen konnte man ihr ihre Armut, ihre mehr als bescheidene Kleidung, ihre „Trappistinnen"-Reisen. Manche ihrer Gefährtinnen der ersten Stunde verließen sie, um in die Mission hinauszuziehen. Für andere war das Ideal des Instituts vielleicht zu hart.

Wir haben gesehen, wie gründlich sie die richtige Auswahl unter den Bewerberinnen traf. Natürlich stand sie den harten Prüfungen, die sie auferlegte, nicht gefühllos gegenüber. „Was für ein Glück, daß es im Himmel keine Reisen und keine Vorträge mehr geben wird!" Solche Bemerkungen können uns nicht irremachen. Sie frohlockte buchstäblich in der Freude des Heiligen Geistes. Seinen Gaben schreibt sie ihre Erfolge zu. Den Beweis hierfür sieht sie in ihrem *Echo aus Afrika*. Es war schon ein kühnes Unterfangen, wie sie gesteht, die Zeitschrift ohne Geld und trotz aller Schwierigkeiten ihrer Lage zu starten und die ganze Verantwortung hierfür zu übernehmen. Und warf man ihr Narrheit, ja Betrügerei vor, so machte es ihr nichts aus. Da sie sicher war, auf Gottes Pfaden zu wandeln, strömte sie über von übernatürlicher Freude. „Wahrlich, wir haben die schönste Berufung der Welt! . . ."

Der Prophet gilt nichts in seinem Vaterlande. Deshalb kann die Bedeutung der Niederlassung der Petrus-Claver-Sodalität in Rom nicht nachdrücklich genug hervorgehoben werden. Von 1903 an wurde das Noviziat nach dort verlegt. Sofort beruhigte sich „die Opposition" ein wenig. Sollte diese unter die Neger verirrte Gräfin letzten Endes vielleicht doch recht haben?

Breiten wir den Schleier der Barmherzigkeit über die Initiativen der damaligen Zeit, die im Namen der „Missionen" aus dem Boden schossen. Die Rufe von Kardinal Lavigerie waren durch ganz Europa erschallt, und Strohfeuer waren aufgeflammt. Der anfänglichen Begeisterung folgte jedoch bald die Stille der unvermeidlichen Verzagtheit. Es stellte sich rasch heraus, daß das, was Afrika forderte, die rein menschlichen Kräfte weit überstieg. Mit der Wahl eines Präsidenten, eines Sekretärs und eines Buchhalters kann man eben noch lange nicht den Heiligen Geist in Bewegung setzen! Seltsamerweise blieb nur noch eine vage Erinnerung an diese verschiedenen Unternehmungen übrig. Es fehlte weder an Geld, noch an Räumlichkeiten oder an Interessenten an einer entlohnten Arbeit, sondern an Männern und Frauen vom Schlage des Kardinals Lavigerie und Maria Theresia Ledochowskas. Die großen Werke werden ja stets in Schmerzen geboren, und an der Wiege der blühendsten Institute steht die Erniedrigung der Krippe und des Kreuzes in denen, die gegen den Strom schwimmen und durchhalten. Wir verzichten auf die Aufzählung der Hindernisse, die man Maria Theresia in den Weg legte. Sie wäre nie zur Ehre der Altäre erhoben worden, hätte sie Gott nicht stets mit ihrem unbezwingbaren Mut mit einem entschlossenen „Ja!" geantwortet.

Rom bedeutet einen Wendepunkt in ihrem Leben. Mehr als je fühlt sie sich mit ihrer großen Patronin als „Tochter der Kirche". Sie hat Europa durcheilt und weiß nun, daß sie den Hafen gefunden hat. Allmählich müssen sie auch ihre erbittertsten Gegner ernst nehmen. Wichtig sind für sie jedoch in erster Linie die Männer „drüben", die Missionare! Die Werbung funktioniert gut, weil die Externen und die Förderer von der entschiedenen Kühnheit dieser zum Führer geborenen und in der göttlichen Strategie wohlbewanderten Frau tüchtig unterstützt werden. Die Zahl der Stützpunkte wächst, so daß die Hilferufe aus dem schwarzen Erdteil nicht mehr ohne Antwort bleiben.

Natürlich kommt es in erster Linie auf die immer substantiellere materielle Hilfe an. Hinzu kommt jedoch auch der psychologische Aspekt der fest geknüpften Bande. Von nun an bleibt kein Brief aus Afrika unbeantwortet, fällt keine Bitte mehr ins Wasser. Der Prozeß, der zur Seligsprechung der Frau führte, die man in Afrika kurzerhand die „Mama der Schwarzen" nannte, zwang die Empfänger der Briefe, diese dem Postulator auszuhändigen: es sind Tausende von Briefen! Schreiben konnte sie diese Briefe nur nachts oder in den Perioden, in denen sie ans Bett gefesselt war! In ihrer klaren und systematischen Art ließ sie die Korrespondenz nie lange liegen. Ihr Stil ist bündig und geht stets direkt auf den Kern der Probleme ein. Die Leute, die ihr von drüben schreiben, kümmern sich weder um Stil noch um Rechtschreibung. Diese „Leute aus dem Busch" sind ja alles andere als geborene Schriftsteller. Ihre Botschaften sind karg und trocken, enthalten fast nur die monotonen Angaben des am dringendsten Benötigten und ergreifen vielleicht gerade deshalb besonders. Sofort machen sich die Töchter von Mutter Ledochowska ans Werk, während sie noch mehr Vorträge hält, die die Zuhörer elektrisieren. Spenden strömen herein, und riesige Pakete gehen ab in die fernen Missionsstationen. Man kann sagen, daß kein Hilferuf der Missionare ohne Antwort geblieben ist! Das ist geradezu ein Wunder. Je mehr man empfängt und je kühner man erbittet, mit um so größerer Selbstverständlichkeit fordert man *nichts für sich selbst.* Aber auch hier errät Maria Theresia und hilft mit ihrem Zartgefühl. Wie viele Missionare fanden bei ihren „Ferien" in Europa in Maria Sorg die wohlverdiente Erholung! Wie viele andere erhielten Schecks mit der präzisen Anweisung: „Lassen Sie sich ärztlich behandeln! Dieser Betrag ist für die Wiederherstellung Ihrer Gesundheit bestimmt!"

So liebten sie „drüben" alle, obwohl sie sie nie zu Gesicht bekommen hatten: die Missionare, aber auch die Schwarzen, deren offizielle Mama sie rasch wurde. Kein Wunder also, daß es nach ihrem Tod buchstäblich Briefe regnete, die für ihre Heiligsprechung eintraten. Diese Briefe sind so beredt, daß wir der Versuchung nicht widerstehen können, schon jetzt eine kleine Nachlese zu halten, um ihre Persönlichkeit und ihr Werk im letzten Abschnitt eines Aufstiegs zu den Gipfeln besser zu beleuchten.

Katanga, Tanganjika, Tripolis, Kilimanscharo; Rhodesien, Kap Verde, Madagaskar, Erythräa; Nigeria, Somalia, Angola, Uganda, Dahomey; Äthiopien, Guinea, Natal, Transvaal, Elfenbeinküste, Urundi, Sudan, Ruanda, Nynasa . . . Eine umfangreiche Liste von Namen und Adressen taucht in den Bänden voller postulierender Briefe auf, die eine kostbare und praktisch unerschöpfliche

Quelle zur Orientierung über die römische Periode im Leben Maria Theresias bilden.

Das Mutterhaus in der Via dell'Olmata besticht keineswegs durch sein Äußeres. Es ist etwas von der Straße zurückgesetzt, hebt sich dadurch aber wohltuend vom wachsenden Lärm des immer größeren Verkehrsstroms ab. Zahllose Hände aller Farben haben in den letzten siebzig Jahren an der Klosterpforte geläutet! In diesem Buch interessieren uns jedoch „die Klienten" von Mutter Ledochowska zwischen 1905 und 1922, dem Jahr, in dem sie in die Ewigkeit ging. Hören wir die hier herausgegriffenen Zeugnisse [33]:

„Die wunderbare, von ihr ins Leben gerufene Gesellschaft hat schon unzählige Seelen gerettet und schenkt denen, die sie anrufen, außergewöhnliche Gnadenerweise" (Somalia).

„Tausende von Missionaren wurden durch ihren von brennender Liebe eingegebenen Eifer ermutigt und unterstützt: dies beweisen die Kirchen und Kapellen, die dank ihr erbaut werden konnten..." (Berbera).

„Wie viele Priester verdanken es ihr, daß sie vor den Altar treten konnten?" (Erythräa).

„Ganz Afrika wollte sie für Jesus und Maria erobern" (Bamako).

„Mit vollem Recht gilt sie als die größte Wohltäterin der afrikanischen Missionen" (Kisantu).

„Der Ruf ihrer Heiligkeit ist nicht zufällig entstanden, sondern auf das Gedenken an ihr heiliges Leben zurückzuführen" (Kap Verde).

„Wir sehnen uns danach, sie öffentlich in der gleichen Eigenschaft wie den heiligen Petrus Claver anrufen zu können" (Kongo).

Die Zeugen englischer Zunge sind noch bündiger:

„. . . requesting the speedy beatification" (Sansibar).

„It is, I formly believe, God's will" (Gambia).

Maria Theresia Ledochowska war natürlich „Bedarfslieferantin", aber in noch viel größerem Maße „glühende Liebesflamme", die schwankende Berufungen neu entfachte, mutlos Gewordene wieder aufrichtete. Was könnten uns die schlichten Sprechzimmer der Via dell'Olmata doch alles anvertrauen, wenn sie mit Abhörvorrichtun-

---

[33] Diese Zeugnisse sind in verschiedenen Sprachen geschrieben: in Englisch, Französisch, Italienisch, Lateinisch, Polnisch, Deutsch. Wir übersetzen möglichst originalgetreu. Als Referenzen begnügen wir uns mit der Nennung der Missionsgebiete.

gen ausgestattet gewesen wären . . . Die Männer aus dem Busch, die kamen, um der „Mama der Schwarzen" ihr Herz auszuschütten, gingen ins Sprechzimmer wie in den Beichstuhl. Wie leicht war es doch, dieser von leuchtender Transparenz geprägten Frau, die so gut zuhören konnte, alles anzuvertrauen, was man auf dem Herzen hatte! Die Besucher zogen mit einem neuen, mutgeladenen Herzen von dannen. Einige charakteristische Aussagen mögen dies illustrieren:

„Ihre Gottesliebe und ihre Liebe zu den Seelen ihrer afrikanischen Kinder war stark, heroisch. Ihr Herz kam den kleinen Leuten entgegen und mit ihrem Herzen alles, was sie hatte, alles, was sie war. Zu ihren Lebzeiten hatte Afrika nichts Anziehendes, dennoch hat es niemand stärker, edelmütiger und *praktischer* geliebt als sie. Nur Gott allein konnte einer Seele so viel Liebe und Hoffnung einflößen . . . (Apostolisches Vikariat von Kilimandscharo).

„Die von ihr gegründete wunderbare Gesellschaft hat schon unzählige Seelen gerettet . . . Ganz besonders erwähnen wir ihren grenzenlosen Eifer und ihre völlige Hingabe an den Willen Gottes. Ständig gewährt sie denen, die sie anrufen, außergewöhnliche Gnaden . . . (Brathurst, Gambia).

„Ihre hilfreiche Hand ist in unzählige Hütten gedrungen. Tausende von Seelen haben dank ihr den Glauben und den Frieden gefunden. Und wer könnte die Missionare zählen, die sie unterstützt und gestärkt hat?" (Apostolische Präfektur von Bahr-el-Dschebel).

„Ihr Leben ist nicht nur eine Ermutigung zur inneren Vervollkommnung, sondern auch ein Ansporn für ein immer intensiveres Presseapostolat in den Missionsländern . . . (Vatomandry, Madagaskar).

„Bei jedem meiner drei ad-limina-Besuche, die ich von 1899 bis 1902 in Rom machte, hatte ich mehrere Unterredungen mit ihr, die mir ihre tiefe Demut, ihren heldischen Glaubensgeist, ihre Übung der christlichen Armut offenbarten. Ich sagte zu mir selbst: ‚Wahrlich *eine Frau, die nur in Gott und für Gott lebt!*" (Apostolisches Vikariat von Uganda).

„Sie hatte in unserem Seminar von Landana einen Pensionär, der heute Priester ist und sich dem Heil seiner Landsleute widmet. Ihr verdankt er, daß er seiner Berufung treu geblieben ist und den

Widerstand seiner Familie überwunden hat, die ihn hartnäckig vom Priestertum abbringen wollte . . ." (Landana).

Der apostolische Vikar von Namaqualand, Josef Kleemann, fügt seinem Brief folgendes ergreifende Zeugnis bei: „Nachdem ich 1906 einem Vortrag der Generaloberin der St. Petrus-Claver-Sodalität beigewohnt habe, faßte ich den Entschluß, der Welt zu entsagen und mich den armen Schwarzen in Afrika zu widmen. Während der fünfundzwanzig Jahre meines afrikanischen Apostolats habe ich sie oft angerufen. Wir verdanken ihr drei Bekehrungen verstockter Heiden, die jetzt glühende Apostel inmitten ihres Stammes sind . . ."

Der apostolische Vikar von Konakry betont ebenfalls „die Ehre und die Freude, die verehrte Gründerin kennengelernt zu haben". Er bewunderte an ihr vor allem „die völlige Entsagung, die freiwillige Armut, die innige Vereinigung mit Gott, das unerschütterliche Vertrauen und den Glauben, der ‚Berge versetzen kann' . . .". Alle, die sie kannten, bewunderten „eine wahrhaft übermenschliche Seelenenergie in einem äußerst schwachen Körper . . .".

Manche Bischöfe erwähnen „Zeichen", deren Zeugen oder Benefizianten sie waren. So schreibt der apostolische Vikar von Urundi, Mgr. Gorju: „Ich persönlich verdanke ihr die augenblickliche und endgültige Heilung einer Furunkulose, die allen Behandlungen widerstanden und vier Jahre lang mein Leben buchstäblich vergiftet hatte." In der gleichen Zeugenaussage ist auch die Rede von der Heilung eines tuberkulosekranken Missionars, die aber nicht geltendgemacht werden kann, weil sie nicht „augenblicklich" erfolgte, obwohl der behandelnde Arzt den „Fall" als „außergewöhnlich" bezeichnet.

Die hier angeführten Zeugnisse beziehen sich alle lediglich auf ein einziges Jahr: das Jahr 1937. Die folgenden umfangreichen Bände enthalten ebenfalls nur von Bischöfen oder apostolischen Vikaren aus Afrika unterzeichnete Briefe. Ihre große Zahl und ihre Qualität (86 solche Briefe allein im Jahre 1937!) illustrieren anschaulich die Ausstrahlung der Petrus-Claver-Sodalität in die Missionsländer. Gerade die Inbrunst gewisser, völlig unabsichtlicher, Wiederholungen läßt uns noch besser erfassen, welche einzigartige Rolle Maria Theresia Ledochowska bei der Ausbreitung ihres Werkes spielte.

15. KAPITEL

Die Spiritualität der Petrus-Claver-Sodalität

Der Aufschwung, den das Werk von Maria Theresia Ledochowska nahm, ist ein regelrechtes Wunder. Nicht weniger überrascht der geistliche Aufstieg der Gründerin der Petrus-Claver-Sodalität. Er findet seine Erklärung ausschließlich im ständigen und charismatischen Beistand des Heiligen Geistes.

Wir müssen daran erinnern, daß Maria Theresia nie Gelegenheit hatte, sich mit der religiösen Formation einer bereits bestehenden Kongregation vertraut zu machen. Sie ging zwar bei den Englischen Fräulein als externe Schülerin zur Schule, kam aber nie in direkten Kontakt mit der Gemeinschaft. So erfüllte sie das dringende Verlangen nach einer Einführung in die Bräuche und Gewohnheiten des Klosterlebens. Am Hofe von Toskana war sie Mutter Helene begegnet, einer Franziskanerin Mariens, die ihr großes Vertrauen eingeflößt hatte und ihre Freundin geworden war. Dank ihrer Vermittlung „lieh" ihr Mutter Maria von der Passion Christi, die Gründerin dieses neuen Zweiges der Franziskanerinnen, für die Dauer eines Jahres, vom 4. August 1897 bis 4. August 1898 — drei Nonnen zur Schulung der Novizinnen. Danach nahm Mutter Ledochowska die Führung des Noviziats selbst in die Hände und flößte ihren Töchtern das ureigene „Charisma" ein, mit dem Gott sie begnadet hatte, und gab ihnen das unauslösliche Siegel, das zum Kennzeichen ihres Instituts wurde. Ihre Verbindung zu den Franziskanerinnen Mariens blieb auch weiterhin sehr herzlich, getragen vom Gefühl der Dankbarkeit für die Hilfe in der ersten Stunde, das sie ihren

Töchtern weitergab und das die beiden Kongregationen weiter miteinander verbindet.

Als ein Zeichen der Vorsehung wertete sie, daß die Konstitutionen, die sie 1896 verfaßt hatte, von Kardinal Haller, dem Erzbischof von Salzburg, an einem Karfreitag, nämlich am 17. April 1897, genehmigt worden waren. So nahm ihr Missionsideal unter dem Siegel des Kreuzes Gestalt an. In der Tat wollte sie ihren Töchtern dieses besondere Kennzeichen geben, das sie sozusagen in die große Missionsfamilie einbaut. Sie sollten die rückwärtige Front der Sturmtruppen sichern und dabei nicht etwa ein ruhigeres Etappenleben führen, sondern die Mühseligkeiten und Sorgen der Kämpfer teilen. Darauf ist auch die Losung völliger Armut zurückzuführen, die den Entbehrungen entspricht, die das Leben im Busch den Missionaren auferlegt. Ihre Lebensführung darf sich somit nicht wesentlich von der der Kämpfer im Busch unterscheiden. „Die Helferinnen der afrikanischen Missionen können geistlich und materiell gar nicht arm genug sein", schreibt Mutter Ledochowska. In erster Linie, um als Vorbild zu dienen. Wie soll man die anderen um Opfer für die Missionen ersuchen können, wenn man nicht selbst die Entbehrungen teilt, zu denen die Missionare gezwungen sind? Mehr als eine Berufung aus wohlhabenden Kreisen wurde, wie wir der Geschichte der Sodalität entnehmen können, durch die gewollte Armut des im Aufbau begriffenen Instituts „entmutigt", während sich andere Anwärterinnen in ihm wie die Fische im Wasser fühlten. Und bis heute ist „die heilige Armut" ein Prüfstein der Berufungen bei der Petrus-Claver-Sodalität geblieben. Wer dieser Armut nicht freudig zustimmt, ist nicht berufen. Sind die Töchter Maria Theresia Ledochowska's auch nicht Missionare im eigentlichen Sinne des Wortes, so müssen sie doch von echt missionarischem Geist beseelt sein. Er muß sogar besonders stark sein, weil sie der Freude entsagen, die Früchte ihrer Opfer zu sehen: Korn, das stirbt für Ernten in der Ewigkeit . . .

Schonungslos zeichnet die Gründerin das Bild „der Demütigungen und Verfolgungen", denen ihre Töchter gerade auf Grund ihrer „apostolischen Arbeit" die Stirn bieten müssen. So stellt sie fest, daß die Petrus-Claver-Sodalität und ihre Gründerin schon gleich nach der Gründung Zielpunkt der antiklerikalen Presse wurde.

Ihre äußere Aktivität, vor allem ihr Ziel: das Heil der Schwarzen in Afrika, führte zu den gemeinsten Angriffen, die noch immer ständig wiederholt werden in der Hoffnung, doch noch das Vertrauen der Öffentlichkeit zu erschüttern. Man ging sogar so weit, zu behaupten, die Angehörigen des Instituts seien eine Bande von Abenteuerinnen, die sich der angeblich für die Missionare abgezapften Almosen bedienten, um selbst im Überfluß zu schwimmen ...

„Wer erinnert sich noch an den Krieg, der der Gründerin erklärt wurde, weil sie eine Missionsdruckerei eingerichtet hatte? Man hätte meinen können, dieser Plan hätte geradezu die Fundamente der österreichisch-ungarischen Monarchie erschüttern können. Endlos waren die Intrigen, die das Projekt zum Scheitern bringen wollten. So kann man sich die Wut der Gegner vorstellen, als sie sahen, daß die Druckerei funktionierte!

Jetzt hat sich der Sturm ein bißchen gelegt, aber die antireligiöse Presse findet ständig Vorwände, um vergiftete Dolche gegen die Gesellschaft und speziell gegen ihre Gründerin zu schleudern."

So erweist sich die Wahrheit des Wortes des Evangeliums: „Der Knecht ist nicht über seinem Herrn."

„Verachtet und verleumdet von den Feinden der Kirche, erfreut sich die Gesellschaft dann wenigstens der Gunst der echten Katholiken? Ja und nein. Manche stehen ihr absolut feindlich gegenüber und halten sie für schädlich. Andere verweigern ihr zwar nicht eine gewisse Achtung, widmen ihr sogar lobende Artikel, werfen ihr aber zum Schluß *engherzige Gesinnung* vor . . ., weil sie nur für Afrika arbeitet! Die Petrus-Claver-Sodalität zieht es schließlich vor, über sich selbst zu schweigen und sich glücklich zu schätzen, daß man sie in ihrem eigenen Land duldet. Sie kann keineswegs mit der moralischen Unterstützung derer rechnen, die sie unterstützen könnten und müßten . . ."

Mutter Ledochowska verbirgt, wie man sieht, ihren Töchtern in keiner Weise die Mühseligkeiten des schmalen Pfades, den sie einschlagen wollen. Man möchte sogar sagen, daß sie alles tut, um schwankende Berufungen von vornherein zu entmutigen. Hören wir, was sie weiter zu sagen hat:

„Das Schauspiel einer Nonne, die die Meere überquert, um hinzugehen und wilden Völkern das Evangelium zu bringen, entreißt der Welt noch Rufe der Bewunderung. Wenn es sich jedoch um Personen handelt, die in das St. Petrus-Claver-Institut eintreten, um von früh bis spät bis zur Erschöpfung zu arbeiten, Propaganda zu treiben, Artikel zu schreiben, sich mit der Korrespondenz zu befassen, Korrekturfahnen aus der Druckerei durchzuarbeiten, Spenden zu registrieren, deren Empfang zu bestätigen, Kisten für Afrika zu packen, Mitteilungsblätter zu versenden — so beinhaltet all das nichts Heroisches, bringt weder einem selbst noch seiner Familie Ehre ein ...

Statt Abonnements und Spenden für die Missionen zu erhalten, ernten wir auswärts oft Beschimpfungen. Eines Tages fertigte uns eine wackere Wiener Hausfrau mit einem Fausthieb ab! Diejenige, die nicht gewillt ist, eine solche Gabe anzunehmen, sich ihrer zu erfreuen und im Innern zu sagen: „Gott sei gepriesen", ist nicht für das St. Petrus-Claver-Institut geschaffen ...

Man darf nicht vergessen, daß unser Institut auf *Armut* und *Demut* gegründet ist. Es hat arm, demütig begonnen, und je ärmer und demütiger seine Angehörigen werden, desto besser ist das für jede einzelne und für das Werk im allgemeinen. Denn ‚*Gott widersteht den Hoffärtigen, den Demütigen aber gibt er Gnade*'."

Wichtig ist vor allem, daß die jungen Mädchen, die sich von dem Ideal völliger Entsagung angezogen fühlen, genau wissen, was sie erwartet und großherzig darin einwilligen.

„Ermüdend und mitunter sogar nervenaufreibend", fährt Mutter Ledochowska fort, „ist der Zwang, die meisten Arbeiten zu einem genau bestimmten Zeitpunkt zu beenden; so machen uns unsere Mitteilungsblätter, die rechtzeitig verschickt werden müssen, häufig zusätzliche Arbeit. Diese Arbeit kann beim Weggang oder der Erkrankung einer Angehörigen unseres Instituts geradezu erdrückend werden. Darüber hinaus werden die so zahlreichen und dringenden Ersuchen der Missionare gleichfalls eine Ursache der Überbürdung ... Der eine bittet, ihm einen Katechismus in einer Eingeborenensprache zu senden, der für die Unterweisung seiner Katechumenen unbedingt notwendig ist; ein anderer schickt ein Manuskript aus dem Evangelium in einem lokalen Idiom und erklärt, er möchte die Abzüge anläßlich seines Aufenthalts in Europa ... demnächst selbst korrigieren. Wie könte man ablehnen?

So nimmt man denn alles an, belastet sich mit allem, dies bedeutet ständige Arbeit, der alle verfügbaren Kräfte kaum gerecht werden können. Aufgabe der Oberinnen ist es, zu bremsen, aber sie selbst sind ja im Räderwerk gefangen ...

Die Arbeit in unserem Institut läßt sich mit einem Stein vergleichen, der einen Steilhang hinunterrollt: man kann ihn nicht aufhalten; aber er reißt alles mit, was sich auf seinem Durchgang befindet ... Wie soll man dessen Herr werden? Indem man sich unermüdlich, in Opfergesinnung an die Arbeit macht, ohne den inneren Frieden zu verlieren. Man muß, wie der heilige Ignatius rät, arbeiten, als ob alles von unseren Bemühungen abhinge, sich aber nach Erfüllung der Aufgabe als unnütze Magd betrachten."

Offen bleibt die vorrangige Frage nach dem „Gebetsleben inmitten so vieler Arbeiten". Auch hier findet die Gründerin der Claverianerinnen eine Antwort, die erstaunlich in unsere Zeit paßt. Man hat im Laufe der Jahrhunderte allzuhäufig eine Demarkationslinie zwischen dem kontemplativen und dem aktiven Leben gezogen. Bei den sozialen Strukturen der verflossenen Jahrhunderte war dies möglich. Man denke nur an die Klassenunterschiede in den Klöstern, in denen Hilfsschwestern die Arbeit leisteten, um den „Kontemplativen" die Muße zu beliebigem Gebet zu geben. Es liegt uns fern, überholte soziale Strukturen zu beurtnilen oder gar verurteilen zu wollen, die zu gewissen Zeiten ihre Existenzberechtigung gehabt haben mögen, sei es auch nur zur allmählichen Heranführung der jungen Mädchen aus dem Volke an das Klosterleben. In vielen eifrigen Klöstern handelte es sich übrigens keineswegs um strenge Schranken, vielmehr gab es stets Fälle, in denen die „Arbeiterinnen" mit Berufung zum beschaulichen Leben Zugang zu dem Leben der „Kontemplativen" erhielten.

Heute jedenfalls suchen die meisten Kongregationen, vor allem die weiblichen, nach einem *fruchtbaren Gleichgewicht* zwischen einem absolut notwendigen Leben der Arbeit und einem ebenso unentbehrlichen Gebetsleben. In diesem Suchen wurzeln viele Fälle von Frustration und damit Gleichgewichtsverlust. Es ist nicht so leicht, „Gott um Gottes willen zu verlasssen". Aber schon zu Beginn dieses Jahrhunderts löste Mutter Ledochowska dieses Problem wie einen gordischen Knoten: mit einem Hieb und für immer, was auch die Geschichte mit ihren Wechselfällen bringen mag. Das Ideal ihres Instituts, sagt sie in einer Broschüre, die wir immer wieder zitieren müssen, ist: *„Beten und arbeiten! Arbeiten und beten."*

Und sie fügt hinzu: *„Die Arbeit ist die Modifikation, die dem Gebet seine Wirksamkeit verleiht."*

Dies bedeutet natürlich nicht eine Vernachlässigung des „Teiles Gottes"! Jeden Tag gibt es Hoch-Zeiten, die ausschließlich dem Gebet geweiht sind. Aber die oft auftreibende Arbeit, die die Töchter von Maria Theresia Ledochowska in Anspruch nimmt, liegt keineswegs auf einer anderen „Stufe", da sie durch ein ganzes Leben der Aufopferung für das Heil der Ungläubigen geweiht ist. Darin wurzelt die wesentliche Bedeutung der Armut, der Demut, der Verfügbarkeit für die *Opfer,* die undankbare Aufgaben häufig erfordern. Wenn man sie in den übernatürlichen Bereich hinaufhebt, gelingt es, sie mit der Stetigkeit eines Lebens des Gebetes zu verschmelzen, das besonders stark ist, weil *alles im Mysterium des erlösenden Kreuzes dem Heil der Welt gewidmet ist.*

Das ist zwar rasch niedergeschrieben, aber schwer zu leben. Im Gegensatz zur einschlägigen Literatur scheint die Gründerin der Petrus-Claver-Sodalität unentschlossene Berufungen zu *entmutigen.* Lieber „wenig, aber sicher, als viel, aber unsicher", sagte sie oft. Das langsame, aber stete Wachstum ihres Werkes läßt ein solides Fundament erkennen. In der erwähnten Broschüre beruft sie sich nicht auf das Evangelium, aber kann es ein frappanteres Vorbild geben als das Leben des Zimmermannssohnes, das bis zum Alter von dreißig Jahren ganz harter Arbeit gewidmet war? ... Und später war dann auch die Verkündigung des Reiches Gottes alles andere als eine Idylle: eine aufmerksame Lektüre der Synoptiker läßt erkennen, in welchem Maße der „Menschensohn" der Volksmenge ausgeliefert war, die ihn ständig umlagerte und häufig *nicht zum Beten kommen ließ.*

„Das Leben der Helferin", schreibt Mutter Ledochowska, „verfließt in rastloser Arbeit, fern von denen, *für die* sie arbeitet, fern von dem Land, das sie liebt und das sie für Jesus Christus erobern will. Es ist ihr nicht gestattet, sich einem beschaulicheen Leben hinzugeben, und im aktiven Leben muß sie darauf verzichten, die

Früchte ihrer Arbeit zu sehen. Andere werden ernten, was sie in ruhmloser Arbeit gesät hat ..."

Aber auch das Gegengewicht fehlt nicht! „Geben ist seliger als nehmen", spricht der Herr. „In der Sammlung der Anbetung dient uns Gott. Mit der dem Heil der Ungläubigen geweihten Arbeit dienen wir Gott."

Die Berufung einer Schwester der heiligen Petrus Claver erfordert daher „eine gute Dosis Opfergeist, großen Entsagungsdurst". „Verlasset alles, und ihr werdet finden ..."

Dieser Passus der Nachfolge rückt das religiöse Ideal von Mutter Ledochowska ins volle Licht. „ALLES FÜR ALLES" ... Vielleicht hätte sie sich diese Losung nicht zu eigen gemacht, hätte Gott durch die Ereignisse, die stets — verschleierte — Boten seiner Liebe sind, nicht *so viel* von ihr gefordert, wie wir es in den geschilderten harten Heimsuchungen ihrer Jugend gesehen haben. Es blieb ihr noch ein an sich unveräußerliches Gut: ihr schriftstellerisches Talent, in dem sie eine Gabe des Himmels erkannte. In ihm sah sie zugleich ihre letzte „Habe", die sie opfern konnte. In der erwähnten Broschüre beschwört sie auch eine Erinnerung, die einer Beichte gleichkommt:

„Im Pensionat stand in unserem Französischbuch eine Geschichte, die mir in unauslöschbarer Erinnerung geblieben ist und die ich nicht wiederlesen konnte, ohne vor Bewunderung zu erschauern. Ein junger begabter Maler opferte die Aussicht auf eine glänzende Kariere und wurde Mönch. Im Kloster übte er seine Kunst weiter aus zur Verherrlichung Gottes. Eines Tages legte er sich jedoch Rechenschaft darüber ab, daß er Gott geteilten Herzens diente und noch zu sehr an seiner Malerei hing. Hierauf vollbrachte er sein letztes, sein größtes Opfer und warf Farben, Leinwand, Pinsel aus seinem Zellenfenster in den Fluß, der unten am Kloster vorbeiströmte, und brachte so die Gaben, die Gott selbst ihm verliehen hatte, zum Opfer dar ..."

Beim Schreiben dieser Zeilen muß Mutter Ledochowska zwangsläufig an ihr eigenes Opfer gedacht haben. Von dem Augenblick an, als sie sich für immer dem Dienst der Missionen widmete, diente ihre Feder nur noch dem *Echo aus Afrika,* zweckbestimmten

Theaterstücken und Propagandaerzählungen und versagte sich der Inspiration des geborenen Schriftstellers [34].

Ein Fra Angelico, ein Rublew beweisen sehr wohl, daß es möglich ist, die Kunst auch in das Leben eines Mönches hineinzunehmen. Bei Maria Theresia Ledochowska mit ihrem leidenschaftlich ganz auf ein einziges Ziel ausgerichteten Temperament wäre es über kurz oder lang zu einer mörderischen Spannung gekommen. Der Ruf Gottes, der eines Tages — dessen Datum ihr Geheimnis bleibt — an sie erging, ließ keinen Blick zurück und keine Teilung zu. Da sie selbst ihren Opfern nie nachgetrauert hat, kann sie auch ihren Töchtern die schwesten Entsagungen, die härtesten Opfer abfordern. Denn alle, denen Gott den Stempel des Kreuzes aufprägt, sind schon hienieden vom Strahlenglanz des Tabor gezeichnet, dem unvergänglichen Licht, das alles verklärt, was in *Frieden* und *Freude* dargebracht wird.

Um zu wagen, alles zu erbitten, mußte Mutter Ledochowska durch Erfahrung den Einsatz ermitteln, der hierfür erforderlich ist.

Gott, der Herr, fordert nichts, ohne es hundertfach „wiederzugeben". Die Opfer zeitlicher Natur verklären sich in Ewigkeitsfrüchte: in Gaben des Heiligen Geistes, die rein menschliches

---

[34] Ihre Freundin Ilse von Düring berichtet in ihrer Zeugenaussage, daß Maria Theresia einen Roman, der sie sechs Jahre Arbeit gekostet hatte, zerrissen und ins Feuer geworfen hat. Sie erklärte ihr zugleich: „Von nun an wird meine Feder ausschließlich im Dienste Gottes stehen." Zur gleichen Zeit vertraute sie ihr an: „Gott will mich mehr und mehr ganz für sich. Ich kann nicht mehr in der Welt bleiben." Leider wissen wir nicht, wann diese Äußerungen erfolgt sind. Die bekannte Freiin Enrica von Handel-Mazzetti schreibt in ihrer Zeugenaussage: „In meinem ganzen Leben habe ich niemanden getroffen, der so ganz und gar ausschließlich auf die Anforderungen seiner durch und durch übernatürlichen Berufung ausgerichtet war wie die Gräfin Ledochowska. Sie erinnert mich in dieser Hinsicht an den hl. Aloysius von Gonzaga. „Gott und das Heil der Schwarzen": dieser Losung war ihr ganzes Leben geweiht. Sie interessierte sich für meine literarischen Arbeiten genau in dem Maße, in dem sie der Kirche und den Seelen dienten. Sie hatte selbst eine bemerkenswerte Künstlernatur. Mit ihrer reichen Phantasie und ihrer außergewöhnlichen Gabe, die malerischsten Szenen und die farbigsten Fakten zu erfassen und wiederzugeben, hätte sie aufsehenerregende Erfolge erringen können. All das hat sie als Opfer dargebracht ..."

Verstehen übersteigen, da sie, wie Pascal sagt, „anderer Ordnung" sind. Maria Theresia zitiert den heiligen Bernhard, der von seinen Söhnen nicht weniger forderte und sagte: Manche „sehen lediglich die Entsagung, aber nicht die Freude, die sie schenkt". Nur wer den Sprung ins Leere wagt, sinkt in die Arme Gottes! Zum Schluß ihres inhaltsreichen, inbrüstigen Büchleins beschwört Maria Theresia das Drama des jungen Mannes aus dem Evangelium, den der Herr gerufen hat, der dann aber „mit einem schweren Seufzer" von dannen ging — wie gewisse Postulantinnen, die vor dem strengen Leben zurückschreckten, dem sie hätten die Stirn bieten müssen, wenn sie sich dem Dienst für die afrikanischen Missionen geweiht hätten.

Den Schritt, den sie nicht zu tun wagten, riskieren andere im Vertrauen auf DEN, der sie ruft! Als höchstes Indiz kann eine bedeutsame Tatsache gewertet werden: die wenigen Nonnen, die ganz jung „frohgemut, tapfer, liebtrunken" in die Ewigkeit gegangen sind, frei von allem, was nicht Gott war ... „Ein guter Tod", wie man mit einer völlig abgedroschenen Formel sagt, ist lediglich die Krönung eines Lebens völliger Hingabe. Mutter Ledochowska konnte, bevor sie sich ihrem eigenen Tod stellen mußte, den Heimgang ihrer Töchter schauen, die der Erde im gewaltigen Aufschwung zur „wiedergefundenen Ewigkeit" [35] entrissen wurden.

Kardinal Bourne schreibt im Vorwort zur englischen Ausgabe des Büchleins von Mutter Ledochowska, ihr Werk entspreche den Bedürfnissen unserer Zeit: „Ich hatte den Vorzug, sie kennenzulernen. Ich habe mir eine sehr hohe Meinung sowohl von der heiligen Gründerin wie auch von ihrem Werk gebildet... Auf der ganzen Welt gibt es sicherlich viele Menschen, die den Missionen nicht nur mit Geldopfern, sondern mit der Darbringung

---

[35] „Sie ist wiedergefunden... Wer? Die Ewigkeit..." Worte Arthur Rimbauds, dieses Propheten wider Willen, der von zügellosen Leidenschaften verzehrt wurde, sich aber sehr wohl „der Eitelkeit der Dinge" bewußt war und, obwohl er oft vom Weg abkam, ständig auf der Suche „nach dem war, was nicht vergeht". Ist dies nicht auch das Drama unserer heutigen Jugend, die versucht, ihren Hunger nach Gott mit vergifteter und vergänglicher Speise zu betäuben?

ihrer selbst dienen wollen. Sie finden die Verwirklichung ihrer Berufung im Leben der Helferinnen der Missionen Afrikas. Möge ihnen dieses Büchlein als Leuchte und Führer dienen und zeigen, wie man nicht nur im Trachten und Verlangen, sondern tatsächlich und in Wirklichkeit Missionar werden kann."

16. KAPITEL

Der 14. August — Druckereien an Ort und Stelle

Der August 1914 überraschte Maria Theresia Ledóchowska in Österreich. Sie rechnete keineswegs damit, fünf Jahre lang, bis November 1919, an Ort und Stelle festgenagelt zu sein. Da Italien an der
Seite der Alliierten gegen die „Mittelmächte" in den Krieg eingetre-
ten war, blieb ihr der Weg nach Rom verboten.

Wir besitzen nur wenige Dokumente über diese tragische Epoche.
Da die Gründerin der Claverianerinnen ihr „Hauptquartier" in
Maria Sorg aufgeschlagen hatte, verfügte sie nur über ein beschränk-
tes Aktionsgebiet. Stand sie, wie Romain Rolland, der in der
Schweiz Zuflucht gesucht hatte, nun über dem Völkerstreit? Im
Gegenteil! Da sie mit jeder Faser ihres Seins in der Weltkirche
wurzelte, wurde sie auch in diesen brudermörderischen Krieg hin-
eingezogen. Auf ihre Weise natürlich, d. h. ohne einen Unterschied
zwischen Menschen und Nationen zu machen.

Als Tochter eines tragisch geteilten Volkes und Angehörige eines
vornehmen Geschlechts aus Österreich und der Schweiz hätte auch
sie in dem überhitzten Klima aufeinanderprallender Nationalismen
Partei ergreifen können. Sie tat es nicht. Kerzengerade wie eine
gekonnt gezogene Furche blieb sie ihrem Weltkirchenideal treu, für
das jeder Krieg zwischen christlichen Völkern (und nicht nur zwischen solchen) brudermörderisch war.

Wir wissen, wie sehr Benedikt XV. darunter gelitten hat und wie
übel seine den Kriegführenden unterbreiteten Vermittlungsvor-
schläge aufgenommen wurden! Auf viel schlichterer Ebene hatte
auch Maria Theresia viel zu leiden.

Mit einem Schlag entvölkerten sich die afrikanischen Missionen, da die Missionare auf allen Seiten eingezogen wurden. Auch die jungen Christenheiten blieben nicht von der Zwietracht und dem Haß verschont. Es fällt uns schwer, zu verstehen, daß man auf beiden Seiten in Europa im Namen Gottes zum Angriff schritt. „Gott mit uns" . . . Eines der entsetzlichsten Gemetzel in der Geschichte zerriß nicht nur die Völker, sondern auch die Herzen. Hüten wir uns, zu richten und zu verurteilen! Tausende von Soldaten fielen wie Helden und Heilige und opferten ihr Leben. Für die Menschen aber, die sich aus dem Konflikt heraushalten konnten, war der Krieg von 1914 ein Skandal.

Die Missionsstationen in Afrika waren mit einem Schlag jeder Hilfe aus ihrem Heimatland beraubt. Geld und Pakete kamen nicht mehr durch. Die Ablösung übernahmen Missionsschwestern mit oft leeren Händen.

Als guter Stratege sah Maria Theresia bei diesem Rückzug in der Katastrophe nur ein Ziel: *überleben.*

„Es ist kein Unterschied zwischen Juden und Griechen . . ." Auch nicht zwischen Deutschen und Franzosen . . . Die Hilferufe, die Maria Theresia über das Rote Kreuz erreichten, wurden ausschließlich nach ihrer Dringlichkeit beurteilt. Wieder ging sie „betteln", vervielfachte ihre Vorträge und Fürsprachen für die Menschen, die „drüben litten". Vor allem in Wien [36], da sie nicht einmal nach Deutschland durfte. Man kann ohne die geringste Übertreibung sagen, daß sie sich im Verlauf dieser blutigen Jahre regelrecht aufrieb und daß die Entbehrungen, die sie sich auferlegte, ihren Tod beschleunigten.

Unter den gegebenen Verhältnissen stand sie zwangsläufig allein an der Front. Allein bot sie der Opposition die Stirn. Ihren in Maria Sorg zusammengepferchten Töchtern schlug sie vor, sich in die Schweiz zurückzuziehen. Nicht eine einzige von ihnen ging fort. Glücklicherweise konnte das große Gut sich selbst versorgen, denn

---

[36] Vorträge hielt sie auch in Prag, Brünn, Linz und Graz, aber in Wien verbrachte sie zwei volle Winter in einem Einsatz, in dem sie keinerlei Rücksicht auf sich selbst nahm. Mitunter hielt sie sogar zwei Vorträge am Tag. Nach den Bekundungen ihrer Hörerschaft vertiefte sich ihre Wortgabe damals noch, wurde „unwiderstehlich". Dies erklärt den geistigen und materiellen Widerhall, den ihre Worte fanden.

einige kräftige Schwestern sorgten für den notwendigen Ertrag. In Wien aber herrschte Hunger.

Zur Ehre der österreichischen „Oberschicht" müssen wir feststellen, daß Maria Theresias Appelle nicht ohne Echo blieben. Die Opfergaben vervielfachten sich 1915 und vor allem 1916. Dabei spielte es keine Rolle, wofür die Reichen ihre Geldschränke plünderten! Für die Heimkehr eines an der Front stehenden Sohnes, für die Genesung eines Verwundeten, für den Frieden . . . Österreich war nie fanatisch, und Maria Theresia plädierte für „ihre" Missionen, ohne die Antagonismen zu verschärfen. Tatsache ist jedenfalls, daß sie die Missionare trotz des Krieges weiter unterstützen konnte. Zur Weiterleitung des Geldes bediente sie sich der Schweiz, der „barmherzigen Schwester" Europas, wo ihr Bruder Wladimir, General der Jesuiten, während des Krieges seinen Vorposten hatte installieren müssen.

Außer dem Geld konnte Maria Theresia eine stattliche Zahl von Broschüren, Flugblättern und kleinen Werken „hinüberschicken": 113 660 im Jahre 1915, 2 700 000 im Jahre 1916, „das Doppelte" im Jahr 1917. Nach ihren sorgfältigen und „vorbildlichen" Berichten an die Propaganda-Kongregation sind im Krieg unterstützt worden: siebenundvierzig apostolische Vikariate, zweiundzwanzig Zirkumskriptionen und siebenundvierzig Missionsposten. Hinzu kommen noch die gefährdeten Institute in Europa, die Hilfe erhielten.

Bei der Aufstellung der Bilanz für 1917 kam Mutter Ledochowska selbst nicht aus dem Staunen heraus. „Wir sind höchst verwundert, feststellen zu können, daß sich unsere Einnahmen verdoppeln, und der Gesamtbetrag der für die afrikanischen Missionen verausgabten Summen löst echte Überraschung aus. ‚Das ist unglaublich', sagt man, ‚das grenzt ans Wunder!', das trifft vom *menschlichen Standpunkt* aus zu. Unser Losungswort war aber: „*Vorwärts mit Gott! Das ist der tiefe Grund für das, was geschehen ist.*"

Gleich nach Kriegsende kamen in Massen die Bekundungen der Dankbarkeit. Der Inhalt vieler Briefe in den Archiven des Mutterhauses läßt sich in wenigen Worten zusammenfassen: „Dank Ihnen haben wir überlebt!" . . . „Was wäre aus uns ohne Sie geworden?"

Ein Bischof, Mgr. Jarosseau, schrieb ihr im Jahre 1917: „Sie sagen wie der heilige Paulus: Es gibt keinen Unterschied zwischen Juden und Griechen, Barbaren, Gelehrten und Unwissenden, denn Christus ist ja der Herr aller. Sie geben allen und werden großherzig *die Mutter aller afrikanischen Missionare.*"

Pater Porte überbietet ihn noch: „Sie sind wahrhaft *die Vorsehung Afrikas,* die Mutter der Afrikaner, unser Leben. Die Kaffern nennen Sie *Mohnonagali oa Roma, M'a choma,* was heißt: die edle Dame aus Rom, unsere Mutter."

Dieser „Mutter"-Titel, den ihr so viele Missionare, so viele Schwarze spontan verliehen, war die schönste Krönung ihres unermüdlichen Eifers. Sie mußte auch seine Last tragen. Am 8. November 1919 kehrte sie nach Rom zurück — und sofort befand sich das Generalat in der Via dell'Olmata in einem regelrechten Belagerungszustand. Ein Besucher löste den anderen ab. Greifen wir einige Namen aus der langen Liste der Besucher heraus: die apostolischen Vikare Martrou, Auneau, Carrara; die australischen Bischöfe McCarthy, Heary; die afrikanischen Bischöfe Steinmetz, Moury, Terrien; Streicher und Sweens von den Weißen Vätern, Lerouge von den Vätern vom Heiligen Geist, Roelens vom Ober-Kongo . . . Zu ihnen gesellen sich die römischen und europäischen Würdenträger: der Kardinal van Rossum, Präfekt der Propaganda; Kardinal Dalbor, Erzbischof von Gnesen und Posen; NN.SS. Camassei, Vanutelli . . .

Sie alle kamen, um aus vollem Herzen für alles zu danken, was getan worden war, aber auch um nachdrücklich um neue Hilfe zu bitten. Wie gewohnt hörte sich Maria Theresia Ledochowska alles an, betete, suchte neue Möglichkeiten konkreter und wirksamer Unterstützung. Der „große Krieg" hatte sie zu besonderer Umsicht gemahnt. Die zufriedene Sicherheit der Vorkriegszeit war unter dem Schock der entfesselten Leidenschaften zerbröckelt. Konnte man der Zukunft sicher sein? War es klug, die Posten für Hilfe und religiöse Propaganda auf unserem kaum genesenden alten Erdteil aufrecht zu erhalten? Mit ihrem strategischen Genius beschloß Mutter Ledochowska, „nach Afrika hinüberzugehen" und die Katechismen und die Evangelien, die Mitteilungsblätter und die Propagandaschriften, die immer dringender benötigt wurden, an Ort und Stelle von den Missionaren und in den Eingeborenenidiomen drucken zu lassen.

Diese erstaunliche Frau richtete sich buchstäblich nach der Weisung des heiligen Ignatius: „Nicht ohne Gott, alles entsprechend deinen eigenen Möglichkeiten." Das Gleichgewicht zwischen diesem *Alles* und diesem *Nichts* ist das Geheimnis der wunderbaren Erfolge der Apostel.

Es gilt nun, ihrem Werk einen neuen Impuls zu geben. Wir wissen, daß sie ursprünglich nur die rückwärtige Linie der in vorderster Linie kämpfenden Missionare sichern wollte. Die Zeiten hatten sich jedoch geändert, und einst „wilde" Völker wurden erwachsen und forderten Freiheit. Ein schwieriger, mit Fallstricken übersäter Weg, wie die Entkolonialisierung beweist. Mutter Ledochowska sagt sich, daß lediglich *die Gnade* eine irreversible Entwicklung zu einem guten Ende führen kann, indem sie die *Natur* ihrer lieben, kaum aus primitiven Verhältnissen aufgetauchten Schwarzen mit den Mitteln ausstattet, die sie für die Unabhängigkeit brauchen. So gilt es, ihnen *an Ort und Stelle zu helfen,* indem man in Afrika Druckereien und Verlagshäuser errichtet.

Als echte „Tochter der Kirche" beeilte sie sich, ihr „revolutionäres" Vorhaben dem Papst zu unterbreiten. Benedikt XV. empfing sie am 23. April 1920 lächelnd und mit offenen Armen in Privataudienz: „Soyez la bienvenue!" sagte er ihr auf Französisch. Er ließ sie mit ihren beiden Begleiterinnen Platz nehmen und hörte „mit wachsendem Interesse", den Plan an, den sie ihm darlegte. Die afrikanische Presse an Ort und Stelle, um den Missionaren zu helfen . . . Er lobte das Unterfangen nicht nur, sondern zeichnete als „erster Gründer" die damals erhebliche Summe von fünftausend Lire. Mit bewegter Stimme erteilte er den drei Nonnen seinen Segen. Auf Grund dieser Unterstützung konnte Maria Theresia die Anker lichten.

Zu Lebzeiten konnte sie die Entwicklung der an Ort und Stelle eingerichteten Druckereien, die nicht nur von den Schwestern vom heiligen Petrus Claver, sondern auch von Eingeborenen im weiten afrikanischen Land bedient werden, nicht mehr verfolgen. Es blieben ihr noch zwei Jahre voll Arbeit und Mühen, ehe sie in die Ewigkeit geholt wurde. Der Plan war jedoch in ihrem „geistlichen Testament" enthalten, wie das letzte mit fester Hand verfaßte Rundschreiben beweist, in dem es heißt:

„Die Schwarzen der Nachkriegszeit hungern und dürsten nach Lese-stoff! Wenn wir diesem Verlangen nicht Rechnung tragen, werden andere den Platz einnehmen ... Mein Herz blutet, wenn ich einem Missionar sein Manuskript zurücksenden muß, weil wir nicht die Mittel zum Druck haben. Um den Anforderungen zu entsprechen, bräuchten wir sofort 360 000 Lire. Wir brauchen aber auch *Personal,* Hilfsmissionare ... Letztes Jahr wurden uns hierfür 59 271,55 Lire gespendet, dieser Betrag müßte verdreifacht werden! Freunde, helft uns!"

17. KAPITEL

Ein revolutionäres Werk im Dienste aller Missionen

Von Anfang an haben wir in dieser Biographie an Hand der Zeugenaussagen und der Ereignisse *das wahre Gesicht* von Maria Theresia Ledochowska zeichnen wollen. So mußten wir zwangsläufig das Material sichten und lichten, auswählen und ausmerzen, was zur hagiographischen Legende zu werden drohte. Das Zweite Vatikanische Konzil hat uns ja ausdrücklich gestattet, von der Methode früherer Heiligenbiographien abzugehen, die oft die Heiligen gewissermaßen als Wesen ohne Fleisch und Blut präsentieren, als Menschen, die von Geburt an im Besitz heroischer Tugenden und ohne den allerkleinsten Fehler waren. Um die richtige Methode wiederzufinden, galt es lediglich, auf die vom *Heiligen Geist* inspirierten Texte zurückzugreifen: weder die Evangelien noch die Apostelgeschichte wischen Schwächen, Versagen und Fall der Apostel einfach aus. Das Gegenteil ist der Fall: Schwächen und Fall werden durchsichtig und enthüllen sich als Fallen der göttlichen Barmherzigkeit und Sprungbrett zur Heiligkeit. Ohne seine dreifache Verleugnung wäre Petrus nicht der geworden, der er dann wirklich wurde; ohne den Haß, mit dem er die Christen verfolgt hatte, wäre aus Saulus nicht der Paulus geworden, und er hätte sein Liebeslied nicht gesungen!

Schritt für Schritt der Methode des Heiligen Geistes folgend, haben wir versucht, einer wirklich lebendigen Maria Theresia auf den augenscheinlich geheimnisvollen Wegstrecken ihres geistlichen Aufstiegs zu folgen. Gott hielt sie, um mit Psalm 72 zu sprechen, ständig „an der Hand", aber er brauchte *Zeit,* um ihr nach und nach ihre Berufung zu enthüllen. Diese Zeit des Harrens und der Ungewißheit wurde für die künftige Gründerin einer Klosterfamilie, wie es eine solche damals noch nicht gab, zu einer Lehrzeit, zu einer Art Noviziat.

Ihrem Biographen fällt es nicht schwer, die „Einzelteile" ihres ungewöhnlichen Werdegangs zusammenzufügen. Für ihre Zeitgenossen war es allerdings erheblich schwieriger, den Leitfaden der Vorsehung zu erkennen... Warum dieses lange Warten? Warum diese Heiratspläne? Warum so großzügig zugemessene Gaben? Warum ein glänzendes Leben an einem erzherzoglichen Hof? Warum Theaterbesuche, Bälle, Kuren in einer Umgebung, die zwar vorbildlich „fromm", aber doch ganz und gar nicht vom „Ärgernis des Kreuzes" erfaßt war?

Gott führt sie Schritt für Schritt. Er braucht diese gesamte — an sich ganz und gar nicht verwerfliche — Erfahrung bei ihr, um sie auf seinen Weg zu schleusen. Er brauchte das, was er ihr als späteres Opfermaterial gab. Er mußte hart zuschlagen, um ihr Herz für die geistliche Mutterschaft zu erschließen, zu der die Gründerinnen bestimmt sind. Er brauchte vor allem Zeit, um im Rahmen einer flüchtigen Begegnung zwei Appelle zugunsten der Ärmsten der Armen zu verschmelzen: zugunsten der Schwarzen, die der skrupellosen Willkür der Sklavenhändler ausgeliefert waren. Kardinal Lavigerie wurde für Maria Theresia das Sprachrohr der Kirche. Erst als sie ihr 26. Lebensjahr erreicht hatte, kreuzten sich ihre Wege — und sie erkannte in einer plötzlichen Erleuchtung ihre Berufung.

Aus Gegensätzen gewirkt, die nur ganz selten miteinander vereinbar sind, war ihre Natur von einem Reichtum, der ihre Biographen etwas in Verlegenheit bringt. Wir wissen, wie zärtlich sie ihre Schwester Julia liebte, die von Kindheit an nur vom Klosterleben träumte. Maria Theresia war jedoch ganz und gar selbständig und unabhängig und ließ sich in keiner Weise irgendwie beeinflussen. Sie bewunderte ihre Schwester, verlebte „unvergeßliche Stunden" mit ihr, schrieb ihrer Freundin, man spüre bereits, wie man besser werde, wenn man diesen Engel auch nur sehe, fühlte sich jedoch nie versucht, ihrem Beispiel zu folgen. Als sie an den Blattern erkrankte, pflegte sie Julia mit bewundernswerter Aufopferung, ohne vor der Gefahr der Ansteckung zurückzuschrecken. Sie teilte die Wache mit einer Schwester Felizitas, und beide unterhielten sich über die Herrlichkeit der Berufung zum Klosterleben... Eines Tages

rief Maria Theresia: „Auch ich möchte etwas Großes für Gott vollbringen!" Ein vages Verlangen oder bereits ein fester Entschluß?
Erst drei Jahre später erhielt sie von Kardinal Lavigerie die offizielle Bestätigung ihrer Berufung. Von diesem Augenblick an, den
sie mit dem Ruf der Kirche identifizierte, gab es im Leben Maria
Theresias nicht mehr den geringsten Zweifel, nicht mehr das geringste Zögern. Mit der ganzen Schwungkraft ihrer furchtlosen
Natur stürmte sie von nun an vorwärts. Der Kardinal hatte sich
in ihr nicht getäuscht. Schon am Tag nach ihrer kurzen Begegnung
schrieb er ihr einen Brief, in dem es heißt:
„Ich hatte die Ehre, Sie gestern zu sehen, Madame. Aus dem Feuer
Ihrer Augen und aus Ihren Worten habe ich entnommen, daß sie
ganz sicher ein solches Heer nicht nur in den Kampf, sondern zum
Sieg führen werden."
Hindernisse konnten Maria Theresia bei ihrer Veranlagung nicht
nur in keiner Weise entmutigen, sondern spornten sie noch an.
Wiederholt haben wir auf ihr kämpferisches Temperament hingewiesen, das ohne die Gnade in den Gefechten mit ihren Gegnern
leicht hätte ausufern können. Manche ihrer Entgegnungen auf per-
fide Angriffe sind von erstaunlicher Schärfe und Treffsicherheit.
Es bedurfte großer Energie, diesen kriegerischen Stil zu entschärfen,
— der ihr übrigens manchen Sieg eingebracht hat. Wäre sie weniger
aggressiv und konzilianter gewesen, so wäre es ihr nie gelungen,
mit den Hindernissen fertigzuwerden, die sich von Anfang an auf
ihrem Weg auftürmten. Sie wußte, woher sie diese Veranlagung
hatte, und beschwor voller Stolz die Helden ihres Geschlechts, mit
deren Taten sie ihr Vater vertraut gemacht hatte. Sie muß auf
jeden Fall auf dem Kahlenberg in Wien auf der Gedenktafel die
Namen der beiden Ledochowski: Kasimir und Stanislas (letzterer
17 Jahre alt!) gelesen haben, die 1683 bei dem Sturmangriff der
Husaren fielen. Und der Papst selbst hatte König Jan Sobieski für
Wien zu Hilfe gerufen.
So pfropfte sich ihre Berufung auf die Taten, mit denen sie ihr
Vater vertraut gemacht hatte, wobei das mütterliche Geschlecht der
Salis nicht vergessen werden darf, dessen Adelstitel auf den Schlacht-
feldern erworben wurden. Gott schickt gern starke Naturen in die
Vorhut seiner Kirche, um sie dann im Dienste der Wahrheit mit
Demütigungen zu überhäufen. Und hier sprengte Maria Theresia

vielleicht alle sonstigen Rahmen. Obwohl sie von Natur aus zum Hochmut neigte, erreichte sie einen Grad von Demut, der selbst im Reich der Heiligen ungewöhnlich ist. Aus Gnade und Überzeugung betrachtete sie sich wirklich als die „Allerletzte". Von dem Augenblick an, in dem sie ihre Aufgabe als Gründerin übernahm, gebrauchte sie ihre polemischen Gaben nur noch zur Verteidigung ihres Werkes, als dessen unwürdige Magd sie sich empfand. Bei ihr handelte es sich nicht mehr um bloße Akte der Demut, sondern um eine ständige Seelenhaltung angesichts der Wahrheit. In diesem Punkt erinnert sie uns an Katharina von Siena, zu der der Herr gesagt hatte: „Ich bin, der ich bin, du bist die, die nicht ist". Ihrer völligen Unfähigkeit gewiß, zählte Maria Theresia nur noch auf Gott und rühmte sich schließlich ihrer Schwäche.

Als gute Jesuiten unterwerfen sie ihre geistlichen Väter heilsamen Demütigungen und unterweisen sie in den vom heiligen Ignatius verkündeten Meditationsstufen: keine, auch nicht die strengste Askese, kann den Geist der wahren Demut einprägen, wenn die Gnade nicht eingreift und nicht den Aufschwung zu den Gipfeln des mystischen Lebens ermöglicht, wo dann jede Askese überholt ist. Und in den Briefen und Schriften Maria Theresias sind von 1889 ab Stellen enthalten, die Zeugnis von einem *erworbenen Gut* ablegen. Sie sieht sich wirklich als ein Nichts in dem in Angriff genommenen Werk, ja sie betrachtet sich sogar als ein *Hindernis* und schreibt alle ihre Erfolge zum Wohle der „Ihren" Gott allein zu.

„Mir scheint", schreibt sie an eine Freundin, „daß mein Weg zur Heiligkeit über diese Arbeiten für das *Werk* führt. Werde ich nicht heilig, so wird das meine *Schuld* sein und nicht die aller dieser Propagandafeldzüge, die ich ohne jede Selbstüberwindung fallen lassen würde, um in Maria Sorg zu bleiben (Gott allein weiß, daß dies für mich kein Opfer wäre!). Deshalb wäre ich aber auch noch nicht heiliger ... Ich tröste mich jedoch bei dem Gedanken, daß Gott seine Größe dadurch beweist, daß er sich meiner Niedrigkeit bedient und dieses Heilswerk so erbärmlichen Händen anvertraut ..."

Je höher der Bau, desto tiefer muß das Fundament ausgehoben werden, sagen die Kirchenväter. Und Gott hebt aus. Man muß ihn aber „machen lassen" und Ereignisse, die seine Boten sind, mit Liebe annehmen.

Zu Beginn dieses Buches haben wir nachdrücklich auf die harten Prüfungen in ihrer Jugendzeit hingewiesen: die Demütigung des Scheiterns ihrer Jugendliebe; die Demütigung, sich entstellt zu sehen. Als sie sich in einem Spiegel betrachtete, wußte sie ja noch nicht, daß die Zeit die Spuren der schrecklichen Krankheit verwischen würde. Und noch etwas anderes steigerte ihre Verwirrung: sie mußte ja befürchten, ihr heißgeliebter Vater habe sich, als er sie besuchte, angesteckt und eine tödliche Krankheit geholt, so daß sie, ohne es zu wollen, die Ursache seines Todes gewesen wäre ...

Hätte sie sich *damals* aufgelehnt oder das Kreuz einfach als unvermeidliches Übel hingenommen, so wäre die Petrus-Claver-Sodalität nie entstanden und sie selbst wäre heute nicht zu der Ehre der Altäre erhoben worden ...

Schlag für Schlag hatte Gott sie „geprüft" wie Job, seinen Freund. Im Dunkel ihres Krankenzimmers (bei den Blattern ist Licht verboten) hatte sie sicher ihrerseits Gott mit Fragen bestürmt. Wir halten es für mehr als wahrscheinlich, daß sie sich erst *damals der Berufung zu einer ungeteilten Liebe* bewußt wurde. Damals begann ein Zwiegespräch mit dem Herrn am Kreuz, das bis zu ihrem Tod fortdauerte.

Ich gestehe, daß ich ihre plötzliche Berufung als Hofdame an dem Hof von Toskana nicht verstand, bis ich unlängst ihre Briefe an ihre protestantische Freundin Ilse von Düring in die Hände bekam, die uns nach Maria Theresias Tod in einem Vortrag, den sie in Maria Sorg hielt, den Schlüssel zu diesem Rätsel lieferte.

Maria Theresia gesteht ohne die geringste Bitterkeit, daß ihre angegriffene Gesundheit auf eine zu kurze Rekonvaleszenz nach den Blattern zurückzuführen war, was sich nun räche (Brief vom 28. Dezember 1890). In einem Gespräch in Salzburg erklärte sie Ilse, warum diese Eile geboten war: „Du mußt Dir Rechenschaft darüber ablegen, *warum* ich Hofdame werden mußte. In meiner Familie gibt es viele Kinder, und ich mußte daran denken, ihre finanziellen Sorgen zu verringern ..."

Wie nahe bringt sie uns dieses ergreifende Geständnis, das ein Licht auf ihren Opfergeist wirft! Nach dem plötzlichen Tod ihres Gatten mußte die Gräfin Ledochowska vielen Schwierigkeiten die Stirn bieten — und nicht nur wegen des Nachlasses.

Maria Theresias erste Gefährtin, Melanie Ernst, ergänzt ihr Zeugnis durch eine bedeutsame Feststellung: „Unsere Mutter hatte wenig väterliches Vermögen und ich noch weniger. Sie unterstützte auch noch ihre Mutter, glaube ich, mit der Pension, die sie als Stiftsdame von Brünn erhielt."

Dies war damals die Zeit der „verschämten Armen" und schmerzlicher Fassaden, die vor den Augen der Wohlhabenden die wirkliche Situation der verarmten Familien verbargen. Auch in dieser Hinsicht zeigte Maria Theresia keine falsche Scham. „Sie war aus einem Guß", erklärt Ilse von Düring, „und blieb nie auf halbem Wege stehen." Von Kardinal Lavigerie im Dienste der afrikanischen Missionen „zum Ritter geschlagen, sah sie nicht mehr nach rechts und nicht mehr nach links, sondern stürmte geradeaus vorwärts dem Herrn entgegen." Unwürdiges Werkzeug in einem Heilswerk? „Gottes Macht offenbart sich noch deutlicher, wenn er sich zur Gründung seines Werkes so wenig heiliger Hände wie der meinen bedient", schreibt Maria Theresia. „Auch für meine Klosterfamalie ist es so besser. Einer heiligen Gründerin zu folgen, fällt nicht schwer und läßt keinerlei Verdienst erwerben. Aber mich, mich, zur Oberin zu haben, das setzt einen viel verdienstvolleren Gehorsam voraus. Ich denke oft, daß Schwester Ernst im Himmel die schönste Krone empfangen wird, weil sie mir von Anfang an mit so großem Vertrauen trotz aller meiner Fehler gefolgt ist" (Brief an Ilse von Düring vom 19. 1. 1906). Und sie fügt bedeutsame Zeilen, die an Theresia von Lisieux erinnern, hinzu: „Dies wird mich nicht hindern, trotz aller meiner Schwächen und Unzulänglichkeiten nach der Heiligkeit zu trachten, oder besser: ich werde mir nicht vornehmen, eine Heilige zu werden, denn das könnte ein bißchen Eitelkeit einschließen; ich werde ganz einfach versuchen, den Herrrn und die Heilige Jungfrau immer mehr zu lieben. Für Menschen meines Schlages ist das das Beste" [37].

---

[37] Wir wollen noch zwei andere Stellen aus ihren Briefen an Ilse von Düring erwähnen: „Ich kann wirklich nicht begreifen, daß ich für irgendjemand „wer" sein kann. Es handelt sich nicht um mich, sondern um Gottes Gnade *in mir, das Gefäß zählt nicht ...*" (7. 10. 1901). Sie macht sich Sorgen bei dem Gedanken, daß ihre Fehler und Unvollkommenheiten diese oder jene Berufung entmutigen könnten.

Demut als Frucht von im Lichte des Heiligen Geistes in Liebe angenommenen Demütigungen. Immer stärkere Anziehungskraft des Kreuzes. Zwei Flügel, geschaffen zum Fliegen, *keiner ohne den anderen!* Maria Theresia schärft das nicht nur ihren Töchtern ein, sondern lebt selbst aus dieser Erkenntnis. Damit stößt sie in die Tiefe der „Wissenschaft der Heiligen" vor, die in der völligen Entsagung die Freude finden. „Mit dem Kreuz wächst auch die Kraft", wiederholt sie ständig. Und in einem Brief schreibt sie: „Hätte ich nicht körperliche, materielle Kreuze im Überfluß, würde ich fast fürchten, meine Belohnung schon hienieden empfangen zu haben... Gott sei gepriesen, an Kreuzen fehlt es mir nicht! In einem so großen und ganz auf die Rettung der Seelen ausgerichteten Werk sind die Kreuze absolut unentbehrlich..., betet nur, daß ich sie freudig oder wenigstens im Geist der Hingabe annehme" (25. 12. 1900).

„*Filioli quos iterum parturio*..." Maria Theresia ist sich voll der Tatsache bewußt, daß die „neuen Berufungen" in Schmerzen, inmitten nicht alltäglicher Kreuze geboren werden (1901). Dieses Gefühl geistlicher Mutterschaft wächst im Laufe der Zeit. Darin wurzelt das Geheimnis ihres erstaunlichen Einflusses nicht nur auf ihre Klosterfamilie, sondern auch auf ihre jeweilige Zuhörerschaft [38]. Sie schont sich in keiner Weise, und das Tempo ihrer Reisen und Vorträge würde sogar kerngesunde den Mut verlieren lassen. „Ich weiß sehr wohl", schreibt sie in einem Brief, „daß ich schon lange nur mit Hilfe übernatürlicher Kräfte durchhalte." Dieser Ansicht waren auch ihre Ärzte und ihre gesamte Umgebung. Selbst vom rein menschlichen Standpunkt aus war ihr Leben ein Wunder, denn sie arbeitete lächelnd selbst dann noch weiter, wenn manche ihrer Gefährtinnen mit ihren Kräften bereits am Ende waren. Diese Frau, die ständig litt, die fast nichts aß, die ihre Nächte zu Hilfe nahm, um dringende Angelegenheiten zu erledigen, badete sichtbar in der Freude. Wieder „ein Paradoxon des Christentums" würde Chesterton sagen, das für alle, die nicht aus dem Ostermysterium leben, völlig unverständlich ist. Denn die Freude der Auferstehung

---

[38] Bei einem Vortrag, den sie in französischer Sprache hielt, sah sie, daß ein wackerer österreichischer Bauer eifrig zuhörte. Neugierig fragte sie ihn, ob er denn französisch verstehe? „Überhaupt nicht", erwiderte er, „aber man begreift schon, wenn man Sie nur anschaut!"

steht in direktem Zusammenhang mit dem Karfreitag, und wer den Karfreitag ablehnt, lehnt damit auch die Freude ab.

Nach dem übereinstimmenden Zeugnis aller, die sie gekannt haben, strömte sie selbst inmitten der schlimmsten Drangsale über von innerer Freude. Diese Freude spiegelt sich auf ihrem Gesicht, in ihren geistlichen Konferenzen. Sie lebte in einem Zustand ständiger Danksagung, wie sie Frucht und Sinn der Eucharistie ist [39]. Wie Theresia von Avila mißtraute sie den melancholischen Temperamenten und wollte von solchen in ihrer Kongregation nichts wissen. Da sie sich selbst als ein Nichts betrachtete, zählte sie heißen Herzens auf das All Gottes. In allen ihren Schriften, in ihren Briefen findet immer wieder der gleiche Gedanke Ausdruck: *Gott will* dieses Werk, infolgedessen *wird er auch für es sorgen*. Sich Sorgen wegen der Zukunft machen, das hieße für sie an seiner Vorsehung zweifeln. Tun wir alles in unseren Kräften Stehende *heute* und überlassen wir das Morgen seiner hilfreichen Barmherzigkeit, die sozusagen in der Jungfrau Maria, der „Mutter der Kirche", verkörpert wird. Damals war Maria dieser Ruhmestitel noch nicht zuerkannt worden, doch Maria Theresia lebte bereits davon. Meines Wissens sind wenige Heilige in solchem Maße über jede Besorgnis hinausgewachsen. „Gott will es" wiederholte sie ständig. „Unser Werk ist gottgewollt". Illumination oder Logik ihres Glaubens? Da ihren Töchtern die *übernatürliche Aufgabe* obliegt, für *das Heil der Welt* zu wirken, stimmt ihre Berufung voll und ganz mit „Gottes Plan" überein. Die einzige Gefahr, die ihnen droht, ist, „natürlich" zu handeln und zu leben, sich vom Geist dieser Welt anstecken zu lassen und auf leichtere Erfolge erpicht zu sein. Daher das Verlangen nach einem strengen Leben, nach Armut, nach einem verborgenen Leben, das die Schleusen der Gnade öffnet.

Natürlich kennt Maria Theresia auch die erlesenen Augenblicke, in denen der Heilige Geist direkt in den Gang der Ereignisse einzugreifen scheint. Ihrer ersten Gefährtin, Schwester Melanie Ernst, gesteht sie: „Der Heilige Geist erleuchtet mich manchmal plötzlich, wunderbar ..." In manchen Fällen bietet sie sogar ihren geistlichen

---

[39] Im griechischen Original des Neuen Testaments: „Danksagung". Die ersten Christen hatten am Ostermysterium in seiner ganzen Fülle teil, da die Teilhabe am Kreuz Jesu ein Unterpfand seiner Auferstehung in den Gliedern seines Mystischen Leibes war.

Vätern die Stirn. Am 2. Februar 1896 schreibt sie Schwester Ernst, sie habe ihrem Beichtvater klipp und klar erklärt, daß sie eine klösterliche Kongregation würden. Er, Pater Kolb, S. J., habe es absolut nicht glauben wollen, schließlich aber erklärt, wenn ein Baum wachse, werde er ihn nicht abhauen. Würden sie eine große Kongregation, um so besser sei es . . .

Unerschütterliches Vertrauen: *„Alles, was Gott will"*. Und dieses Vertrauen wurzelt in der Gewißheit: „Ich vermag alles in dem, der mir die Kraft gibt." Die ersten Jahre der Petrus-Claver-Sodalität erinnern an einen Husarenangriff. Im Temperament Maria Theresias ist ein Zug besonders bemerkenswert: inmitten der schlimmsten Schwierigkeiten fühlt sie sich wie ein Fisch im Wasser. Sie versteht es, ihr Werk zu verteidigen, weil sie mit jeder Faser ihres Seins überzeugt ist, daß es das Werk Gottes ist. So schreibt sie ihrer ersten Gefährtin: „Gott schenkt Ihnen viel Freude, viel Mut, aber vor allem *viel Liebe*. Denn die Liebe erleichtert alles, mildert alles" (22. 2. 1896). Mitunter ist sie, bevor sie sich in einem Vortrag dem Publikum stellt, am Ende ihrer Kräfte. Es macht ihr nichts aus, wenn sie versagen würde: „Hat mein Vortrag keinen Erfolg, so ist das eine kleine Demütigung, die ich gut aufopfern kann" (1895). Aber schon damals reibt sie sich buchstäblich auf, indem sie immer mehr Vorträge programmiert, nachts reist, um am Tage arbeiten zu können. „Ich habe von 8 bis 11 Uhr ohne Pause gesprochen", vermerkt sie nebenbei (25. 10. 1895). Und gleich erinnert sie an die Losung, die sie ihren Töchtern vermacht hat: „Beten und arbeiten".

Auch hierin gehört sie zur Familie der Pioniere, die die Zukunft urbar machen. Wir haben an die Verwirrungen mancher Nonnen von kontemplativen Orden erinnert, als sie auf Grund des Wandels der sozialen und wirtschaftlichen Strukturen plötzlich gezwungen waren, ihren Lebensunterhalt durch — mitunter harte — Arbeit zu verdienen. Mehr als eine von ihnen fühlte sich „frustiert", sozusagen zur „Zwangsarbeit" verurteilt. So hatten sich diese Nonnen das beschauliche Leben nicht vorgestellt! Aber die Entwicklung der Welt ist auf sozialer und wirtschaftlicher Ebene irreversibel. Die Kirche, die ihre Wurzeln in diese Welt senkt, die vergeht, muß dieser Tatsache Rechnung tragen. Besser formuliert: sie muß in den Ereignissenn die *Zeichen der Zeit entziffern*. Das vielleicht Revo-

162

lutionärste und am wenigsten Beachtete in den Texten des Zweiten Vatikanischen Konzils ist *die Weihe der Arbeit* auf Grund der Weihe der Welt. Die Väter haben sich, vor allem in der Pastoralkonstitution *Gaudium et spes,* bemüht, der Arbeit, *jeder* Arbeit, einen übernatürlichen Sinn zu geben, eine enge Verbindung zwischen dem Gebetsleben und dem Arbeitsleben herzustellen. Besser formuliert: darauf hinzuwirken, daß jede Arbeit mit Anbetung, das heißt mit der höchsten und selbstlosesten Form des Gebets durchdrungen wird.

Maria Theresia Ledochowska hat das nicht nur vorausgeahnt (und Gott weiß, was sie deshalb gelitten hat!), sondern die Funtamente hierfür gelegt. Gebet und Arbeit harmonisieren gut, wenn die Verherrlichung Gottes und das Heil der Welt ihr einziges Ziel sind. So gilt es, der Arbeit, jeder Arbeit, einen übernatürlichen Charakter zu verleihen. Das sind Binsenwahrheiten, wird man uns vielleicht entgegenhalten. Vielleicht heute, nach zwei Weltkriegen, die die Welt erschüttert haben. Denken wir jedoch an die Zeit, als die junge Gräfin Ledochowska ihr Institut gründete. Nur zu gut kannte sie den Müßiggang einer Gesellschaftsschicht, für die jede Arbeit einen gesellschaftlichen Abstieg bedeutete! Als sie sich auf ihr Missionsabenteuer einließ, wußte sie, daß sie zu den „Heckenschützen" stieß. Manchmal schimmern in ihren Briefen ihre wahren Gefühle durch: „Es lebe Jesus! Wie süß ist es, ihm zu dienen und nichts mit diesem mondänen Leben zu tun zu haben, das mich zutiefst anekelt, wenn ich es vor Augen habe" (13. 2. 1897 in einem französisch geschriebenen Brief).

Die Arbeit, die sie ihren Töchtern bietet, hat an sich übernatürliche Bedeutung, da sie im Dienst einer, wie sie sagt, „erhabenen", weil apostolischen Berufung steht. Dabei spielt es keine Rolle, ob man schreibt, Berichte verfaßt, sich in der Waschküche oder in der Küche plackt, eine Fußpresse bedient oder riesige Pakete für Afrika packt! Man dient Gott, wenn man seinen Brüdern dient, die Absicht zählt. Bei den Claverianerinnen haben diese Losungsworte seit ihrer Gründung nichts von ihrer Durchschlagskraft verloren. Dank einem Leben in völliger Entsagung und Armut, das ganz auf das Wesentliche ausgerichtet ist, nämlich darauf, Arbeit und Gebet lückenlos harmonisch miteinannder zu verschweißen. Heute passen sich zahllose weltliche Institute und auch klösterliche Kongregationen den

Bedürfnissen unserer Zeit an. Dies war aber Ende des vorigen Jahrhunderts ganz und gar nicht der Fall! Die damalige Mentalität warf bei der Rekrutierung der ersten „Gefährtinnen" ernste Probleme auf. So haben wir gesehen, daß Maria Theresia das Noviziat selbst übernehmen mußte. In einem Brief an Ilse von Düring vom 29. Oktober 1895 schreibt sie, die Ausbildung der ersten Angehörigen ihres Instituts bereite ihr mehr Schwierigkeiten als sie sich je vorstellen konnte. „Doch der Herr segnet das Werk so, daß ich keineswegs den Mut verliere. Ich vermag alles in dem, der mir Kraft gibt! . . ."

Und wieder stellt Gott ihr Vertrauen auf eine harte Probe, indem er ihr nacheinander zwei junge Nonnen nahm, von denen vor allem die eine, Rosa Haas, berufen schien, in dem eben erst entstandenen Werk eine bedeutende Rolle zu spielen. Maria Theresia widmete ihr eine biographische Broschüre, die viel aussagt — und nicht nur über „diese erste in den Himmel verpflanzte Blume", sondern auch über die Biographin.

Wir schreiben November 1899. Maria Theresia hat eben ihre jährliche Einkehr bei den Salzburger Ursulinen abgehalten. „Sehr große Gnaden wurde mir hierbei gewährt, u. a. wurde ich in dem Entschluß bestärkt, alle Opfer auf mich zu nehmen, die Gott von mir verlangen könnte."

Unmittelbar nach ihrer Rückkehr nach Maria Sorg erfuhr sie, daß Schwester Rosa Haas todkrank an Tuberkulose darniederlag. Sie war eine auserwählte Seele von unwiderstehlicher Transparenz und Ausstrahlung. Von ihrem Krankenbett aus war sie noch vier Monate lang ein lebendes Vorbild dessen, was die Berufung einer Claverianerin ausmacht: völlige Hingabe in den Willen Gottes, Gesinnung geistlicher Kindschaft, Treue, Gehorsam, friedliche Freude, Gebetsleben, das das Arbeitsleben beseelt. Und sollte sie all das beim Eintritt in Maria Sorg als „Aussteuer" mitgebracht haben, so mußten diese Gaben dennoch geschmiedet und zurechtgehämmert werden, wie es Aufgabe des Noviziats ist. Damals oblag diese Aufgabe ganz allein Maria Theresia. So mußte sie den „Ersten" ihre eigene Begeisterung „für das Werk Gottes" einhauchen. Hielt sie sich einerseits auch für völlig unwürdig und wertlos, so erlitt andererseits ihre Gewißheit, dem Größten und Schönsten, das es gibt, zu dienen: der Evangelisierung der Völker, dem Heil der Seelen, in ihrem ständigen Opferleben niemals auch nur die geringste Verdunkelung. So ist es nicht erstaunlich, daß sie ihren Töchtern die Liebe zu ihrer Berufung und den Stolz hierauf weitergegeben hat. Sie selbst scheint sichtbar durch in dem, was sie über ihre geliebte Tochter Rosa Haas schreibt:

„Vom ersten Augenblick an hat sie voll das Ziel ihrer Berufung erfaßt und mit ihrem ganzen liebeglühenden Herzen an ihr festgehalten. Sie gab ihr die Möglichkeit, Gott durch das Mitwirken am Heil der Seelen zu beweisen, wie sehr sie ihn liebte. Bei ihr verschmolzen die Gottesliebe und die Liebe zum Institut in eine einzige Liebe. Sie hatte die absolute Gewißheit, daß jede Arbeit, jede Beschäftigung der gleichen Sache diente. Sie war zutiefst davon überzeugt, daß je mehr Opfer sie bringen würde, desto mehr Seelen gerettet werden würden. Schon allein der Gedanke hieran brachte sie außer sich vor Freude. Eines Tages sagte sie in der Küche zu ihrer Gefährtin: „Bedenken Sie doch, was es heißt: eine Seele retten. Hat sie nicht das überaus kostbare Blut Gottes gekostet? Für Gott und das Heil der Seelen, wiederholte sie ständig, darf uns kein Opfer abschrecken. Das Leiden ist nichts, wenn wir für diesen Preis dem Erlöser viele gerettete Afrikaner darbringen können."

18. KAPITEL

Das wahre Gesicht
von Maria Theresia Ledochowska

Das „wahre Gesicht" von Maria Theresia Ledochowska war, wie bereits erwähnt, in jeder Hinsicht sehr kontrastreich. Die Photographien geben nur völlig unzureichend wieder, was ihre Umgebung so stark beeindruckte und bezwang: den Ausdruck ihres Blickes. Eine ihrer geistlichen Töchter, die Baronin Ilse von Düring, die mit der Seligen in enger Freundschaft verbunden war, zeichnete liebevoll ihr Portrait und füllte damit eine Lücke aus.

Wir haben dieses „Portrait" im deutschen Originaltext vorliegen. Ilse von Düring erklärt: „Ich schrieb dies vor einigen Wochen für *mich*" und fährt dann fort:

„Die Nachwelt wird vielleicht viele Worte und Thaten der Ehrwürdigen Mutter Maria Theresia Ledochowska aus Biographien erfahren, wer aber wird ihr Wesen schildern? Und doch werden viele, die ihre geistlichen Töchter sind und sie nicht kannten, danach verlangen. Ich will versuchen, in aller Einfalt ihnen durch diese Zeilen zu dienen. Ich will nicht loben, nicht tadeln, nur der Wahrheit in aller Kürze und möglichster Trockenheit die Ehre geben.

Die Ehrwürdige Mutter ist mittelgroß, schlank, elastisch, graublond, sehr mager, der Teint ist eher rötlich gelblich, ohne brünett zu sein. Ihre Augen sind groß, blau, gemäßigt im Blick und ernst, oft sogar traurig, wie auf viel Schweres zurückschauend, für Momente aber enorm leuchtend, siegesgewiß, auf die Hülfe Gottes bauend, ja fast übermütig in heiliger Begeisterung, dann wieder strenge, herbe, ascetisch, dann wieder gewinnend liebevoll herablassend gegen den Kleinsten, eingehend in Jedermanns Art, alles je nach dem Reden oder Denken des Augenblicks. Die Nase würde, wenn sie weniger mager wäre, eine gerade Linie haben, ist so aber eher etwas höckerig und spitz mit stark unbeweglichen eingeklemmten Nasenflügeln. Die Augenbrauen sind licht, aber dennoch voll Ausdruck, zur Nase gesenkt, zur Schläfe aufsteigend und sehr behülflich bei der Mimik. Der Mund ist unverhältnismäßig *kindlich,* trotz der schmalen Lippen. Die Oberlippe liegt auf etwas, aber nur ganz gering vorstehenden Zähnen und ist eher kurz, wird aber zum Schließen des Mundes herabgezogen, die Unterlippe ist schmal und tritt etwas zurück, hat einen sehr feinen schüchternen zartfühlenden Ausdruck und mildert den ennorm zielbewußten Blick. — Das Kinn ist oval und ebenmäßig. — Die Kopfhaltung ist stolz und ruhig, eher etwas gebieterisch, daher der Blick auch meist von oben herab. — Haltung und Gang sind bedacht und ruhig, ohne zwecklose Bewegung, ohne Unsicherheit, Zögern, oder Ungeschicklichkeit. Kein Gegenstand entfällt ihrer Hand, sie greift alles beim rechten Ende an, doch so, daß man nie beachtet *wie* eine Sache geschieht — sie *geschieht* eben. — Der Gang ist schwebend und doch entschlossen, wiegend und doch gerade, und verrät die Polin.

Bei den Gesten sind die unverhältnismäßig langen Däume sehr agierend und lebhaft ob auch die übrige Hand ruht. So wenig man von Steiffheit reden kann, so wenig auch von nonchalance, so wenig von Unnahbarkeit, so wenig auch von Vertraulichkeit. Es wird eben alles vom durch den Geist Gottes geleiteten Willen dirigiert und Jeder fühl sofort die ihm angewiesene Stellung heraus. —

Einen ganz eigenen timbre mit slawisch nasalen Tönen, die aus der Tiefe plötzlich in die Höhe gehen, hat die Stimme. Es liegt Trotz und ungebeugte Kraft im Tonfall, dann wieder freiwillige Weichheit, dann natürlicher Despotismus und natürlicher Sarkasmus, dann wieder milder, schonender, zurechtweisender Ernst. Die Modulationen sind unbeschreiblich zu Herzen gehend, unsagbar verschieden, unendlich erschütternd in der strengen Warnung und unvergleichlich tröstlich und beruhigend in der Versicherung. Man glaubt ihren Worten wie denen eines Propheten und fürchtet ihr: „Aber, Aber!" wie die Strafe. Man scheut keine Mühe in der Hoffnung auf ein billigendes Lächeln, und vergißt alle Qual und Unruhe, wenn sie von der Ewigkeit redet. Leidenschaften werden gebändigt durch eins ihrer Worte über das Opfer, und Himmelsgeschmack verkostet durch die scheinbar einfachsten Erwähnungen aus dem Leben der Heiligen, mit großer Überzeugung vorgetragen. —

Was einem unklar ist, frägt man, und Klarheit ist geschaffen, sobald man die Antwort erfaßt. — Befehle oder Räte zu umgehen würde eine peinigende Unruhe hinterlassen. —

Bei den tiefsten Gesprächen herrscht ein heiterer Ton, und ermunternd ist jede Aufforderung zu Übung, Andacht, Heiligung, nur sobald sie eine Seelengefahr, oder Starrsinn, Wankelmut, Feigheit und Opferscheu wittert, schlägt der Ton in einen erchreckenden, unheilverkündenden Ernst um, und der Ausdruck wird so besorgt, strenge und drohend, daß man sich fürchten könnte, wüßte man nicht daß *Alles* der Ausfluß heiligster Gottesliebe und Gotteseinheit ist, und ein so direktes Blicken in die Ewigkeit, daß jede zeitliche *Vorsicht, Rücksicht* unwesentlich, belanglos, zwecklos, oft sogar frevelhaft erscheint.

Von Allem jedoch das *Großartigste* und Auffallendste in ihrem Wesen ist die *Sorglosigkeit* und *das gläubig-kindliche Vertrauen,* womit sie in die Zukunft blickt, die ihr *nur* Gutes bringen kann weil eben den *Willen Gottes.* Sie will Alles, sie nimmt Alles an, sie opfert alles, lobt in Allem den Schöpfer, dankt für Prüfungen und Demütigungen, erhofft nur Segen und quält sich im Voraus um *nichts.* Reich an Welterfahrung und Weltkenntnis, hat die Liebe zu Gott, in der gänzlichen Opferung ihres Selbst sie zum Kinde gemacht, das in allem gehorchen will dem göttlichen Ruf.“

Bei diesem nach dem Leben gezeichneten „Bild“ überrascht uns am meisten die Anspielung auf den *Geist der Kindschaft,* den die geistlichen Lehrer als den Gipfel eines Lebens der Vereinigung mit Gott betrachten [40].

In unserer „Erwachsenen“-Welt ist dieses evangelische Ideal nicht mehr gängig. Nur noch selten führt man die Worte des Herrn an, die sich hierauf beziehen und hieraus sogar die Vorbedingung des Eingangs ins Himmelreich machen: „Wahrlich, ich sage euch, wenn ihr nicht werdet wie die Kinder, so werdet ihr nicht in das Himmelreich eingehen . . .“ Wir leben in einem Klima der Unruhe, der

---

[40] So P. Garrigou-Lagrange, Kardinal Journet, François Varillon und . . . Bernanos, der gegen Ende seines Lebens im kindlichen Blick der Jungfrau Maria das Geheimnis der Unbefleckten Empfängnis entdeckte.

Angst, des Terrors, der ständigen Schrecken — nicht ohne Grund auf menschlicher Ebene, aber ohne Bezugnahme auf den *Herrn der Ereignisse und den Herrn der Geschichte.* Eine Erwachsenenwelt? Sagen wir lieber „eine Welt von *Alten".* Man kann ja schon mit zwanzig Jahren ein alter Graubart sein, wie andererseits bejahrte Männer und Frauen mitunter Jugend ausstrahlen. Weder Chesterton noch Péguy irrten, als sie die *ewige Jugend Gottes* besangen. Sein tiefstes, sein zartestes Geheimnis. Ist es Zufall, daß die Kirche mehr und mehr den Männern und den Frauen den Vorzug gibt, die aus ihr gelebt haben? Gewiß, jeder Heilige ist ein Ebenbild Gottes und tröstet uns darüber hinweg, daß wir selbst nur seine Zerrbilder sind. Manche von ihnen fordern jedoch den Geist dieser Welt heraus, indem sie sich heißen Herzens der Liebe Gottes anvertrauen und sich wie „Kindlein" in seine Arme schmiegen.

Verfolgen wir den geistlichen Weg von Mutter Ledochowska, so können wir unseres Erachtens feststellen, daß sie von frühester Jugend an „Kind" geblieben ist: den Blick stets geradeaus gerichtet in unwiderstehlicher Schwungkraft der Zukunft entgegen, gekennzeichnet durch das „Heute Gottes", ohne jeden Komplex, und das zu einer Zeit, in der gewisse Komplexe durchaus Mode waren.

Wahrheitsgemäß haben wir ihre tiefe Zuneigung (sie tat ja nie etwas halb) zu ihrem Vetter Julius Ostrowski und den Schmerz geschildert, den ihr die „Abweisung" bereitete. Doch von dem Tag an, an dem Gott sie „ergriff" (dieser biblische Ausdruck ist ergründlich realistisch), was das so unschuldige Jugendabenteuer gewissermaßen aus ihrem Gedächtnis und aus ihrem Leben gestrichen — vielleicht aber nicht aus ihrer Erfahrung in Verbindung mit ähnlichen Fällen im Leben ihrer Töchter! Wie alle großen Mystiker ließ sie sich in der Glut der unendlichen Liebe verzehren, ohne auf sich selbst zurückzuschauen, ohne krankhafte Gewissensbisse. Denn menschliche Liebe, so schön sie ist, wenn sie *Berufung* ist, verliert angesichts des Rufes Dessen, der LIEBE ist, jede Bedeutung. So würde man in den schriftlichen Aufzeichnungen Maria Theresias vergeblich auch nur die geringste Anspielung auf das finden, was „hätte sein können" und was nur eine rasch entschärfte Falle war. Buchstäblich verwirklichte sie die in unserer angstzerfressenen Welt nur zu oft vergessene Mahnung des Herrn: „Niemand, der eine Hand an den Pflug legt und zurückblickt, ist tauglich für das Reich

Gottes" (Lk 9,62). Hierin wurzelt das Geheimnis ihrer menschlich unerklärlichen Erfolge, wenn man sie in den Rahmen ihrer Zeit hineinstellt. Ganz auf die Zukunft ausgerichtet, alles beiseite lassend, was ihre Schritte hemmen konnte, versucht sie, ihre von der Kirche bestätigte Berufung zu verwirklichen. Ihr Weg verläuft nicht im Zickzack, sondern geradeaus. Das beeindruckte natürlich ihre Töchter sehr stark und kommt in ihren Zeugenaussagen zum Ausdruck. Sie verherrlicht Gott, indem sie vorbehaltlos seinem mitunter unergründlichen Willen zustimmt. Auch dies ist ein Zug geistlicher Kindschaft. Erinnern wir abschließend an den heiligen Paulus, dessen Vergangenheit ganz anders belastet war als die der unschuldigen Maria Theresia: „Brüder, ich bilde mir nicht ein, es schon ergriffen zu haben. Eins aber gilt: ich vergesse, was hinter mir liegt, und strecke mich aus nach dem, was vor mir liegt, dem Ziele jage ich nach . . ." (Phil. 3,13).

Die Aktualität der Botschaft von Maria Theresia Ledochowska beruht in erster Linie auf der Anwendung der evangelischen Einfalt, die *eint indem sie abräumt*. In unserer Zeit ist das Scheitern vieler Unternehmen auf apostolischem und missionarischem Gebiet großenteils darauf zurückzuführen, daß man endlos, sogar mit Hilfe der Psychoanalyse, nach seinen *menschlichen* Ursachen sucht, ohne, oder fast ohne Bezugnahme auf DEN, der allein Herr der Ernte ist. Von dem Augenblick an, in dem man anerkennt, daß man nur ein „unnützer Knecht" ist, wird alles, absolut alles möglich. Der riesige Zug der Heiligen mit der schlichten Magd par excellence, der Jungfrau Maria, an der Spitze ruft es uns ins Gedächtnis. Nicht umsonst hält sie uns die Kirche des Zweiten Vatikanischen Konzils so nachdrücklich als Vorbild vor Augen! Einer Welt, die alt und altersschwach geworden ist, weil sie sich selbst genügen wollte, bietet diese Frau, die sich aller Dinge entäußerte und nur „reine Beziehung zu Gott" wurde, das einzige Heilmittel an: *„Dieu premier servi"* — Gott zuerst bedient. „Dann, aber nur dann", ruft Maria Theresia, „wird das Übrige, *alles Übrige,* hinzugegeben". Einschließlich der überströmenden Freude selbst inmitten der Heimsuchungen, die aus dem inneren Leben sprudelt, also aus der Vereinigung mit Gott.

Nun wollen wir aber etwas aus diesen Höhen herniedersteigen und — unserer Methode getreu — die Zeugnisse der Zeitgenossen heranziehen, die auf deren direkten Beobachtungen gründen. Schwester Melanie Ernst, die erste ihrer Gefährtinnen, bekundet:

„Sie verstand es, der Stunde Gottes zur Gründung ihres Instituts zu harren, da sie nur Schritt für Schritt, mit Vorsicht und Demut vorging, sich selbst mißtraute und unzweifelhafte Beweise für den Willen Gottes abwartete. Es war wunderbar, ihre Beharrlichkeit und ihre Sicherheit in dem Unternehmen, die hohe Vorstellung, die sie von ihm hatte, zu sehen. Nicht ein Jota wich sie von dem ab, was sie glaubte tun zu müssen, ohne sich von der Meinung der Welt und der Personen beeinflussen zu lassen, die nicht dazu berufen waren, sie zu beraten . . . Trotz ihrer absoluten Demut wachte sie entschlossen darüber, daß sich kein fremdes Element in das Werk einschlich, zu dem Gott sie inspiriert hatte . . . Sie wurde ausschließlich vom Willen Gottes getrieben. Das spürte man in ihrer Gegenwart. Ihre Ruhe, ihre Einfalt, ihre Güte, ihr so sicheres Handeln, ihre so sanfte Energie . . . versetzten die Seele in Frieden und völlige Hingabe. Vom ersten Augenblick an fühlte man sich vor jeder Unsicherheit behütet, wie in den Armen Gottes. Dies war (bei der Fühlungnahme mit ihr) mein erster Eindruck, und er blieb stets gleich . . .

Sehr rasch legte ich mir Rechenschaft darüber ab, daß sie sich Kasteiungen auferlegte. Sie schlief auf einem Strohsack, da sie ihre Matratze mir gegeben hatte. Sie kleidete sich stets gleich: ein schwarzes Kleid, eine lange schwarze Jacke, ein schwarzer Mantel . . ., ein schwarzes Tuch um den Hals. Ich sah, daß sie unter der Kälte litt. Das Salzburger Klima ist rauh . . .

Ihre Haltung war stets sehr schön, sehr gerade und vornehm, vor allem bei Tisch und in der Kirche. Ich habe an ihr nie das geringste Sichgehenlassen bemerkt . . . In der Kirche kniete sie stets reglos, die Augen auf das Tabernakel gerichtet . . . Ihr einziger Ehrgeiz war, Seelen zu retten, obwohl sie nicht darüber sprach. Ihre Heiligkeit war völlig innerlich, wir sahen nur ihre Auswirkungen . . .

Man unterlag dem Charme ihrer Autorität ohne den geringsten Zweifel, ohne die geringste Schwierigkeit, denn man spürte, daß sie keinerlei menschlichen Ehrgeiz hatte, es sei denn Gottes Willen zu vollbringen. Sie führte ohne die geringste Anstrengung, es sei denn durch ihre Tugenden. Sie war fest, aber ohne Eigensinn, intelligent, aber ohne Eitelkeit . . . Ihre Strenge war rein persönlich, sie zwang sie den anderen nicht auf.

Sie war nachgiebig den Kleinen gegenüber, demütig mit den Demütigen, vornehm den Vornehmen gegenüber, ehrerbietig der Obrigkeit gegenüber . . . Sparsam vor allem in ihren persönlichen Ausgaben, aber den Armen und den Schwestern ihres Instituts gegenüber keineswegs geizig, da sie im Rahmen ihrer Möglichkeiten das Notwendige und sogar das Überflüssige gab. Sie handelte nie, gab, was man forderte, machte aber ihren Kostenanschlag und verlangte ihn von anderen. Groß war ihre Zurückhaltung. Nie sagte sie Böses über den Nächsten, auch nicht über ihre Feinde. Sie tadelte und lobte auch nicht schlechthin . . . Ihre Frömmigkeit trug sie nicht zur Schau, doch spürte man deutlich, daß die Belange Gottes und der Kirche ihr einziges Anliegen waren. In den Erholungsstunden war sie sehr interessant und zum Scherzen geneigt und sprach mit uns von dem, was sie tat.

Bei ihr gab es weder Engherzigkeit noch Kleinlichkeit. Eifersucht kannte sie nicht. Sie ging direkt auf das Wesentliche los, wobei sie die Einzelheiten weniger berücksichtigte, obwohl sie auch diese sehr wohl bemerkte.

Vor allem besaß sie ein regelrechtes *Organisationsgenie.* Sie brauchte nur zu erscheinen, und schon stellte sich die Ordnung ein, erhielten die Menschen und die Dinge ihren richtigen Platz und zirkulierte das Leben. *Sie besaß die Führergaben.*

Sie besaß die Ausstrahlung, die die Genies verherrlicht, *sie trug den Sieg in ihren Augen . . .*

Sie sprach wenig von sich selbst, sie analysierte sich nicht . . . Sie hat ihre Gebetswege nicht geschildert, aber alle, die Zeugen der Kraft ihres Gebetes waren, waren überrascht.

Die innige Vereinigung mit Gott war ihre unbesiegbare Stärke. Sie besaß die Gewißheit, ein Werkzeug in den Händen Gottes zu sein und *sein Werk* zu vollbringen.

Diese Folgsamkeit und diese enge Abhängigkeit von Gott verliehen ihr unglaubliche Kühnheit und unerschütterliche Kraft inmitten der Prüfungen, des Scheiterns, der Stürme . . ."

Bewundernd hebt Schwester Melanie Ernst schließlich noch hervor, wie sorgfältig und genau Mutter Maria Theresia Ledochowska über die für die Missionen bestimmten Gaben Buch führte und Rechnung legte. Ihre jährlichen Berichte an die „Propaganda" waren erstaunlich präzis. Und sie hinterließ ihren Töchtern diese Vorliebe für Ordnung in allen Dingen, selbst den allerkleinsten, und die Sorge um Genauigkeit.

19. KAPITEL

Sklavin der Sklaven ...

Maria Theresia Ledochowska kannte „das wahre Gesicht" des heiligen Petrus Claver nicht und konnte es nicht kennen. Die biographischen Skizzen, die nach der Seligsprechung eines der größten Missionare der Neuen Welt verbreitet wurden, stammten aus den gleichen Quellen, wiederholten die gleichen Schlagwörter und waren daher unvollständig. Schwerer wiegt, daß es den Biographen bei der Schilderung der Taten des Heiligen nicht gelungen ist, ihn in den Rahmen seiner Zeit hineinzustellen mit einem feiner abgestuften Hintergrund als ihn ihre Schwarz-Weiß-Kontraste ergaben, die — nicht ohne Retuschen an der historischen Wahrheit — seine Heiligkeit bezeugen sollten. Petrus Claver wurde, wie erwähnt, erst im Jahre 1954, also 32 Jahre nach dem Tod der Gründerin des Instituts, dessen Schutzpatron er wurde, endlich „entdeckt" und zwar auf Grund einer mustergültigen Biographie, die wir einem seiner aus Kolumbien stammenden Mitbrüder, Angel Valtierra, S. J., verdanken. Meines Wissens ist dieses Buch, das auf einer gediegenen und gründlich überprüften Dokumentation fußt, bis heute nur ins Englische übersetzt worden [41]. Aber nicht nur als Schutzpatron der Claverianerinnen, sondern auch als würdiger Nacheiferer von Franz Xaver verdient es Petrus Claver, von einer Welt zur Kenntnis genommen zu werden, die mehr als je nach Gott hungert, auch wenn sie ihren Hunger gar nicht erkennt. Haben sich auch ge-

---

[41] Angel Valtierra, S. J.: El santo que liberto una raza, san Pedro Claver, Bogota 1954, ins Englische übersetzt von Janet H. Perry und L. J. Woodward, Burns & Oates, 1960.

wisse Missionsmethoden gewandelt, so hat doch der an die Missionare aller Zeilen gerichtete Appell nichts von seiner Dringlichkeit und Aktualität verloren. Noch immer gilt die Aufforderung: „*Gehet hin in alle Welt und verkündet die Heilsbotschaft allen Geschöpfen . . .*" Ja mehr: je evangelischer die Predigt ist, desto „aktueller" ist sie, da das Wort des WORTES, das Fleisch geworden ist, Raum und Zeit beherrscht, weil es in der Ewigkeit wurzelt.

Eins wußte Maria Theresia Ledochowska jedoch auf jeden Fall: daß Petrus Claver, als er am 3. April 1622 (also genau drei Jahrhunderte vor dem Tod der Gründerin der Claverianerinnen) seine feierlichen Gelübde ablegte, unterschrieben hatte: „*Petrus Claver, ethiopum semper servus*" — Petrus Claver, für immer der Sklave der Schwarzen. Sicher hatten seine Oberen dieses in der Unterschrift beschlossene zusätzliche Gelübde gebilligt. Als Maria Theresia ihre Töchter über die doppelte Schutzherrschaft unterrichtet, die dem jungen Institut durch das Breve Pius' X. vom 10. Juni 1904 zuerkannt wurde, erwähnt sie mit überströmender Freude Unsere Liebe Frau vom Guten Rat, die Herrscherin des Hauses, und den heiligen Petrus Claver, „der sich durch ein viertes Gelübde verpflichtet hatte, überall hinzugehen, wohin ihn der Papst senden würde"; ein Gelübde, das jeder Jesuit bei seiner feierlichen Weihe ablegt [42].

Andererseits konnte Maria Theresia, wenn man die Biographien ihrer Zeit berücksichtigt, nicht wissen, daß Petrus Claver heißen Herzens wünschte, nach Afrika gehen zu dürfen, um dort an Ort und Stelle den schändlichen Sklavenhandel mit den Waffen des Geistes zu bekämpfen. Als er in Cartagena in Kolumbien Schiffe voller Sterbender und Leichen ankommen sah, strebte er mit seinem ganzen liebeglühenden Herzen nach den fernen Ufern, von denen diese jämmerlichen Schiffsladungen herkamen. Seine wiederholten Gesuche stießen jedoch auf die Ablehnung seiner Oberen . . . „Der heilige Gehorsam" nagelte ihn zwar nicht an Ort und Stelle fest, denn er durchquerte kreuz und quer die von Spanien annektierten Provinzen, hielt ihn aber doch in der Neuen Welt. Beim Lesen seiner Biographie können wir ermessen,

---

[42] Ansprache vom 19 Juni 1904.

daß dies eine harte Prüfung für seinen apostolichen Eifer war. Auf Urkunden aus erster Hand gestützt, enthüllt es uns Pater Valtierra [43].

Was für eine Freude wäre es für Maria Theresia gewesen, wenn sie diese Tatsache gekannt hätte, die nicht nur ihre eigene Berufung erhellt, sondern Bande zu dem heiligen Schutzpatron knüpft, den die Kirche ihr zugewiesen hat. Zugleich welche Bestätigung ihres Aufrufs zur Propaganda! Wiederholt haben wir den revolutionären Charakter ihrer Sendung unterstrichen. Was für uns heute selbstverständlich ist, rüttelte damals die Welt, die sich daran gewöhnt hatte, ein wenig aus ihrer behäbigen Schlaffheit auf. Aber es bedurfte erst zweier Weltkriege, um sie mit Peitschenhieben aufzuwecken. Damals aber kämpfte Mutter Ledochowska ganz allein für ihr doppeltes Ideal kontemplativer und aktiver Arbeit für Afrika.

„*Nil sine voce*", sagt der heilige Paulus (1 Ko, 14,10). Nichts ohne Sprache. Um die Frohbotschaft verkünden zu können, muß man sich verständlich machen können. Der hl. Petrus Claver hatte mit rund 50 Idiomen zu kämpfen, und P. Valtierra widmet prächtige Seiten der Schilderung, wie er Dolmetscher (Hauptzeugen in seinem Informationsprozeß) gedungen, mitunter sogar gekauft hat. Mutter Ledochowska geht genau so vor, indem sie Evangelien und Katechismen, religiöse Bücher und Flugblätter in den zahllosen afrikanischen Sprachen und Dialekten auf Bitten der Missionare drucken läßt, die sich verständlich machen müssen. „Nil sine voce..." Ihre Druckereien können in Europa, in Afrika oder überall, wohin die Kirche befiehlt, arbeiten. Die Aufgabe ist stets die gleiche, stets aktuell: den eingeborenen Brüdern müssen Texte in ihrer eigenen Sprache geliefert werden. Wir wären nicht erstaunt, wenn Maria Theresia Ledochowska eines Tages zur „Patronin der Propaganda" proklamiert würde. Andere haben so vor ihr und nach ihr gearbeitet, aber nie so ausschließlich und vollkommen selbstlos. Denn das Werk des hl. Petrus Claver steht im Dienste *aller Missionen,* angefangen bei den

---

[43] Außer der 396 Seiten starken Biographie hat Pater Valtierra eine Broschüre mit dem Titel *El esclavo de los esclavos* veröffentlicht, Bogota 1954 (123 Seiten). Wir beziehen uns auf die „vollständige Ausgabe", passim (siehe in der englischen Übersetzung SS. 71, 211 ff.).

bedürftigsten, ohne irgendwelche Gegenleistung. Dies ist seine Originalität und seine Stärke.

Petrus Clavers Losung bei seinem endgültigen Engagement war: *Sklave der Sklaven für immer.* Diese Losung brachte ihn natürlich Mutter Ledóchowska besonders nahe.

Sie selbst gebrauchte diese Formel nicht, da sie ihre Zeitgenossen abgeschreckt hätte. Aber sie lebte diese Losung und starb für sie.

Sie hatte sich von dem Tag an, an dem Kardinal Lavigerie sie in die Antisklavereibewegung entsandt hatte, buchstäblich zur „Sklavin der Sklaven" gemacht. Sie verbrachte ihr Leben mit der Ergründung der Dimensionen dieses Appells, der so universal ist wie die Kirche selbst. Es wird ja, mitunter unter anderen Bezeichnungen, stets Sklaven unter uns geben.

Ist jeder Priester „ein verzehrter Mensch", so gilt das in des Wortes wahrster Bedeutung für Mutter Ledóchowska, die sich nicht die kleinste Rast und Ruhe gönnte, noch ihre Nächte zur Erledigung ihrer riesigen Korrespondenz nutzte [44].

Dabei war sie stets von schwacher Gesundheit, wenn nicht ständig leidend. Wiederholt hatten die Ärzte Tuberkulose festgestellt. Ihre „glückliche Lungenentzündung" hatte ihr geholfen, den Widerstand ihres Onkels, des Kardinals, gegen ihre Niederlassung in Rom zu besiegen, veranlaßte sie aber nicht, sich selbst zu schonen. Im Gegenteil: die Ewige Stadt, die Drehscheibe der Christenheit, verzehnfachte ihre Arbeit und ihre Begegnungen. Welcher Missionsbischof hätte es bei seinem ad-limina-Besuch versäumt, sie aufzusuchen! Natürlich mit einem Packen mit „dringenden Anliegen" unter dem Arm.

Die Filialen vermehrten sich, und überall verlangte man laut nach ihrer Anwesenheit. Es fehlte nicht an grenzenlos ergebenen

---

[44] Beim Informationsprozeß konnte man rund 10 000 Briefe zusammenbringen. Wie viele andere mögen im Busch verloren gegangen sein! Zur Illustration eine köstliche Geschichte: als in Wien im Mai 1916 eine Externe dem Briefträger sagte, die Frau Gräfin sei abgereist, rieb er sich die Hände und lachte vor Freude: „Was für ein Glück! Keine politische Partei hat der Post so viel Arbeit gebracht wie Ihre Gräfin!" Als man ihm sechs Jahre später den Tod der Gründerin mitteilte, rief er mit Tränen in den Augen: „Es ist ein Jammer! Warum bin nicht ich an ihrer Stelle gestorben! Ich würde keine Leere hinterlassen, sie aber hat so viel Gutes getan … Was für ein Jammer! Was für ein Jammer!"

Helferinnen, aber keine hatte damals ihr Format. Keine verfügte über diese Rednergabe, die die Zuhörerschaft buchstäblich elektrisierte. Gegen Ende ihres Lebens wurde das *Echo aus Afrika* in acht Sprachen gedruckt: aber es mußten auch Förderer und Förderinnen für die Verbreitung dieses „Propagandaorgans" geworben werden, das die Mittel lieferte. So hieß es, wieder „zum Pilgerstab" greifen, d. h. in den Zugabteilen dritter Klasse reisen, die jeder Bequemlichkeit entbehrten. Es würde sich lohnen, die Zahl der Tage und Nächte auszurechnen, die Maria Theresia auf Reisen verbracht hat! Wie üblich war bei ihr alles „programmiert". „Viele Tage vorher stellte sie ihre offene Reisetasche ins Zimmer — zum Entsetzen ihrer Sekretärin, die so erfuhr, daß man erneut reisen würde", schreibt die getreue Schwester Melanie Ernst, die sich keiner Täuschung darüber hingab, was sie erwartete. „Erbarmungslos trat sie ihre Neigungen und ihre körperlichen Schwächen mit Füßen ... Sie machte ihren Plan, studierte die Fahrpläne und legte den Abreisetag mit echt militärischer Präzision fest. Sie wollte eine halbe Stunde vor Abgang des Zuges auf dem Bahnhof sein, so bekamen wir gute Plätze, und die Reise verlief genau wie vorgesehen. Sie sagte, der große Nelson habe seine Siege der Gewohnheit zugeschrieben, stets eine Viertelstunde vorher an Ort und Stelle zu sein ...“

„Ihre moralische Strategie war nicht weniger erstaunlich": mit einem einzigen Blick erkannte sie, wer sich für ihr Werk eignete, ebenso entschieden wies sie die anderen ab. Ihre Töchter waren überzeugt, daß der Heilige Geist sie bei allen ihren Schritten mächtig unterstützte.

Im Zug entstanden ihre schönsten Erzählungen für Kinder, so der *Silbergulden*, der nach vielen unerwarteten Ereignissen in der Sammelbüchse eines Missionars landet. Ihre unablässige Arbeit wechselte nicht nur mit dem Gebet, *sie war Gebet*. In diesem Punkt kam Maria Theresia wieder auf eine dem christlichen Osten und dem christlichen Westen gemeinsame klösterliche Tradition zurück: auf das „ora et labora", Gebet und Arbeit, die schließlich im Schmelztiegel des Gebets verschmelzen.

„Sklavin der Sklaven" war sie bis zu ihrem Tod, weniger spektakulär, aber nicht weniger wirklich als das lebenslängliche Engagement des hl. Petrus Claver. Nur schwer können wir uns vergegenwärtigen, wie es Ende des vorigen Jahrhunderts im Innern Afrikas mit dem Sklavenhandel auf unzähligen muselmanischen Märkten aussah. Zu den Aufgaben der Missionare gehörte der *Loskauf* der Sklaven, vor allem der schwarzen Kinder. Ohne je in Afrika gewesen zu sein (auch in diesem Punkt gleicht sie ihrem heiligen Schutzpatron), verwandelte Maria Theresia mit ihrer lebendigen künstlerischen Imagination die Gulden, die ihre glühenden Worte herniederregnen ließen, in „lebende Ware". Wieviele Kinder wurden dank ihres Einsatzes vor den schlimmsten Demütigungen bewahrt und Schritt für Schritt bis zur Erlangung akademischer Grade gefördert! Wie viele von ihnen bildeten die Kader der entkolonialisierten Völker! Mit ihrem rest- und rastlosen Einsatz hatte Maria Ledochowska eben diese von den Missionaren unternommenen Rettungen mit „Leib und Seele" im Auge.

Schon viele Jahre vor ihrem Tod hielt sie nur auf Grund eines Wunders durch, da sie nur wie ein Vögelchen aß, schreibt ihre Freundin, die Freiin Enrica Handel-Mazzetti. Sie fährt fort: „Schon 1903 vertraute mir Schwester Mohr, damals Oberin der Wiener Filiale, an, daß Mutter Ledochowska nur noch ein bißchen Milch vertragen konnte ... Als sie während des Krieges nach Linz kam, um in einem großen öffentlichen Saal einen Vortrag zu halten, luden meine Tante und ich sie ein, bei uns zu wohnen. Traurig erwiderte sie: „Das ist unmöglich! Jemand, der so krank ist wie ich, kann seine Umgebung nicht belästigen." — „Wie können Sie dann einem Vortrag in der Redoute standhalten?" Sie richtete sich voll auf und erwiderte, den Blick zum Himmel gerichtet: „Das ist doch für meine Schwarzen!" Ich dachte — fährt ihre Freundin fort — an die christlichen Märtyrerinnen der ersten Jahrhunderte."

Wir haben gesehen, daß die Verpflanzung ihres Werkes nach Rom die Bittgesuche, die Besuche, die missionarischen Unternehmungen verzehnfachte. Nach dem Krieg setzte ein wahrer Sturm auf die Via dell'Olmata ein. Mutter Ledochowska gönnte sich keine Rast und keine Ruhe. Dabei machte die Krankheit rasche Fortschritte.

Um was für eine Krankheit handelte es sich?

Seit der Gründung ihres Instituts erwähnt Maria Theresia in ihren deutsch geschriebenen Briefen häufig ihr „süßes Übel". Wir wissen, in welchem Maße sie das Kreuz als Mittel par excellence jedes Apostolats betrachtete. Sie klagte nicht, und ihr eiserner Wille konnte manchen Beobachter hinters Licht führen. Das Übel, das sie zerfraß, machte jedoch rasche Fortschritte. Tuberkulose der inneren Organe nach der Diagnose der Ärzte, die sie behandelten? Magenkrebs, wenn man die Syndrome berücksichtigt? Jedenfalls litt sie in ihren Nächten unerträgliche Qualen, was sie nicht hinderte, sich schon am Morgen wieder den dringendsten Arbeiten, vor allem ihrer riesigen Korrespondenz zu widmen. Zur Schilderung ihrer letzten Lebensmonate und ihres seligen Endes folgen wir dem Zeugnis einer ihrer liebsten Töchter, der späteren Generaloberin, Schwester Valerie Bielak [45].

Im Grunde verhungerte Mutter Ledochowska. Ihr armer Magen konnte nichts mehr vertragen. Bei ihrer Größe von 1 Meter 65 wog sie mit Kleidern und Schuhen nur noch 28 Kilo. Damals kannte man die künstliche Ernährung durch Tropfinfusion noch nicht. Wäre sie mit ihr einverstanden gewesen?

Sie verbrachte ganze Stunden im Bett, wobei sie jedoch arbeitete. „Wenn sie mich gegen 9 Uhr rief, fand ich auf ihrem Bett schon Berge von Briefen vor, die sie in der Nacht geschrieben hatte." Es war die Zeit ernster Schwierigkeiten, die drohten, „ihr Werk wegzufegen". Sie verlor jedoch weder ihre Ruhe noch die Energie der Gegenstöße. Man kann sagen, daß sie bis zum Ende kämpfte. Der Winter 1921—1922 schien weniger schlimm zu sein. „Sie konnte sogar die Treppe hinaufsteigen und niederknien." In Neapel erfuhr sie, daß Kardinal Achille Ratti zum Papst gewählt worden war und den Namen Pius XI. angenommen hatte. Sie hatte den Kardinal seinerzeit kennengelernt und ihm ausführlich über ihr Werk berichtet. Ahnte sie, daß Pius XI. eines Tages der „Papst der Missionen" werden würde?

Überstürzt kehrte sie nach Rom zurück und wurde am 5. Mai vom Papst in Privataudienz empfangen. Dies war vielleicht ihre

---

[45] Ihr verdanken wir die erste Biographie der Gründerin. Sie ist von ergreifender Treue, wurde in mehrere Sprachen übersetzt und ist eine „Quelle" ersten Ranges.

letzte Freude. Anläßlich des Konklaves weilten viele mit ihr befreundete Kardinäle und Bischöfe in Rom. In den Archiven finden wir eindrucksvolle Listen mit den Namen all derer, die sie zum letztenmal sehen und sprechen konnten.

Mgr. Carrara, Bischof von Asmara, hatte ihr vier „äthiopische Bewerberinnen" zugeführt, von denen jedoch nur eine überlebte: die drei anderen: Elisa, Palmira, Letizia konnten sich nicht an das Klima in Europa gewöhnen und starben an Erkältungen im März, April und Juni 1922 „eines vorherbestimmten Todes". Trotz ihrer zunehmenden Schwäche besucht sie Maria Theresia im Krankenzimmer. „Sie strahlen bei meinem Kommen vor Freude..."

Nach und nach muß sich Maria Theresia der Tatsache beugen, daß ihre Kräfte sie im Stich lassen und von nun an auf Reisen verzichten. „Ich kann nicht das Unmögliche riskieren", schreibt sie am 17. Mai Schwester Melanie Ernst. In einem anderen Brief heißt es: „Man ist sich nicht im klaren über die *übermenschlichen* Anstrengungen, die ich machen muß."

Ahnte sie ihren bevorstehenden Tod? Seit mehr als zwanzig Jahren hatte sie sich daran gewöhnt, ihm ins Auge zu sehen. Im Jahre 1902 gaben ihr die Ärzte noch höchstens zwei Jahre.

Sie verläßt nun das Bett nicht mehr, fährt aber immer noch fort, zu schreiben, Briefe und Dokumente zu unterzeichnen. Sie bringt ihre Angelegenheiten in Ordnung. Schwester Valerie Bielak kann die Tränen nicht zurückhalten, als sie am Morgen des 3. Juli sieht, wie schwach sie ist. Maria Theresia aber lächelt. Hatte sie ihr nicht erklärt, daß das geistliche Leben in einer völligen Hingabe an den Willen Gottes besteht? Nun war der Augenblick gekommen, das Losungswort anzuwenden...

Sie arbeitete, schrieb und unterzeichnete Briefe bis zum Vorabend ihres Todes, bis zum 5. Juli 1922.

Ihr Bruder, der General der Gesellschaft Jesu, besuchte sie alle Tage. Am 30. Juni hatte sie das Krankensakrament erhalten. Sie war bereit.

„Sollte es Anmaßung sein?" sagte sie einige Tage vor ihrem Heimgang, „ich habe keine Angst vor dem Tod!" Sie staunte darüber, nahm diese Tatsache aber ohne Gewissensbisse hin.

181

Nun konnte man feststellen, wie sehr sie geliebt wurde. Tag und Nacht lösten sich die Schwestern vor dem Tabernakel ab. Sie waren untröstlich, *ihre Mutter* zu verlieren.

Der Todeskampf begann am 6. Juli gegen 3 Uhr morgens.

Alle ihre Töchter knieten im Kreis um das Bett, während der Pfarrer von Santa Maria Maggiore, Don Rovella, die Sterbegebete las.

„Unser Kummer war unermeßlich, aber wir litten in Frieden", erklärt Schwester Bielak.

Sie soll selbst das eindrucksvollste, das letzte Ereignis schildern, das ihrem Hinscheiden voraufging:

„Ich kniete zu ihren Füßen und konnte ihr Gesicht gut sehen. Plötzlich erleuchtete es sich, und unsere Mutter begann zu *lachen*. Ich mußte unwillkürlich rufen: *Sie lacht!* Dies zog die Aufmerksamkeit der anderen an, die dies zunächst nicht bemerkt hatten. Unsere Mutter lachte in unaussprechlicher Freude, in einem Erguß unaussprechlicher Dankbarkeit ...

Es ist uns nicht gestattet, dieses Lächeln unserer heißgeliebten Mutter zu interpretieren, aber wir müssen Gott dafür danken, daß er es uns geschenkt hat."

Gleich danach verschied sie.

Man hat versucht, dieses *Lachen* in ein bloßes „Lächeln" abzuschwächen. Schwester Valerie Bielak, die sein Zeuge war, drückt sich jedoch klar aus [46]. Dieses „Lachen", das plötzlich das abgezehrte Antlitz der Sterbenden erleuchtete, entsprach ganz ihrer Art von Freude „trotz allem" im bewundernden Staunen über ein unsagbares Glück ... Wäre die Annahme vermessen, daß DER, dem sie in seinen Brüdern gedient hatte, ihr entgegengekommen ist? „Ich hatte Hunger, ich hatte Durst, ich war krank, ich war gefangen ... Mich hast du gekleidet, meinen Durst hast du gestillt, mir hast du zu essen gegeben, mich hast du besucht, befreit ... Mir, dem Sklaven der Sklaven, der gestorben ist wie ein Sklave, bist du nachgefolgt ..."

---

[46] Wie soll man — trotz der Abmilderung des Schlußsatzes — diesbezüglich nicht an zwei Texte aus dem Alten und dem Neuen Testament erinnern? „Die Starke Frau wird am letzten Tag *lachen*" (Spr. 31, 25). „Selig, die ihr jetzt weint, denn ihr werdet *lachen*" (LK 6, 21).

20. KAPITEL

Das Fortleben

Die Katalanen nennen den Tod „eine neue Geburt": *nova nai-xença*. Dieser Augenblick, „von dem alles abhängt", trägt sich geheimnisvoll in die Geschichte dieser Welt ein — in feurigen Buchstaben oder in Aschespuren. Ein Leben *kann* täuschen, *niemals aber ein Fortleben.* Wieviele hienieden verherrlichte und umschmeichelte Größen zerbröckeln plötzlich und fallen der Vergessenheit anheim! Wieviele bescheidene und arme Menschen, von denen man zu ihren Lebzeiten kaum Notiz nahm, tauchen plötzlich im Licht auf und lenken den Blick der Herzen der ganzen Welt auf sich! Gott erlaubt, daß seine Freunde — gewissermaßen als Filigran seines Jüngsten Gerichts — plötzlich unsere Aufmerksamkeit heischen im Geheimnis der *Gemeinschaft der Heiligen,* deren *vertikale Bedeutung* wir nicht nachdrücklich genug hervorheben können. Mit anderen Worten: die Heiligen im Himmel „feiern" nicht, sondern arbeiten. Ihre Interventionen hienieden, die wir mit unseren stumpfen Sinnen nicht oder kaum wahrnehmen, werden sich am Tag des Herrn in voller Herrlichkeit enthüllen. Deshalb warnt uns die Kirche in ihrer Weisheit auch vor allzu eiliger Begeisterung. Ein Leben kann täuschen: nie aber ein Fortleben.

Schon zu ihren Lebzeiten galt Maria Theresia Ledochowska als Heilige. Die zahllosen Briefe, die aus Afrika herbeiströmten und von ihren Töchtern ehrfurchtsvoll aufbewahrt wurden, bezeugen nicht nur, was die Missionare dachten, die man sicher nicht für naiv halten kann, sondern bekunden zugleich ein unerschütterliches Vertrauen auf ihr Gebet, auf ihre Fürsprache. Schon zu ihren Lebzeiten schrieb man ihr Wunder zu.

Erst ihr Tod bestätigte, was nach dem Urteil der Kirche nur ein Vorgefühl war. Das Gedenken an sie verblaßte nicht nur in keiner Weise, sondern verdichtete sich, *wurde Gegenwart.* Dies ist das entscheidenste Kriterium für ein *seliges Fortleben.*

Bezüglich der Wunder sei zunächst darauf hingewiesen, wie schwierig eine ordnungsgemäße Untersuchung mit legaler Bestätigung der Wissenschaft im afrikanischen Busch ist. Für die Seligsprechung von Maria Theresia Ledochowska hat die Kirche aus der Flut von Wundern oder von als Wunder betrachteten Vorkommnissen zwei „Fälle" ausgewählt, die nach den Feststellungen der Fachleute absolut „unerklärlich" sind.

Der erste Fall betrifft die dreiundvierzigjährige *Judith de Rivo.* Am 26. September 1930 gegen sechs Uhr ging sie mit ihrem Baby in den Armen ihrem Mann entgegen, als sie von einem Motorrad umgefahren und schwer verletzt wurde. Man transportierte sie schleunigst ins Krankenhaus von Velletri, wo man einen Beckenbruch mit Wunden und blutunterlaufenen Flecken feststellte. Das Kind starb tags darauf an den Unfallfolgen.

Nach einmonatiger Behandlung teilte der behandelnde Arzt Judiths Mann mit, daß eine Heilung nicht so rasch eintreten werde und daß sie mindestens noch einen weiteren Monat im Krankenhaus bleiben müsse. Dies geschah am Abend des 25. Oktober. Die arme Judith brach, als sie dies erfuhr, in Tränen aus. Das Ehepaar war arm. Schon allein der Gedanke, so lang ans Bett gefesselt zu sein, erfüllte sie mit Entsetzen. Eine Krankenschwester hatte ihr jedoch eine Biographie von Mutter Maria Theresia Ledochowska gegeben. In ihrer großen Not flehte sie Maria Theresia, die ihr Leben lang Gutes getan hatte, die ganze Nacht vom 25. zum 26. Oktober um Hilfe an. „Maria Theresia, komm mir zu Hilfe!" flehte sie immer wieder. Am Morgen des 26. Oktober, also genau einen Monat nach dem Unfall und nach einer schlaflosen Nacht, bemerkte Judith, daß es ihrer Nachbarin, die eine schwere Operation hinter sich hatte, nicht gelang, ihre Decke hochzuheben. So beugte sie sich hinüber, um ihr zu helfen, und stellte überrascht fest, daß sie keinerlei Schmerzen mehr hatte und sich mühelos bewegen konnte. Sie sprang aus ihrem Bett und lief umher, während die Kranken im Saal entsetzt riefen: „Sie ist wahnsinnig geworden! Sie hat den Kopf verloren!" „Aber

nein", rief Judith lachend, „Maria Theresia hat für mich ein
Wunder vollbracht!" Von dem Lärm herbeigerufen, betraten die
Chirurgen den Raum und erstarrten vor Erstaunen. Die Rönt-
genaufnahmen zeigten nicht mehr die geringste Spur eines Bru-
ches, und auch die blauen Flecken waren verschwunden. Man
mußte sich wohl oder übel überzeugen lassen, daß diese augenblicklich erfolgte Heilung „wissenschaftlich unerklärlich" war.
Die ärztliche Untersuchung vom 30. April 1958 bestätigte lediglich diese Feststellung. Achtundzwanzig Jahre nach dem Unfall,
im Alter von 70 Jahren, erfreute sich Judith de Rivo noch einer
robusten Gesundheit und konnte sich vollkommen unbehindert
bewegen.

Der zweite von der Postulation aufgegriffene Fall betrifft *Vicenza
Mazzeotti*, die im Alter von 18 Jahren von einer Plegmone am
linken Bein befallen worden war, die mit keiner Behandlung geheilt
werden konnte. Der behandelnde Arzt diagnostizierte am 4. Juli
1936 die Notwendigkeit eines chirurgischen Eingriffs. Die Kranke
sollte am übernächsten Tag, am Montag, den 6. Juli, in den Opera-
tionssaal gebracht werden. Aber am Sonntag, den 5. Juli, brachte
der Briefträger das *Echo aus Afrika* mit einem Bild von Maria
Theresia Ledochowska. Vincenza rief sie inbrünstig an, schlief erstmals seit Beginn ihrer Krankheit ruhig ein und wachte am Morgen
geheilt auf. Ohne weiteres erhob sie sich, um ihre häuslichen Arbeiten zu verrichten. Bei der ärztlichen Untersuchung konnte nur eine
„augenblickliche und völlige Heilung" konstatiert werden.

Fast jede Nummer des *Echo aus Afrika* brachte Berichte über „wissenschaftlich unerklärliche" Fakten. Die aus Afrika stammenden
„fioretti" würden allein schon ein besonderes Buch verdienen. Die
Missionare riefen die „Mama der Schwarzen" mit einem Glauben
an, der Berge versetzen kann, und tun es noch immer. Ist es erstaunlich, daß sie diese bei ihrem harten Leben im Busch unter
einem mörderischen Klima, in dem der Tod an jeder Biegung der
kaum gebahnten Pfade lauert, erhört? Daher sind ihre an das Mutterhaus in Rom gesandten Berichte von ergreifender Präzision und
Bündigkeit. Wir denken vor allem an die Zeit unmittelbar nach
ihrem Tod, denn inzwischen haben sich in einem Afrika, das in
voller Entwicklung begriffen ist, die Pfade von einst häufig in
Autobahnen verwandelt, und der Busch ist bevölkert. Der techni-

sche und wissenschaftliche Fortschritt beseitigt jedoch die Gefährdung durch Krankheit und Tod nicht, und Maria Theresia Ledochowska hat „alle Hände voll zu tun", um die Menschen, die sie von dort anrufen, mit ihrem Beistand zu unterstützen.

Den glänzendsten Beweis für ihre „Präsenz" liefert jedoch zweifellos ihr *Werk*.

Zu ihren Lebzeiten war es auf Afrika beschränkt, weil man sich mit den Hilfsaktionen nicht zersplittern wollte. Ihre Losung lautete schlicht: *„Die Zeichen der Zeit offenbaren uns den Willen Gottes"* [47]. Und die Entwicklung der Dritten Welt verlangt heute andere Apostolatsmethoden, nicht mehr ferngelenkt aus Europa, sondern an Ort und Stelle. So sind Schlag auf Schlag drei Presseapostolatszentren in Afrika entstanden:

1957 das *Marianum* in Uganda,
1958 das *Teresianum* in Sambia,
1960 das *Claverianum* in Nigeria.

Diese Druckereien veröffentlichen Bücher und Zeitschriften in mehr als 200 Sprachen. Allein das Marianum hat Millionenauflagen.

Auch hier treten die Töchter von Mutter Maria Theresia Ledochowska, den Richtlinien der Kirche getreu, ihre Propagandaposten den lokalen afrikanischen Kirchen in dem Augenblick ab, in dem sie die Verantwortung hierfür übernehmen können und genügend Facharbeiter zur Erfüllung dieser Aufgabe zur Verfügung stehen. So sind schon zwei Zentren: das Marianum und das Claverianum den Eingeborenen als Geschenk übergeben worden. Das Teresianum wird baldmöglichst folgen. Diese völlige Selbstlosigkeit ist ein ausgesprochener Zug der Petrus-Claver-Sodalität, die sofort „beiseitetritt", wenn sie die örtlichen Kirchen ersetzen können.

Die Mittel, die diese ausgedehnten Unternehmen speisen, stammen aus zwei Quellen: aus der Freigebigkeit der Wohltäter und der Benefizianten der der Fürsprache der seligen Mutter Maria Theresia Ledochowska zugeschriebenen „Gnaden" und — wie zu ihren Lebzeiten — aus den Einnahmen aus dem gesamten Propagandanetz: *Echo aus Afrika, „Junge Afrikaner", Almanach* usw., die in hohen

---

[47] In einer undatierten italienischen Broschüre heißt es wörtlich: „Ciò che è richiesto dai tempi è volere di Dio." Wir haben diese Devise im Geiste von Vatikanum II übersetzt.

Auflagen erscheinen. Die Vorsehung wacht, und selten geht, wer an die Pforte des Hauses Via dell'Olmata Nr. 16 pocht, mit leeren Händen fort. In manchen Fällen geben sich die Wohltäter direkt zu erkennen. Im *„Echo aus Afrika und anderen Kontinenten"* vom 2. Februar 1975 schreibt Pater Giovanni Borro, I.M.C., aus Iringa in Tansania: „Die königliche Spende, die mir von einer Wohltäterin aus Genf geschickt wurde, war die große Überraschung meines Lebens ... Wenn ich im größten Elend bin und mir alles um mich herum schwarz erscheint, greife ich zum Bild Ihrer Gründerin und spreche mit ihr wie ein Sohn und vertraue ihr all meinen Kummer an: *stets* erhört sie mich. Maria Theresia ist eine Mama, die alle Probleme löst" (aus dem Italienischen übersetzt).

Ähnliche Herzensergüsse zieren alle Mitteilungsblätter, die in acht Sprachen erscheinen: italienisch, deutsch, polnisch, französisch, spanisch, portugiesisch, englisch und holländisch.

Es gibt eine geistliche Größe in Zahlen, die Zeugnis ablegt! Beschließen wir diesen Bericht aus der Vogelperspektive mit der Aufzählung der Häuser der Sozität zu Lebzeiten von Maria Theresia Ledochowska und heute: im Augenblick ihres Todes gab es die Häuser in Salzburg, Maria Sorg, Rom und Zug. Folgende „Filialen" wurden seitdem zu „Häusern" und Propagandaposten ausgebaut: Filialen in Frankreich, Holland, Polen, Spanien, England, Deutschland, Portugal, Vereinigten Staaten, Irland. Auf Grund des Zweiten Weltkriegs und seiner Folgen wurden die Häuser in Rumänien, in der Tschechoslowakei, in Ungarn, in Jugoslawien und im Libanon aufgelöst. Neu entstanden sind dagegen bedeutende Zentren in Kanada, in Argentinien, in Uruguay, in Uganda, in Sambia und in Nigeria, in Australien, in Neuseeland, in Indien und in dem von dem Patron des Instituts, dem hl. Petrus Claver, evangelisierten Kolumbien. Das Institut hat mehrere hundert Nonnen aus vierundzwanzig verschiedenen Nationen.

Im Jahre 1969 hat das Sonder-Kapitel zur Ausrichtung im Geiste des Zweiten Vatikanischen Konzils Weisungen von bemerkenswerter Densität und Inbrunst gegeben: Mehr als je „Vorrang des Übernatürlichen" in einem Leben der Arbeit und demütiger Erfüllung der täglichen Pflichten. Die religiöse Weihe als Mittel zur Eingliederung in die Kirche als den Mystischen Leib Christi. Der gegenseitige „Liebesbund", der jede Nonne in totaler, unwiderruflicher

Hingabe mit Christus, dem Herrn, vereint. Der Geist der Armut, der eine „Öffnung für Gott und andere" ist. Warnung vor den Versuchungen unserer Zeit: „der Säkularisierung und Desakralisierung des gottgeweihten Lebens", die seine Grundlagen und seinen Bestehungsgrund untergraben. Der *kirchliche* Charakter der Berufung des Instituts, der die „Anpassung an die neuen Bedürfnisse" unserer Zeit einbegreift.

„Der charakteristische Zug unserer Mutter Gründerin besteht im Dienst an den Ärmsten und Verlassensten, in verborgener Arbeit, auf den bescheidensten Posten . . ." Stark unterstrichen hat das Kapitel „den *Vorrang* der geistlichen Hilfe zugunsten der Missionen", was natürlich keineswegs besagen will, daß man die materielle Hilfe vergißt.

Schließlich bestätigen die Beratungen im Kapitel die *Fortführung* der neuen, kürzlich übernommenen Apostolatsformen wie der Katechese und den geistlichen Exerzitien mit dem von der Gründerin formulierten spezifischen Ziel des Instituts: Gott, der seinen *Willen* in den dringenden Nöten der *Zeit* offenbart".

Die Seligsprechung von Mutter Maria Theresia Ledochowska ist nicht nur ein Ruhmestitel für die gesamte Weltkirche. Mit der Bestätigung und Lobpreisung der Berufung der Gründerin der Petrus-Claver-Sodalität, 1947 umbenannt in *Missionsschwestern vom heiligen Petrus Claver,* richtet die Kirche einen ergreifend aktuellen Missionsappell an die die ganze Welt. Denn „alles ist groß, was zum Heil der Seelen beiträgt", die mehr als je nach Gott hungern, aber am Rande der Quellen, aus denen „lebendiges Wasser" sprudelt, verdursten.